M-GOVERNMENT TAKING OFF

The Landscape of Government
Social Media in China

移动政府

政务新媒体的传播图景与效果

贾哲敏　著

人民出版社

目　录

绪　　论

一、缘起:从电子政府到社会化媒体政府的潮流

互联网的发展如日中天。因信息通信技术而变革与重建的当代政治、经济、文化与社会正表现出多元、复杂、积极的形态,但一切尚未完成。适应技术环境、信息环境与媒介环境的变化,对任何组织与个人都极为重要,并且已经产生了明确的后果。以下数字能够让我们感受到一个开放而智慧的社会如何热烈地融入互联网未来发展的巨幅蓝图。2018 年,全球网民人数为 43.88 亿,占全球总人口的 57%。这些网民日均上网时长为 6 小时 42 分钟,说明他们每天超过 1/4 的时间都在上网。① 互联网经济发展最直接的后果——全球电子商务总零售额已达 23.946 万亿美元,②数字支付交易量平均每年增长 10.9%,2020 年将达到近 7260 亿笔③。2017 年,Facebook 在全球已经拥有超过 20 亿的用户,接近世界人口的 1/4。④ 知名视频网站 YouTube 平台支持 76 种不同语言访问,这些语言覆盖全球 95% 的互联网人群,每分钟有超过 300

①　参见《全球网民总数 43.88 亿,中国增长规模排第二》,http://digi.163.com/19/0203/01/E729A1Q6001680P9.html,2018 年 11 月 18 日。

②　参见《电商行业:2018 年全球电子商务总零售额约 23.946 万亿美元,网络零售额约 2.842 万亿美元》,https://www.qingcao.com/item/4448.html,2018 年 11 月 18 日。

③　参见《2017 全球支付报告:全球数字支付交易量继续保持增长》,http://www.mpaypass.com.cn/news/201710/30104334.html,2018 年 11 月 20 日。

④　参见《Facebook 月活跃用户数破 20 亿》,http://www.xinhuanet.com//info/2017-07/06/c_136421691.htm,2018 年 11 月 20 日。

小时的视频被上传。① 这场席卷全球的互联网运动营造着独特的"网景",充满着机会与挑战。尼葛洛庞帝在《数字化生存》中的结语又一次得到印证:"我们无法否定数字化时代的存在,也无法组织数字化时代的前进,就像我们无法对抗大自然的力量一样。"②

在政治与政府领域,互联网的影响十分深远,迄今为止,互联网已不是在某一方面或某个领域影响或改善了政治,而是已如同迈克尔·马戈利斯(Michael Margolis)的描述,"网络上的政治,就是通常的政治"③。政府不但在适应信息技术发展、调适自身行动等方面愈发游刃有余,在利用、管控与治理方面也更加具有眼光、信心和战略。几乎所有部门和机构都在探索并加速推进"电子政府"建设与"数字化治理"。到2018年,193个联合国成员国已全部拥有自己的政府网站与在线交流工具,有2/3的成员国拥有高水平的电子政府服务系统④,而这一数字还在持续增长,结构也在不断优化。美国政治学者布鲁斯·宾伯(Bruce·Bimber)曾经指出:"没有任何一个时候曾有过这样的情况:一套新的通信和信息处理手段能如此迅速地被政治系统所接受。"⑤

政府利用ICT技术(信息通信技术)的四次浪潮分别为大型主机浪潮(Mainframes,1950—1960),中央分时系统浪潮(Central Timeshare Systems,1970—1980),微型计算机与局域网浪潮(Minicomputers and LAN,1980—1990),在线电子服务浪潮(Online-service,1990—2000)。⑥ 1993年,美国政府宣布实施"信息高速公路计划",加快推进运用ICT技术,同年建立国家绩效评估委员会(National Performance Review Committee),旨在采用先进的信息

---

① 参见《深度分析:YouTube、TikTok等海外四大社媒平台用户画像及营销优劣势》,http://www.199it.com/archives/962551.html,2020年5月19日。

② [美]尼古拉·尼葛洛庞帝:《数字化生存》,胡泳、范海燕译,电子工业出版社2017年版。

③ [英]安德鲁·查德威克:《互联网政治学:国家、公民与新传播技术》,任孟山译,华夏出版社2010年版,第21页。

④ 参见《2018年联合国电子政务调查发展报告》,http://www.echinagov.com/uploads/1/file/public/201808/20180807115410_y7t8kxcntm.pdf,2018年8月7日。

⑤ [美]布鲁斯·宾伯:《信息与美国民主:技术在政治权力演化中的作用》,刘钢等译,科学出版社2011年版,第2页。

⑥ Cf.Bretschneider, S.I., & Mergel, I., "Technology and Public Management Information Systems", *The state of public administration*: *Issues*, *Challenges*, *and Opportunities*, 2011: 187-203.

通信技术改革美国政府,提高政府绩效,关注服务与顾客满意度。其中,构建并发展电子政府(e-government)是其主要的方式和路径。1998 年,美国国家科学基金会在此基础之上发起第一个数字政府(digital government)计划,致力于支持在法律实施领域的信息分享和知识管理;改善公民接近政府的能力与满意度;在危机管理中实现高效沟通并确保网络数据安全。随后,欧洲也发起了相应计划,包括大力发展线上公共服务;一站式信息内容的索取;电子政治、电子民主与电子投票;电子交易、安全问题、政府电子签名以及一系列与政府有关的政治或经济议题。① 对比电子政府与数字政府可知,电子政府是利用信息和通信技术、互联网、新的媒体,转变政府的内部和外部关系,实现服务交付、顾客参与和治理的持续最优化。② 而数字政府更趋近于一种技术趋势的宏观概括或各类行动范式的总称,包括信息和电信技术在公共部门的所有应用。③与电子政府不同的是,数字政府包含的技术形式更加多元化,除 web1.0、web2.0时代的网站外,还包括各类信息通信技术(Information Technology)、数码技术(Digital Technology)、社交媒体(Social Media)、大数据(Big Data)、视觉技术(Vitural Technology)、人工智能(Artificial Intelligence)、虚拟现实技术(Virtual Reality)等等,还包含了多种融合性强、内涵丰富,甚至无法预知的未来技术。因此,数字政府倡导构建一种与之相匹配的公共治理方式,尤其是基于数字化公民的需求意见和权利诉求而发展相适应的公共治理形态。④

中国政府于 1993 年开始实施信息化战略,推动"金卡"、"金关"、"金桥""三金工程",大力发展基础设施建设。1994 年,信息化战略领导机构"信息化专家组"成立,将互联网发展提到了国家战略高度。随后,我国正式接入国际互联网络(Internet),成为拥有全功能互联网的国家。1999 年,中国电信和国家经贸委经济信息中心主办、联合 40 多家部委(办、局)信息主管部门共同发

① Cf.Chen, H. , " Special Issue Digital Government: Technologies and Practices ", *Decision Support Systems*,2002,34(3):223-227.

② Cf.Gartner Group, "Key Issues in E-Government Strategy and Management", *Research Notes*, *Key Issues*,2000,(23).

③ Cf.Garson, G. D. , "Public Information Technology and E-governance: Managing the Virtual State", Raleigh, North Carolina: Jones and Bartlett Publishers,2006:18.

④ 参见韩兆柱、马文娟:《数字治理理论研究综述》,《甘肃行政学院学报》2016 年第 1 期。

起"政府上网工程"。2001 年,国务院信息化工作办公室成立,再一次推进了电子政府的建设。2006 年 1 月 1 日,"中华人民共和国中央人民政府门户网站"正式开通。国家信息化领导小组印发《国家电子政务总体框架》,制定了构建国家电子政府总体框架的要求与目标,描绘了我国电子政府总体结构形态,指出了我国电子政府未来一个阶段的价值取向和发展方向。① 截至 2018 年 12 月,我国在线政务服务用户规模达到 3.94 亿,占整体网民的 47.5%,"互联网+政务服务得到进一步深化。"我国共有政府网站 19962 个。部委行政单位共有 1080 个,省级共有 2010 个,市级 11612 个,县级 3260 个。以下行政单位共有政府网站 16882 个。各级政府网站共开通栏目 27.6 万个,其中,信息公开类栏目数量最多,为 19.3 万个,其次为网上办事栏目(16.4 万个),政务动态类栏目数量占比为 13.6%。②

电子政府也带来了些许问题,如数字鸿沟的存在。Web1.0、web2.0 时代,公众主要使用电子计算机来联通电子政府。受到硬件设备、网络带宽等因素的限制,并非人人都有条件接触到电子政府。按照计算机使用情况、教育程度、社会经济地位的不同,公众可以划分为"能接触电子政府"和"不能接触电子政府"两大群体。数字鸿沟还表现为技术使用能力的差异。即使在"能接触电子政府"的群体内部,能够有效使用多少电子政府功能(包括信息检索、理解政策、享受服务)仍然存在较大差异。另一项显著的问题是政府网站的运营能力不足。表现在信息供给量少,数据分散,更新缓慢,许多栏目处于空置状态。2018 年,中国要求清理、关停、改建运力不足的政府网站,直接使得省级以下行政单位政务网站数量缩减 24.6%。还有政府服务电子化可能存在形式化、重复化、不明确、不稳定、难以使用等问题,既无法提高政府行政效率,也无法提高公众办理业务、享受公共服务的满意度。最为突出的问题是电子政府互动—参与—回应功能实现始终存在困境。公众难以便利地向政府表达意见并获得及时而有效的回应,更不用说基于政府网站开展电子投票、电子选举、电子决策。

---

① 参见《2006 年中国互联网发展大事记》,http://news.xinhuanet.com/eworld/2010-06/04/c_12183042.htm,2018 年 2 月 20 日。

② 参见《第 43 次中国互联网状况调查报告》,http://www.cnnic.net.cn/hlwfzyj/hlwxzbg/hlwtjbg/201902/t20190228_70645.htm,2019 年 2 月 10 日。

迄今为止,虽然以 PC 端为基础的电子政府依然是全球建设重点,但技术发展的潮流已经呼吁"社会化媒体政府——移动政府"时代的到来。一组正在发生并不断变化的数据揭示了这一显著趋势。2018 年,全球的手机用户人数为 51.12 亿,并且有 34.84 亿人会踊跃参与社交媒体。① 调查显示,智能手机是新一代互联网用户上网和访问社交媒体的主要设备。2017 年,全世界有 74.7% 的手机网民使用他们的手机访问社交媒体。总的来说,社交媒体的使用是一种持续性的行为,全球 82.5% 的社交网络用户每月至少会使用一次移动设备访问社交媒体。② 虽然,Facebook 依然是最受欢迎的社交媒体,但 12—17 岁年龄组月度活跃用户已经比 2016 年下降了 3.4%,意味着有 1450 万人逐渐离开擅长电脑终端的 Facebook,更意味着年轻的社交网络用户正在大量从 Facebook 转移至其他平台。③ 皮尤研究中心的一项最新调查结果显示,以手机为终端的社交媒体更受欢迎,正在大幅增长。美国 35% 的成年人使用 Instagram,这比 2016 年增长了 7%。而对 18—24 岁的年轻用户来说,Instagram、Snapchat 和 Twitter 等社交媒体平台明显更受欢迎。④ 短视频软件 Tik Tok 成为美国月度下载量、安装量最高的应用,在 APPStore 和 GooglePlay 上的下载总和达到约 381 万,增幅达到 237%。⑤ 在中国,截至 2018 年 12 月,网民规模共有 8.29 亿,互联网普及率达到 59.6%,而手机网民规模达到 8.17 亿,网民中使用手机上网的比例已经达到 98.6%。而在各项网络个人应用中,手机即时通信、手机新闻、手机购物、手机支付、手机视频的年增长率分别为 12.5%、5.4%、17.1%、10.7%、7.5%,同年度对应网络服务的增长率仅仅分别为 9.9%、4.3%、14.4%、13.0%、5.7%,也展现出手机移动端用户增长极为

　　① 参见《全球网民总数 43.88 亿,中国增长规模排第二》,http://digi.163.com/19/0203/01/E729A1Q6001680P9.html,2019 年 2 月 3 日。

　　② 参见《全球社媒用户大数据:Instagram 在北美和西欧渗透率最高,超 15.4 亿人用 Facebook》,https://www.sohu.com/a/217704620_115514,2018 年 1 月 9 日。

　　③ 参见《eMarketer:英国和美国的 Instagram 和 Snapchat 年轻用户数将继续飙升》,https://www.sohu.com/a/166606435_99956743,2017 年 8 月 23 日。

　　④ 参见《Pew:调查显示 35% 的美国成年人使用 Instagram》,http://www.199it.com/archives/695796.html,2018 年 3 月 3 日。

　　⑤ 参见《机构数据显示:TikTok 成为美国下载量最高应用》,http://k.sina.com.cn/article_1726918143_66eeadff02000i26j.html,2018 年 11 月 6 日。

迅速,传统 PC 端网络用户增幅较小,变化趋于平稳的特点。① 现下,全球 5G 服务的推出正在加速。截至 2019 年底,中国已建成 13 万个 5G 基站。韩国 5G 用户使用 VR 服务比 4G 用户多 7 倍,使用视频流媒体服务多 3.6 倍,使用游戏 APP 比 4G 用户多 2.7 倍。② 有学者认为,5G 将进一步促进基于社交平台的传播泛众化,使得虚拟现实(VR)等全新传播形式落地有了可能性。③

目前正在发生的社会化媒体浪潮为政府的效率与效能带来了更多期待,但是也对运行的标准带来了挑战,尤其是需要使其成为已有制度与组织构架的一部分。④ 世界各国推广社会化媒体工具的热情有目共睹,积极推动政府利用 ICT 技术的"第五次浪潮"。有研究回顾了洛杉矶市政府曾经最早使用的 Google Mashups 插件,其特点是完全开放了社交媒体的参与属性,虽然结果造成了一定程度的失控并丧失了信息的部分真实性,但显示出政府尝试新媒介工具的决心,也折射出政府进一步发展社交媒体需要新的政策与更多资源。韩国政府积极推广手机作为移动政府工具,使用一个社交媒体网站链接所有部门的社交媒体,大体可分为两类:一类是信息中心型工具(如 Twitter,Me2day,Flicker,Youtube),用于公布政府政策和纲领;另一类是关系中心型工具(如 Facebook,Yozm,Cyworld,LinkedIn),用于建立政府与公众直接的关系。⑤ 2010 年起,奥巴马政府开始更加广泛地应用 Twitter、Facebook 等社交媒体,应用范围远远超过了选举营销与选民互动,而是更加提倡政府将信息资产与公众共享,改善参与和自主性,旨在进一步建设透明和开放的政府。⑥ 到

---

① 参见《第 43 次中国互联网发展状况统计报告》,http://www.cnnic.net.cn/hlwfzyj/hlwxzbg/hlwtjbg/201902/t20190228_70645.htm,2019 年 2 月 10 日。

② 参见《Omdia 观察:2020 年 Q1 全球 5G 市场关键发展》,http://tech.163.com/20/0518/08/FCT8H5UV000999LD.html,2020 年 5 月 18 日。

③ 参见喻国明:《5G 高速率传播必定带来传播领域革命性改变》,https://m.sohu.com/a/395763797_115565,2020 年 5 月 22 日。

④ Cf.Bretschneider, S.I., & Mergel, I., "Technology and Public Management Information Systems", *The state of public administration:Issues,Challenges,and Opportunities*,2011:187-203.

⑤ Cf.Yi,M., Oh,S.G., & Kim, S., "Comparison of Social Media Use for the U.S. and the Korean Governments". *Government Information Quarterly*, 2013,30(3):310-317.

⑥ Cf.Jaeger,P.T., &Bertot, J.C., "Transparency and Technological Change:Ensuring Equal and Sustained Public Access toGovernment Information", *Government Information Quarterly*, 2010,27(4):371-376.

2012 年,美国联邦政府已有 699 个组织和部门建立了 2956 个 Facebook 账号,1016 个 Twitter 账号,695 个 Youtube 账号以及 498 个 Flickr 账号。① 在这些社交媒体环境中,政务信息不再被"推给"(push)消费者,相反,人们能够通过数字设备将所需要的信息主动"抽取"(pull)出来,并参与到创造信息的活动中。② 政府利用社会化媒体还使得政府部门与成员的"个性化"能够得以展现。2008 年,Facebook、邮件组已经在选举中起到了极为重要的作用,催生了奥巴马成为历史上首位"社会化媒体总统"。2012 年,Twitter 将 24 小时直播的竞选新闻成功转化为了即时更新的 140 个词的"推文",③而在 Twitter 中提及候选人的比例已经接近当年权威机构民意调查所得出的结论。特朗普个人 Twitter 账号拥有 4240 万追随者,荣膺社交媒体平台上第 21 个最受欢迎的账号。④ 在 2016 年大选阶段,特朗普通过 Twitter 和 Facebook 发言超过 6000 次,在所有社交平台上的"交互"接近 8500 万次,远远高于希拉里。⑤ 在全球范围内,截至 2014 年,64%的国家在门户网站提供完整档案信息(政策、预算、法律文件等)链接,超过 70%的国家将社交媒体用于电子政务,共有 118 个国家使用社交媒体进行在线咨询。⑥《2018 年联合国电子政务调查报告》指出,加强基础设施建设和社会化媒体运用、增加线上与手机客户端公共服务供给、针对弱势群体提供电子化服务,是世界各国寻求数字政府快速发展的根本性道路。⑦

政务新媒体是中国政府利用社会化媒体展开信息传播、公共服务和数字

①　Cf. Mergel,I.,"Social Media Adoption and Resulting Tactics in the US Federal Government", *Government Information Quarterly*,2013,30(2):123-130.

②　参见胡泳、范海燕:《网络为王》,海南出版社 1997 年版,第 228 页。

③　Cf." Stephen Mills, How Twitter is Winning the 2012 US Election ", http://www.theguardian.com/commentisfree/2012/oct/16/twitter-winning-2012-us-election,2015/7/10.

④　参见《"推特总统"特朗普粉丝量排第几位》,http://world.huanqiu.com/exclusive/2017-11/11391019.html? agt=15438,2017 年 11 月 21 日。

⑤　参见《2016:社交媒体如何改变美国大选》,http://magazine.caijing.com.cn/20160504/4114453.shtml,2016 年 5 月 4 日。

⑥　参见《2014 年联合国电子政务调查报告》,http://unpan3.un.org/egovkb/Portals/egovkb/Documents/un/2014-Survey/Complete-Survey-Chinese-2014.pdf,2015 年 7 月 15 日。

⑦　参见《2018 年联合国电子政务调查报告》,http://www.echinagov.com/uploads/1/file/public/201808/20180807115410_y7t8kxcntm.pdf,2018 年 8 月 7 日。

治理的建设成果,是数字政府、智慧政府未来框架的重要组成部分。中国政务新媒体实践也为世界各国政府应对社会化媒体浪潮提供了经验借鉴。2018年,国务院办公厅《关于推进政务新媒体健康有序发展的意见》,明确了政务新媒体的顶层设计:"政务新媒体是移动互联网时代党和政府联系群众、服务群众、凝聚群众的重要渠道,是加快转变政府职能、建设服务型政府的重要手段,是引导网上舆论、构建清朗网络空间的重要阵地,是探索社会治理新模式、提高社会治理能力的重要途径。"该文件还明确了政府发展新媒体的主要目标:"到2022年,建成以中国政府网政务新媒体为龙头,整体协同、响应迅速的政务新媒体矩阵体系,全面提升政务新媒体传播力、引导力、影响力、公信力,打造一批优质精品账号,建设更加权威的信息发布和解读回应平台、更加便捷的政民互动和办事服务平台,形成全国政务新媒体规范发展、创新发展、融合发展新格局。"①

截至2019年12月,我国31个省(区、市)均已开通政务微博,经过新浪平台认证的政务微博为138854个,此外还开通了十万余个政务微信账号和17380个政务抖音账号。对于各级政府来说,政务新媒体不仅意味着在微博、微信、抖音、快手、B站、喜马拉雅、人民运营等各大平台开设运营账号,还意味着要适应并利用移动新媒体、视觉化传播趋势所带来的变化,如明确功能定位与发展战略,在内容、叙事、话语、风格等层面进行深度建设,探索公共服务与社会互动领域的新模式与新机制,优化配置政务信息资源,改善组织与人力结构,维系政务新媒体的有效运转,以上对于政府而言都是新课题。与之相对应,资深手机用户对政务新媒体的使用体验则更为鲜活。如果一位手机用户需要利用政务新媒体办理出入境证件,那么他的行动大致将包括如下环节:在上下班地铁途中打开手机中微信搜索或网页搜索页面,输入"××省市出入境证件办理",手机屏幕中随即出现从公安部到全国各地公安局出入境管理部门的APP或小程序。但更多的情形是,用户找到几项由"本地宝"等专业公号或网友个人公号中提供的详细攻略或办理说明,其中不仅提供了"手把手"的

---

① 《国务院办公厅关于推进政务新媒体健康有序发展的意见》,http://www.gov.cn/zhengce/content/2018-12/27/content_5352666.htm,2018年12月27日。

办证步骤图,还直接在文中提供了出入境管理部门小程序或 APP 的"二维码"。当用户扫码一键进入官方平台,经过简短的手机注册,就可直接操作。此类小程序通常功能明确、菜单目录简单,用户可以快速完成预约、信息查询、信息采集、照片上传、证件核验、人脸识别等流程。最后,将生成二维码或短信提醒,凭此前往公安分局或派出所办理。整个过程仅需要几分钟,大大减少了公众与政府沟通的成本,让公众"坐在家中、动动指尖"就能享受到掌上政府带来的效率与便利。

如果手机用户习惯从政务新媒体上接触时政类消息,则他可能也关注了当地政府微博、微信矩阵或抖音账号。他会从中获知当地发生的时政要闻,获知最新的惠民、利民举措,获知政府政策实施的具体安排。当他向政府申请共有产权房,无须逐字分析通读复杂的政策条款,只需遵循政务新媒体提供的时间线、流程图以及要务提醒即可完成。如果需要报告自己小区门前的道路亟须维修,只需及时通过政务微博@当地政府,很快就可以接到该事项已经被转移到相关部门的通知。当用户在休闲碎片时间里"刷抖音",会为当地公安局开设的抖音账号所吸引。通过观看由民警真人表演的简短剧情,了解最新流行的电信诈骗案情。他还可以从"@北京发布"的微博平台看到北京市人民政府新闻办公室与《光明日报》、光明网合作推出的"大美北京"系列虚拟现实(VR)作品。VR 全景结合无人机航拍镜头、延时摄影等手段,多维度展示了天坛、中轴线、CBD、东四胡同、世园会、中关村科学城等北京市多个标志性区域和城市风貌,身临其境。这些应用场景非常常见和真实,可见政务新媒体在公众日常生活之中已无处不在。

移动社会化媒体政府还给社会治理带来与众不同的路径——核心是社会互助与协作的能量被深度释放。2016 年,公安部刑事侦查局上线儿童失踪信息紧急发布平台——"团圆系统",用于在全国范围内上报并发布儿童失踪信息。这一平台在第一时间利用手机移动终端快速推送儿童失踪信息,按照事发地地理位置向外全方位快速辐射。目前已经覆盖手机用户主要使用的各类应用平台。如果当地警察收到儿童失踪的信息报告,该信息将快速上线传播,在此地范围内的所有手机用户,无论用户是在使用微博、微信,还是今日头条、QQ、人民网客户端抑或是正在使用支付宝付款、嘀嘀打车、地图导航,甚至正在预订外卖、淘宝购物,都会收到当地儿童失踪的信息。此系统上线以来,共发布失踪儿童信息3978条,找回儿童3901名,找回率达到98%。① 此系统充分利用了社会化媒体与移动手机设备的即时、协作与动员功能,将分散在不同位置的公众集合起来,形成快速、密集的信息交换网络和行动互动网络。这体现移动媒介时代政府治理的智慧和趋势:基于"指尖"的社会协作治理网络更加灵活、能动与多元化,而政府处于中心位置,政务新媒体是其支持系统和实施平台。

新近层出不穷的技术背景还有视觉处理、大数据、人工智能、虚拟现实等等,政务新媒体正在等待并迎来新一轮发展机遇。例如,政府传播面临着视觉化的转型,政务新媒体发布时政新闻和信息公开的形式和方式可能都将经历从图文到视频的转化,算法推送也将助力政务新媒体进一步了解客户需求以提供更为优质的时政传播产品。政务新媒体是政府数据开放的载体,也是公众接触政府数据的平台与工具,将在未来社会的数据共享、数据协作、数据开发等领域扮演重要角色。人工智能也将推动政务新媒体的发展,通过数据积累和机器学习,不断提高自身的智能性,政务新媒体的衍生或替代形式——人工智能政府,已初露端倪。简而言之,一切都在发展变化,一切都在未来可期。

本书将着眼于政务新媒体欣欣向荣的阶段,重新审视政府利用社会化媒体、移动信息技术解放思想、发展自身、变革自身的过程。本书论题的展开将基于几项实证研究与充分的经验观察。政府运营新媒体的现状、图景、策略与效果,构成了数字政府传播与治理的整体框架与未来。尤其是作为"媒介"的政务新媒体,更是在复杂信息传播环境中独树一帜。政府传播渠道的变化与传播内容偏好策略积极主导着政治信息的流向,调节着拟态环境,时刻影响着公众的政治生活与公共生活,对公众政治行为、态度与评价也有影响。与之相对应,公众基于政务新媒体平台的各种行动,包括信息生产、观点互动、意见供给、服务评价,也深刻地影响着政府过程、政府绩效与民主发展。如果说政府

---

① 参见《公安部"团圆"系统上线三年 找回近四千名失踪儿童》,http://finance.sina.com.cn/roll/2019-06-03/doc-ihvhiqay3239717.shtml,2019年6月13日。

拥抱和利用移动社交媒体技术而产生的数种积极后果为本书的基本出发点，那么政府与公众间的基于政务新媒体的设置—反馈、供给—互动、创新—评价、行动—效果之间的反复生产、调适、作用与影响，正是本书展开研究的内在逻辑。

二、文献回顾

政务新媒体研究涉及传播学、政治学、行政学、新闻学等学科，是近年来国内外研究热点之一。通过在 Ebsco 数据库，以 Government New Media 为关键词进行篇名搜索，共检索到文献 6 篇；以 Government Social Media 为关键词进行篇名搜索，共检索到文献 49 篇；以 Government Weibo 为关键词进行篇名检索，共检索到文献 17 篇；以 Official Wechat 为关键词检索，共检索到文献 4 篇。通过在中国知网（CNKI）的搜索，以"政务新媒体"为关键词，通过主题搜索共检索出文献 272 篇；以"政务微博"为关键词，通过篇名搜索共检索到文献 1634 篇；以"政务微信"为关键词，通过篇名搜索共检索出文献 532 篇（检索时间为 2019 年 6 月）。综合分析如上文献，可大致明确政务新媒体研究全貌。

（一）国外政务新媒体研究贡献

国外学者研究政务新媒体主要有两大趋势：一是基于世界各国政府运用新媒体的实践，提供区域性案例或数据进行比较研究，寻求政务新媒体的运营策略与发展路径；二是基于现有技术采纳理论、参与理论、信息开放理论、传播效果理论等已有框架，对政务新媒体的发展现状、影响因素、变化趋势进行理论解释。具体而言：

研究重点之一是各国政府发展使用社交媒体的现状分析。《2018 年联合国电子政务调查报告》数据表明，超过 2/3 的成员国拥有较为完善、高水平的电子政务系统，而使用电子邮件、社交媒体、RSS、移动应用和其他在线服务的国家数量一直在增加，尤其是社交媒体及其多种应用形式被视为最具发展潜力的关键工具。[①] 2009 年以来,美国政府机构和部门积极使用 Facebook、Twitter、YouTube 等社会化媒体,[②]通过对美国 696 个地方政府使用政务新媒体类型的调查表明,Facebook 是最受欢迎的社交媒体,其次为 Twitter、YouTube、IM(Google Talk、BlackBerry Messenger、MSN 等)、LinkedIn、Skype、GoogleDocs、Flickr、Myspace 和 Govloop。[③] 韩国政府则把社交媒体工具分成两类:一类被视作"信息为中心",包括 Twitter、Me2day、Flickr 和 YouTube,主要用于发布政府政策与各类公告指南;另一类则是"关系为中心",包括 Facebook、Yozm、Cyworld 和 LinkedIn,主要用于构建政府与公民之间的关系。[④] 卡塔尔积极利用社交媒体尤其是人工智能开展政务工作,通过搜集 Twitter 上的文本、视频、图片等数据,分析社会可能发生的危机,并探索积极响应。澳大利亚与德国则更倾向于使用社交媒体推进社会互助,同时搜集社交媒体上的信息预测即将发生的社会活动。[⑤] 一份针对 50 个亚洲国家的调查显示,有 38% 的国家使用 Twitter,52% 的国家使用 Facebook,以及 34% 的国家使用 YouTube;在用途方面,46% 的国家用于政府及其机构层面,27% 的国家用于旅游发展,11% 的国家用于学术和教育领域。[⑥]

　　研究重点之二是政府利用社会化媒体的策略与路径分析。贝尔托(Bertot)等学者认为,社会化媒体是数字政府的中心组成,[⑦]为各国政府所重

---

　　① 参见《2018 年联合国电子政务调查报告》,http://www.echinagov.com/uploads/1/file/public/201808/20180807115410_y7t8kxcntm.pdf,2018 年 8 月 7 日。

　　② Cf.Mergel,I.,& Greeves,W.,*Social Media in the Public Sector Field Guide*:*Designing and Implementing Strategies and Policie.*,San Francisco,CA:Jossey-Bass/Wiley,2012:130-134.

　　③ Cf.Oliveira,G.H.M.,& Welch,E.W.,"Social Media Use in Local Government:Linkage of Technology,Task,and Organizational Context",*Government Information Quarterly*,2013,30(4),397-405.

　　④ Cf.Yi,M.,Oh,S.G.,& Kim,S.,"Comparison of Social Media Use for the US and the Korean governments",Government*Information Quarterly*,2013,30(3):310-317.

　　⑤ 参见《2018 年联合国电子政务调查报告》,http://www.echinagov.com/uploads/1/file/public/201808/20180807115410_y7t8kxcntm.pdf,2018 年 8 月 7 日。

　　⑥ Cf.Kuzma,J.,"Asian Government Usage of Web 2.0 Social Media",*European Journal of ePractice*,2010(9):1-13.

　　⑦ Cf.Bertot,J.C.,Jaeger,P.T.,& Hansen,D.,"The Impact of Polices on Government Social Media Usage:Issues,Challenges,and Recommendations",*Government Information Quarterly*,2012,29(1):30-40.

视,在策略层面需占据发展优势。诸多学者根据世界各国、各地的政务新媒体实践,围绕"政府如何使用社交媒体"提供了许多有价值的建议。莫格尔(Mergel)等学者提出了政府机构使用社交媒体的四种策略,包括推送策略(push tactic),即将政府网站上的信息迁移到社会化媒体,使政府信息被更多公众尤其是那些不访问政府网站的公众知晓;纳取策略(pull tactic),即政府机构积极地吸纳、推动公众参与组织传播进程,尤其是参与内容提供;网络化策略(networking tactic),即政府机构积极建立受众间的联系和互动网络以促进公众对相关议题的讨论;服务化策略(transactional tactic),即政府机构尝试通过社会化媒体提供多样化的政府服务,如服务在线申请及社区问题反馈等。①

卡瑞多(Criado)等学者认为在各类政府信息传播工具中,政府应优先使用社会化媒体,主要策略是设置首席信息官,鼓励相应的政府传播方式,积极发展社会化媒体的信息公开、传播与流通功能。② 卡瓦诺(Kavanaugh)等学者认为,除去日常层面的信息传播与信息管理,政府要重视社会化媒体在各类危机、关键性突发事件管理中的作用,③尤其是在危机信息速递、社会协同信息供给等方面。同时,社会化媒体还应承担突发事件中的信息中转与信息协调作用,成为政府的有力工具。为了适应社会化媒体传播的内容特点与话语形式,也为了迎合粉丝的阅读趣味并保持账号的吸引力,有学者认为要推动各级政府与有关机构运营社会化新媒体,就应当根据职能、地域、历史、文化、公民需求的不同而鼓励各类账号实现个性化与个体化传播。④ 改变传统的政治传播内容与叙事,建立社会化媒体政府传播品牌或营销形象。社交性与互动

---

① Cf.Mergel,I.,& Greeves,W.,*Social Media in the Public Sector Field Guide*:*Designing and Implementing Strategies and Policie.*,San Francisco,CA:Jossey-Bass/Wiley,2012:130-134.

② Cf.Criado,J. I.,Ssandoval-Almazan,R.,& Gil-Garcia,J. R.,"Government Innovation through Social Media",*Government Information Quarterly*,2013,30(4):319-326.

③ Cf.Kavanaugh,A. L.,Fox,E. A.,Sheetz,S. D.,Yang,S.,Li,L. T.,Shoemaker,D. J.,…. & Xie,L.,"Social Media Use by Government:From the Routine to the Critical",*Government Information Quarterly*,2012.29(4):480-491.

④ Cf.Khan,G. F.,Yoon,H. Y.,& Park,H.W.,"Social Media Communication Strategies of Government Agencies:Twitter Use in Korea and the USA",*Asian Journal of Communication*,2014,24(1):60-78.

性是各国政府发展政府新媒体最看重的特征。因此,有学者建议政府要利用社交媒体的关系性与社交性吸引公民与客户,提升他们对政府信息和服务的兴趣。通过改善互动性的工具基础与媒介基础,以促进政府与公民交互并扩大政治参与。汉德与钦(Hand & Ching)主要强调政府应着重发展社会化媒体的公共服务功能,要求政务新媒体能够让信息方便、快捷、有效地到达公众,为公众提供服务,满足其需求。同时也通过长久地改善积累声望,调整政府与公众在公共服务领域的关系,以改变公众对公共服务的期待。在促进政府与政治发展的层面,贝尔托认为社会化媒体应用的路径之一是通过技术和功能方面的改善,能够让公民更容易地批评与监督政府,从而增强政府透明性、公开性与信任度,从而有效地控制并减少贪腐。卡恩(Khan)则认为,政府发展社会化媒体的策略,除去功能保障、参与互动之外,还应当与社会变革与发展紧密联系,不断拓展出新的形式,致力于在各种层面上为需要与政府互动的人与组织提供新的可能性。贝尔托还提出政府应利用社会化媒体推动政府网络建设,形成网络化治理格局,提高政府协调、创造、管理、分享、整合的能力。[①]

　　研究重点之三是政务新媒体的公众采纳研究。国外已有大量研究尝试探索公众采纳互联网、采纳政务新媒体、采纳新技术的影响因素。首先是对人口社会经济变量的关注与检验。如学者逻各斯(Loges)等就发现了年龄对政务新媒介采纳的影响,年轻用户更容易使用新媒介,老年用户不仅会减少使用,目的与领域也会更窄。[②] 相比老年人,年轻人更容易使用电子政府网站以获得信息并获取公共服务。[③] 文卡塔斯(Venkatesh)通过印度的问卷数据研究了性别对采纳政府新技术的影响,由于技术掌握程度、工作生活环境和兴趣的

---

① Cf.Bertot, J. C., Jaeger, P. T., & Hansen, D., "The Impact of Polices on Government Social Media Usage: Issues, Challenges, and Recommendations". *Government Information Quarterly*, 2012, 29 (1): 30-40.

② Cf.Loges, W. E., & Jung, J. Y., "Exploring the Digital Divide: Internet Connectedness and Age", *Communication research*, 2001, 28(4): 536-562.

③ Cf.Wittendorp, R. (2017), *Modeling the Use of E-government Services: The Role of Internet Skills, Support Sources, Gender, Age, Education, Internet Experience, Employment Rate and Income*, Master's thesis, University of Twente.

差别,通常男性较女性更加积极地使用 *ICT* 技术。① 学者凡迪吉克(Van Dijk)等强调了是否采用政府新技术与教育程度和收入密切相关,通常受教育程度高与收入高的群体更容易采用政府新技术。② 其次是行为与心理变量。新技术接受模型(Technology Acceptance Model)认为对技术工具的感知有用性(Perceived Usefulness)与感知易用性(Perceived ease of use)是决定个人采用某种信息技术的关键,③而感知有用性与感知易用性又受到使用意愿、主管规范和绩效经验的影响。利文斯顿(Livingstone)等学者的研究表明,公众对互联网的采纳主要取决于他们对网络的使用技能和自我效能感。④ 以此类推,公众是否采用政务新媒体,很大程度上是由公众对政务新媒体的感知有用性与感知易用性决定的,尤其要重视公众使用政务新媒体的意愿、经验积累和感受如何。使用与满足理论(Uses and Gratifications)意在解释"人们为什么会使用某一种媒介而不是其他"。公众使用某一媒介的动机与期望,造成了使用不同类型媒介的后果,而最基本的动机与期望,是其有需求(可以是社会或是心理引起的)希望被满足。⑤ 这一理论在行为之外强调心理变量,即公众能够清楚自己采纳媒介的动机与愿望。以此推断,在公众的心理、认知层面产生了政务新媒体的使用动机或意愿,那么就会积极采纳政务新媒体。另有创新扩散理论(Diffusion of Innovations)。罗杰斯(Rogers)认为,相对优势(relative advantage)、兼容性(compatibility)、可试用性(triability)、可观察性(observability)和复杂性(complextity),能够影响人们对于新产品和新技术

---

① Cf.Venkatesh, V. , & Morris, M. G. , "Why don't Men Ever Stop to Ask for Directions? Gender, Social Influence, and Their Role in Technology Acceptance and Usage Behavior", *MIS Quarterly*, 2000, 24: 115-139.

② Cf. Van Dijk, J. , & Hacker, K. , "The Digital Divide as A Complex and Dynamic Phenomenon", *The InformationSociety*, 2003, 19: 315-326.

③ Cf.Davis, F. D. , "Perceived Usefulness, Perceived Ease of Use, and User Acceptance of Information Technology", *MISQuarterly*, 1989, 13(3): 319-340.

④ Cf.Livingstone, S. , & Helsper, E. , "Gradations in Digital Inclusion: Children, Young People and the Digital Divide", *New Media & Society*, 2007, 9(4): 671-696.

⑤ Cf.Blumler, J. G. , & Katz, E. , "The Uses of Mass Communications: Current Perspectives on Gratifications Research", *American Journal of Sociology*, 1974, 3(6): 318.

的采纳。① 罗杰斯还指出,一种创新性的"观念、实践或事物"的扩散都遵循 S 曲线,通过早期采纳阶段、多数采纳阶段与后期采纳阶段以扩散。作为"创新性"技术,政务新媒体相对于传统政府、电子门户网站具有相对优势,能够为社会带来新的机会与价值。政务新媒体又具有可试用性,即早期采纳者能够积极试用并给出正面的评价与反馈。可见,政务新媒体尚属于早期采纳到多数采纳的过渡阶段。究竟如何使得一种新技术的创新从早期采纳进入多数和后期采纳的过程?罗杰斯指出,媒介渠道会影响更多的早期采纳者,而后期则更受到人际传播的影响,可见新技术扩散的渠道与方式也能够对其采纳产生显著影响。②

　　研究重点之四是政府采用社会化媒体的影响与效果研究。首先是对政治与社会产生的影响。如学者利瓦伊(Levi)认为,政府必须使用新技术与手段服务并回应公众,包括使用电子政府网站等各类新工具,才能使得政府建立并强化其公信力。其次是政府使用社会化媒体对其绩效改善的影响。贝尔托认为,社会化媒体工具的广泛运用至少在三个层面被证明有利于政府绩效的改善:能够促进信息公开并且提高政府的透明度;更加便于政府关注到公民的政治诉求并快捷有效地回应各类民意;能够为公众提供优质的线上公共服务并缩短政府与公众间距离。③最后是有利于提升政府质量。罗斯坦(Rothstein)的研究表明,"回应公众"是政府质量改善的关键,维系政府与公民的线上回应关系则能够显著提高政府

---

　　① Cf. Rogers, E. M., *The Diffusion of Innovations*, 1962, https://www. researchgate. net/ profile/Anja ＿ Christinck/publication/225616414 Farmers and researchers How can collaborative advantages be created in participatory research and technology development/links/ 00b4953a92931a6fae000000/Farmers-and-researchers-How-can-collaborative-advantages-be-created-in-participatory-research-and-technology-development. pdf#page＝37,2018 年 12 月 20 日.

　　② Cf. Rogers, E. M., *The Diffusion of Innovations*, 1962, https://www. researchgate. net/ profile/Anja ＿ Christinck/publication/225616414 Farmers and researchers How can collaborative advantages be created in participatory research and technology development/links/ 00b4953a92931a6fae000000/Farmers-and-researchers-How-can-collaborative-advantages-be-created-in-participatory-research-and-technology-development. pdf#page＝37,2018 年 12 月 20 日.

　　③ Cf.Bertot,J. C.,Jaeger,P. T., & Hansen,D.,"The Impact of Polices on Government Social Media Usage: Issues,Challenges, and Recommendations", *Government Information Quarterly*,2012,29 (1): 30-40.

质量与公正性,而政务新媒体恰为重要途径之一。① 还有研究分析政务新媒体使用对公众政治信任或对政府评价的影响,这主要是将政务新媒体视作政治新闻类媒体进行研究。在传统媒体时代,公众接触电视、报纸发布的政治新闻越多,就越容易产生积极的政治影响。② 这是因为此类媒体由政府或政治精英控制,故多发布积极、正面信息。如果公众增强对此类媒介的使用,就能够显著提高其政治信任水平。同时,也有研究认为,传播媒介的潜在政治影响取决于公众运用媒介的能力,包括用媒介沟通的能力、信息检索的能力和信息传播的能力。③ 鉴于社交媒体时代公众运用媒介的独立性和主动性大大增强,公众能够接触到负面信息的途径和渠道更多,也有可能因此而产生负向的政治影响。④ 除去对政治类信息的使用,如果公众通过使用电子政府、政务新媒体能够明确感知到政府绩效的提高,也有利于改善其政治信任和对政府的评价。⑤ 政治传播效果模型(O1-S-O2-R,即 Orientation 1-Stimulus-Orientation 2-Response)⑥也经常被应用在政府利用新媒体传播的效果研究中。此模型意在揭示媒介使用(S)与效果(R)之间联系的复杂性,如政治传播的效果受到人口属性、媒介使用动机的影响(O1),或受到政治知识、政治效能感等心理机智的调节(O2)。有研究通过此模型发现公众对政治的卷入度对政治效能感有积极影响,这种影响的发生主要受到公众接触线上政治新闻、线上公共新闻和社交媒体舆论情况的调节。⑦

① Cf.Rothstein, B. , *The Quality of Government：Corruption, Social Trust, and Inequality in International Perspective*,Chicago：University of Chicago Press,2011.

② Cf.Hindman,M. ,*The Myth of Digital Democracy*,Princeton,NJ：Princeton University Press,2009.

③ Cf. Bailard, C. S. , "Testing the Internets Effect on Democratic Satisfaction：A Multi-methodological, Cross-national Approach", *Journal of Information Technology & Politics*, 2012, 9：185-204.

④ Cf.Im,T. ,Cho,W. ,Porumbescu, G. ,&Park,J. , "Internet,Trust in Government,and Citizen Compliance",*Journal of Public Administration Research and Theory*,2014,24(3)：741-763.

⑤ Cf.Thomas,J. C. , & Streib, G. , "The New Face of Government：Citizen-initiated Contacts in the Era of E-Government",*Journal of public administration research and theory*,2003：13(1),83-102.

⑥ Cf.McLeod,D. M. ,Kosicki, G. M. , & McLeod, J. M. ,*Resurveying the Boundaries of Political Communications Effects*, Mahwah,NJ：Erlbaum,2002：215-267.

⑦ Cf.Zhou,Y. , & Pinkleton, B. E. , "Modeling the Effects of Political Information Source Use and Online Expression on Young Adults' Political Efficacy",*Mass Communication and Society*,2012,15 (6)：813-830.

也有研究在此模型基础上验证了新媒体的信息性使用能够强化政治参与,发现公众通过社交媒体获得信息对其政治参与的影响是通过其社会资本中社交网络的规模而进行调节的。①

　　诸多经典传播学理论也为政务新媒体效果研究带来启示。瓦戈(Vargo)与麦库姆斯(McCombs)等学者提出了议程设置第三阶段理论(网络议程设置),并检验了美国 2012 年大选期间官方 Twitter 内容,认为在社交媒体时代,议程设置的影响并不仅仅基于频率,更重要的是在官方议程内影响公众议程。② 舍费尔(Scheufele,1999)总结了框架理论的框架建立、框架设定、框架效应、框架影响环节。克罗斯尼克与欣德(Krosnick & Kinder)验证了如果某些框架被突出强调,那么公众会更加关注这个领域。③ 公众对政府的评价会主要基于政府在这个领域的行动与表现,而政府的框架设定会给公众带来"启动效应",突出了政府传播中运用框架理论的意义。政策叙事框架理论(Narrative Policy Framework)主要用来研究在社交媒体上政策制定者和发布者如何运用叙事的主题、情节、判断来影响政策过程,让公众更加容易被劝服,以使得政府的偏好与战略能被有效贯彻其中。④ 传统媒体时代,主流媒体通常会非常重视政策故事的建构以塑造公共舆论。如贝尔科夫(Boycoff)发现,关于环境与气候政策的报道总是抓住"冲突"这一框架加以建构,尤其愿意突出不同党派在环境气候政策方面的不同大做文章以引导舆论。⑤ 政务新媒体的特征之一即政府向公众发布被"建构"过的信息,提供"政策故事"。只有强化对政策叙事框架策略的运用,才能实现对公共舆论的影响。

---

①　Cf. Gil de Zúñiga, H. , Jung. N. , & Valenzuela. S. , "Social Media Use for News and Individuals'Social Capital, Civic Engagement and Political Participation", *Journal of Computer-Mediated Communication*, 2012, 17(3), 319-336.

②　Cf. Vargo, C. J. , Guo, L. , Mccombs, M. , & Shaw, D. L. , "Network Issue Agendas on Twitter During the 2012 U. S. Presidential Election", *Journal of Communication*, 2014, 64(2): 296-316.

③　Cf. Krosnick, J. A. , & Kinder, D. R. , "Altering the Foundations of Support for the President through Priming", American*Political Science Review*, 1990 84(2): 497-512.

④　Cf. Jones, M. D. , Communicating Climate Change: Are Stories Better than "Just the Facts?", Policy*Studies Journal*, 2014, 42(4): 644-673.

⑤　Cf. Boykoff, M. T. , & Boykoff, J. M. , "Climate Change and Journalistic Norms: A Case-study of US Mass-media Coverage", *Geoforum*, 2007, 38(6): 1190-1204.

（二）国内政务新媒体研究现状

国内政务新媒体研究是政治传播、政府传播研究的热点。学者们基于传播学、政治学、公共管理学的理论框架,围绕我国政务新媒体运营的具体经验展开理论与实践研究。具体有如下方面:

研究重点之一是针对新媒体时代的政府传播,即政务新媒体传播展开特征、功能、模式的研究。有研究围绕政府传播的特征、环节或要素展开讨论。廖为建将政府传播分为内向传播与外向传播两类,外向传播具有"以权力为中心呈辐射状"、"人际传播仍是最基本的渠道"、"传播中上行通道少于下行通道"、"传播手段不断更新"等特点。[①] 李剑利认为政务新媒体打开了政务信息公开的新渠道,成为政民互动、信息传播和民意表达的重要载体,大大提高了政府提供公共服务的便民性和效率,是引导网络舆论的一大利器,构建了政府与公民良性互动的新桥梁,其传播信息的速度和影响范围远远超过了如报纸和广播等传统媒体。[②] 从功能的角度,有研究认为,微博是浅社交、泛传播、弱关系的平台,其功能主要是发布信息引导舆论、满足公众需求、网络政治参与、树立政府形象等;微信则是深社交、精传播、强关系的平台,它具有微博所具有的功能,在网络参与政治、公共服务上更具优势。[③] 还有研究认为,政务微博最重要的功能为政策性、宣传性、社会信息通报和公共服务信息等四类信息的传播,同时也是政府与公民沟通互动、引导正能量舆论的重要工具;[④] 而政务微信具有整合信息、对话、社会管理及经济等"正功能"和深度广度不够、选择性报道以及传播失效等"负功能"。[⑤] 刘小燕还研究了新媒体环境下政府传播的回应模式,将之区分为协商型、牵引型、预案型、驱动型、对撞型

---

①　参见郭钟琪、廖为建:《解析政府传播渠道》,《公关世界》2001 年第 5 期。

②　参见李剑利:《社会治理创新视角下政务新媒体发展探析》,《中共石家庄市委党校学报》2016 年第 2 期。

③　参见殷俊、姜胜洪:《政务新媒体发展现状及对策探析》,《新闻界》2015 年第 5 期。

④　参见侯汝秋、陈鹤阳:《政府机构官方微博的内容特征分析——基于新浪网政府微博 Top10 的实证研究》,《图书馆工作与研究》2013 年第 8 期。

⑤　参见张志安、徐晓蕾:《政务微信的社会功能及提升对策》,《新闻与写作》2015 年第 9 期。

五种。①

　　研究重点之二是针对政务微博与政务微信展开的内容研究,有关政务 APP 的研究目前较少。从宏观角度,有研究认为政务微博、政务微信地域分布呈现明显梯级化,中西部地区政府机构"两微一端"发展势头并不如东部地区,且存在层级差异,体现出"层级越低,数量越多"的特点,不同职能机构之间也存在着一定的差距,其中公安、宣传与共青团系统最为活跃。② 从内容角度,人民网舆情监测室、复旦大学舆情与传播研究实验室等机构长期跟踪政务微博,发布研究报告描述政务微博特征并进行评估。刘稚等认为政务微博和政府网站是前端和后端的关系,或者说是窗口和平台的关系,两者在内容方面互为依托,相互协作。③ 从实证研究的角度,郑磊等将政务微博分为机构微博、发言人微博、主题微博三类。④ 郑拓选取 10 个政府机构微博,具体研究了发文数量、发布时段、信息内容、信息类别、信息形式、信息来源、信息推送、语言风格、信息相关群体、信息相关层级、网民评论及态度、评论群体类型和评论回复,认为政府微博信息透明度有待提升、忽视公共服务、出现政府门户网站"微博化"趋势。⑤ 黄河等将政务微博内容分为形象塑造类信息、公共服务类信息、关系类信息三类,发布方式分为连续、规律发布信息;根据用户活跃情况设定信息发布节奏;多媒体元素融合使用;用网民风格发布信息四种。⑥ 曹丹发现"生活服务资讯占主导,城市文化新闻是重点,新闻发布会信息优先,互动性内容作补充"是目前政务微博群的内容发布规律,提出城市政务微博群应当将各类信息资源形成有序的、重点突出的、合乎认识规律的综合信息发布窗口,并且政务微博群可以尝试建立与已有电子政务平台的联系提高信息的聚合度。⑦

_____

① 参见刘小燕:《政府传播中的公众意愿回应模式》,《国际新闻界》2011 年第 11 期。

② 参见桂万保:《政府机构官方微博的传播特征分析——基于新浪微博的个案调查》,《现代传播》2011 年第 3 期。

③ 参见刘稚、张亚、岳才勇:《微博:助力网络问政》,《信息化建设》2011 年第 4 期。

④ 参见郑磊、任雅丽:《中国政府机构微博现状研究》,《图书情报工作》2012 年第 2 期。

⑤ 参见郑拓:《中国政府机构微博内容与互动研究》,《图书情报工作》2012 年第 2 期。

⑥ 参见黄河、刘琳琳:《试析政府微博的内容主题与发布方式——基于"广东省公安厅"与"平安北京"微博的内容分析》,《现代传播》2012 年第 3 期。

⑦ 参见曹丹:《政务微博群内容特色与编辑创新策略研究——基于新浪网"十大新闻办机构微博"的观察》,《中国报业》2012 年第 10 期。

张宁采用内容分析法以三个官员的微博为样本,从官员微博的传播定位、传播内容偏向、与受众互动以及传播效果等方面进行了分析,发现官员微博在有利于公共关系建立的同时也增加了政府公共关系危机风险。① 对抖音等政务短视频的内容分析也逐渐兴起,如王佳航等分析了 10 个政务抖音的内容分布,其中排名前五的内容包括警察形象宣传、正能量宣传、警察办案宣传等。② 政务新媒体内容研究也在经历着方法创新,主要是大数据方法的运用,王玲宁等通过大数据挖掘,采集了 2011 年至 2016 年间"上海发布"微博、微信账号的文本内容,认为政务新媒体兼具政府公共服务属性和社交媒体属性,具有内容呈现幂律分布且与民生密切相关;内容生产开始类型化;标题生产摆脱传统规则等特点。③ 孟天广等通过大数据和小数据结合的方法,发现政府新媒体传播的信息内容非常多元,价值观宣传最多且逐渐上升,便民服务、生活信息、政务公开和政绩宣示等也都是发布重点。此类内容结构对网民的政治态度和行为产生深刻影响,激发网民对公共事务的兴趣及参与行为。④

研究重点之三是政务新媒体的影响研究。首先在政府公信力层面。马得勇等认为时政类新媒体在政府的回应性和透明性两个方面能对地方政府公信力产生影响。⑤ 周红等认为新媒体可以帮助公众监督政府及官员,实现反腐和网络互动,在提高政府服务效率和质量方面发挥优势,提升政府公信力。⑥公众使用政务新媒体对政府满意度的影响研究尚属比较新的议题。公众的政府满意度即公众对于政府行为与提供服务的预判,以及对政府行为与提供服务是否满足其需求的评价。具体到政务新媒体而言,公众是否能够持续使用

① 参见张宁:《官员个人微博:一种政府公共关系角度的考察》,《现代传播》2012 年第 7 期。

② 参见王佳航、张希臣:《抖音政务号的话语方式与社会效果探析》,《新闻论坛》2018 年第 5 期

③ 参见王玲宁、禹卫华:《全文本视野下政务新媒体的内容生产和传播特征——以"上海发布"为例》,《新闻界》2017 年第 9 期。

④ 参见孟天广、郑思尧:《信息、传播与影响:网络治理中的政府新媒体——结合大数据与小数据分析的探索》,《公共行政评论》2017 年第 1 期。

⑤ 参见马得勇、孙梦欣:《新媒体时代政府公信力的决定因素——透明性、回应性抑或公关技巧》,《公共管理学报》2014 年第 1 期。

⑥ 参见周红、赵娜:《新媒体环境下地方政府公信力的提升策略研究》,《电化教育研究》2012 年第 1 期。

一种政务新媒体,或主动增加使用政务新媒体的种类,从某种程度上体现了公众对政务新媒体的评价,因而有可能影响公众对政府满意度的判断。有研究认为,政府信息公开的内容质量与平台性能会影响到公众对政府信息公开满意度的感知,[①]而公众对于新媒体政务信息内容需求的满足是决定公众满意度的关键。[②] 在回应满意度维度,公众使用政务新媒体表达诉求,其主要期望在于获得政府回应,而政府对不同议题以及不同诉求表达方式的回应性也存在差异,政府更容易回复强势诉求主体和复杂性议题,[③]由此带来公众使用政务新媒体的不同体验,从而影响政府满意度。[④] 有研究比较了三种政务新媒体使用的政府满意度,发现政务微信能够显著提升公众的政府满意度,政务微博主要提升信息公开满意度,政务 APP 的使用对信息公开、政府回应满意度均有积极影响。[⑤] 还有研究利用社会网络分析法,通过对微博评论区的互动质量进行研究以分析这种互动式新媒体政务平台对政府回应公众的影响,结论认为政府存在社交媒体互动障碍,善于强化同质的强关系网络结构,更容易让互动异化为"表演型政治",从而错失弱关系公众提供的政策检视机会。[⑥]陈昌凤等还通过天津港事故的政府微博分析,从设置议程并导控舆情的角度解析了政务新媒体对危机传播的影响策略。[⑦]

还有研究从宏观角度对政务新媒体提供发展对策,或对政务新媒体趋势进行展望。如陈晶晶等对十年来政务微博的发展进行了综述,认为"从

---

① 参见寿志勤、郭亚光、陈正光:《基于 SEM 的政府网站信息公开服务公众满意度评估模型实证研究》,《情报科学》2013 年第 4 期。

② 参见邵伟波、魏丹、刘磊:《基于 KANO 模型的政府信息公开的公众需求研究》,《图书情报工作》2013 年第 7 期。

③ 参见孟天广、李锋:《网络空间的政治互动:公民诉求与政府回应性——基于全国性网络问政平台的大数据分析》,《清华大学学报》(哲学社会科学版)2015 年第 3 期。

④ 参见孟天广、郑思尧:《信息、传播与影响:网络治理中的政府新媒体——结合大数据与小数据分析的探索》,《公共行政评论》2017 年第 1 期。

⑤ 参见贾哲敏、李文静:《政务新媒体的公众使用及对政府满意度的影响》,《北京航空航天大学学报》(社会科学版)2017 年第 2 期。

⑥ 参见刘江:《适应障碍、同质游戏与互动承诺的异化——基于社会网络分析的政务微博互动质量研究》,《电子政务》2019 年第 3 期。

⑦ 参见王宇琦、陈昌凤:《社会化媒体时代政府的危机传播与形象塑造:以天津港"8·12"特别重大火灾爆炸事故为例》,《新闻与传播研究》2016 年第 7 期。

井喷式崛起到活跃度整治,从高度集中化到日趋均衡下沉,政务微博见证了'互联网+政务'在中国的发展轨迹。实现了从传播核心节点到新生态行动者、从语言方式变革到线上综合运营、从政民互动到互联网政务平台、从突发事件应急到科学舆情管理的变化"①。黄楚新等认为发展微博应重点创新表达形式,扩大政务微博影响力;完善整体机制,提升政务微博服务力;坚持移动优先策略,促进县级政务微博发展。② 邵泽宇等认为政务短视频的发展要以塑造政府形象为主要内容;转变观念,连接多种形式,形成政务新媒体链,共同助力政务新媒体可持续发展。③ 张志安等则认为应支持主流传统媒体向平台化、智能化转型,构建政务机构的新媒体传播矩阵,建设数字公共领域,转变舆情事件处理范式,提升舆情回应能力,兼顾社会心态引导。④ 近年来,建设县级融媒体也成为政务新媒体发展的重要机遇,但需要经过思维观念的转变、媒体关系的处理、技术系统的建设等关键问题的解决,方能持续健康发展。⑤

综上所述,国内外政府社交媒体使用、新媒体政府传播、政务微博、政务微信研究成果为本书提供了丰富的借鉴。陈强与曾润喜认为:"政务新媒体的国内文献大多基于政府的视角而少从公众的视角切入。未来研究应考察政府机构政务新媒体使用的战略、策略与政策以及政府机构的政务新媒体使用对组织的影响,同时增强实证方面的研究。"⑥因此,目前研究中还存在一些问题。具体而言,第一,国内研究存在大量评价性、总结性、观点性研究,对新媒体政府传播的实证研究尚不够充分,因此无法深入探讨政务新媒体的内容传

① 参见陈晶晶、余明阳、薛可:《政务微博十年的变与不变——基于发展态势和传播特征的观察》,《新闻与写作》2019年第6期。
② 参见黄楚新、郑智文:《当前我国政务微博的发展特点及趋势》,《中国记者》2019年第4期。
③ 参见邵泽宇、谭天:《2018年政务短视频的发展、问题与建议》,《新闻爱好者》2018年第12期。
④ 参见张志安、聂鑫:《互联网语境下意识形态传播的特点、挑战和对策》,《出版发行研究》2018年第9期。
⑤ 参见谢新洲:《县级融媒体中心建设关键问题剖析》,《新闻战线》2020年第1期。
⑥ 参见陈强、曾润喜:《政府视角与公众视角:中国政务新媒体研究的议题与路向》,《情报杂志》2017年第4期。

播特征、功能与效果;国外文献虽然较为重视实证研究,但以欧美发达国家数据为主,缺少亚洲国家与中国的经验数据。第二,目前大多数研究仍然采用传统的抽样方法,所获得的政务微博、政务微信样本较少,亟待使用计算机辅助内容分析法(大数据方法)。近年来应用新方法的研究有所增多,但依然需要加强,才能对政务微博海量数据进行分析,从而得到更客观、全面的全景展示。第三,国内文献中,对于政务新媒体传播效果的研究十分缺乏,对线下公众或用户开展的效果调查也较为少见,公众视角研究不足,因此无法评价政务新媒体传播在用户中产生的实际效果,导致政务新媒体的微观传播影响和社会影响无法深入展开探讨,对政务新媒体发展策略的提出也容易缺乏针对性。此外,效果研究还缺乏基于中国数据而构建的效果理论模型以验证或发展已有经典理论,因而与国际学界展开对话的力量不足。第四,国内较缺少从公众、用户角度对政务新媒体采纳、使用展开的实证研究,在用户结构、特点模糊,定位不清的状态下,很难进一步精准定位政务新媒体的发展与偏向性。第五,对政务微博与政务微信的研究较多,而对政务 APP、政务短视频等最新且未来极有前景的传播形势研究不足,而对政务新媒体最新形式展开研究极为必要。上述文献既给本书以启示,又给本书留下诸多讨论空间。

三、研究问题、方法与框架

(一)研究对象与问题

1. 研究对象

本书的研究对象是伴随着互联网、移动互联网发展起来的各类政务新媒体,主要包括政府为主体所运营的各类新型传播工具与公共服务工具,也包括政府授权,由外包服务机构提供运营的各类政务新媒体(由下属媒体公司、外请骋新媒体公司、联合工作室等形式运营,以及与腾讯微信、支付宝合作的"城市服务"等)。有学者认为政务新媒体也应包括政府公务人员以其公职身份所运营的个人新媒体,但由于本书突出政府机构运营的主体地位,故而不对这部分官员个人的政务新媒体账号做详细讨论。从类型上看,本书主要讨论对象为政务微博、政务微信、政务 APP 和政务短视频,兼论电子政府网站、政务音频、政务头条号等其他新媒体形式,既包括政务新媒体的网络 PC 门户端(例如政务微博网页版),也包括手机移动客户端。在现阶段的传播环境中,手机移动客户端对于政务新媒体而言更为重要、更具前景,因此本书的讨论以政务新媒体移动客户端为主。

2. 研究问题

自 2009 年微博兴起,政务新媒体在我国蓬勃发展已逾十年。本书首先关心的是如何在新的媒介环境与政治生态中从学理上定义政务新媒体,其具有哪些特征,而这些特征如何使得政务新媒体与传统政府信息传播、电子政务区分开来。进一步而言,基于传播学视角、政治学与公共管理学的视角,界定并理解政务新媒体可遵循哪些路径?(问题一)其次,在信息通信技术发展、社会变革、公民参与意识提高以及政府转型改革的背景之中,我国政务新媒体经历了怎样的发展历程,可分为哪些阶段。发展之基本动力——制度化过程为何,又是如何发挥作用的?四类最主要的政务新媒体形式——政务微博、政务微信、政务 APP、政务短视频现状如何,具有怎样的特征?(问题二)

通过对北京市政务新媒体平台"北京微博微信发布厅"的数据以及 444个抖音短视频的内容分析,本书将逐步解析政务新媒体的内容传播。提出问题三:经过数年发展,政府利用政务新媒体展开信息传播的基本图景为何? 政府利用政务微博、政务微信、政务短视频进行信息传播的具体策略为何? 如何实现议题建构、内容呈现、框架设定和传播互动? 这种策略对提高政府传播影响力存在何种影响?

公众对政务新媒体的使用是检验政务新媒体建设的重要指标。需要对政务新媒体的现有用户进行进一步分析,才能全面扩大用户规模,精准定位,以提高政务新媒体的普及率与采纳率,并使用恰当方式运营政务新媒体以提供公共服务。基于北京市与全国性调查问卷数据,本书提出研究问题四:公众对政务新媒体使用情况如何? 公众如何使用政务新媒体的功能? 公众对不同类型的政务新媒体有何种使用偏好? 政务新媒体的用户特征为何? 不同人口社会经济特征的用户使用新媒体是否存在差异? 哪些因素影响公众采纳并使用政务新媒体? 如进一步发展政务新媒体用户,应当采取何种策略?

研究表明,政务新媒体能够为政府发展带来许多有利的变化和积极的后果。公众通过政务新媒体感知政府,体验政府,从而产生对政府满意度、透明度、回应度方面的评价。作为公众日常生活中接触最多的政治类媒介,政务新媒体还有可能对公众个体的政治行为与态度产生影响。本书的研究问题五聚焦于效果领域,即政务新媒体的使用对公众产生何种宏观或微观的政治效果与影响? 尤其在满意度(包括信息公开满意度和回应满意度)、政治参与、政治心理与政治信任方面。

本书还探讨了问题六:经过十多年的发展,我国政府具有代表性的政务新媒体运营案例有哪些? 在信息发布、全媒体运营、政策传播、公共服务、意见响应平台建设等方面有哪些最新的实践探索,有哪些先进经验值得探寻? 与美国政府运用政务新媒体展开比较研究,可发现哪些优势、不足,又应如何借鉴?

最后,互联网与移动媒体的发展日新月异,大数据技术、人工智能技术无时无刻不在改变着政府与政治、社会与文化,塑造着政府与公众的政治行为与互动过程。本书落脚点在于:基于目前的政府传播内容图景、用户结构与效果影响,在面向数据社会和移动互联网社会的转型激流之中,我国政府应采取何种策略与行动,促进政务新媒体的发展,以推动数字政府、移动政府的建设,从而推动构建现代化政府数字治理体系。

(二)研究方法

本书主要使用计算机辅助内容分析法(大数据研究法)、内容分析法、问卷调查法、案例分析法对上述研究问题展开研究。

1. 计算机辅助内容分析法

通过与北京航空航天大学计算机学院心情搜索实验室合作,本书使用计算机辅助内容分析法(computer-assistant content analysis)分析了北京市政务微博的内容图景与功能。基于微博大数据,主要分析了新浪微博中注册并活跃的北京市各级政府机构官方微博。研究利用网络爬虫技术系统搜集了各级政府及其党政机构的 165 个政务微博账号、258073 条微博文本、5478342 次转发以及 2647467 次回复。利用计算机自然语言理解技术,采用可监督机器学习对所有微博的"议题内容"与"功能指向"进行了大数据分析,并对结果进行了可视化展示。

2. 内容分析法

为了研究北京市"政务微信"的内容框架设定与其影响,本书对"北京发布"微信公众号进行了内容分析。该政务微信于 2014 年 1 月 14 日正式上线,原"北京微博发布厅"的 81 个职能部门整体入驻,率先实现"双微服务"全面融合,创造了政务新媒体"北京模式"。[①] 研究采样时间为 2016 年 1 月至 12 月,采用构造周抽样方法[②],共采集 10 个构造周,总计 70 天的内容推送,共获得 407 篇文章为分析样本,进行主题、新闻框架、内容框架、影响力的分析。

本书还对政务短视频进行了内容分析。根据字节跳动官方微信公众号"北三环政能量"2018 年 5 月到 12 月发布的政务抖音号排行榜,选取了 10 个每月上榜的知名账号,抽样时间为 2019 年 8 月 10 日至 8 月 31 日,共 3 周。研究采用全样本数据,逐一下载 10 个账号发布的 444 个短视频,为研究样本,进行视听要素、主题、风格和框架分析。

3. 问卷调查法

本书针对北京市政务新媒体发展现状、用户情况与传播效果展开了问卷调查,设计了"北京市政府新媒体传播与效果调查问卷"。结构分为人口统计变量、政务新媒体/新媒体使用变量、政务新媒体功能使用、政治性因素、政府绩效感知、使用意愿等等。使用网络固定样本法搜集数据,通过问卷星制作并发放问卷,限制填答用户的地域为北京市,并要求涵盖 16 个区县。为保证问卷质量,问卷以 IP 地址和填答时间作为限制性条件,IP 不在北京市 16 区县范围内以及填答时间过短的问卷将被剔除。调查时间为 2015 年 11 月,经过样本筛选后,共获得有效样本 1042 个。

本书还在"2015 年我国城市治理调查"问卷中设计问题展开研究。该调查由清华大学数据治理研究中心在 2015 年 6—8 月实施,抽样方法为"GPS 辅助的区域抽样"。调查共覆盖 24 个省级单位,50 个市级单位,抽取样本 5525 个,完成样本 3513 个,其中网民 2114 个,有效完成率为 63.6%。其中,

---

① 参见《北京微博微信发布厅上线,融合"双微"服务》,http://news.qq.com/a/20140114/007893.htm,2017 年 3 月 21 日。

② 参见彭增军:《媒介内容分析法》,中国人民大学出版社 2012 年版,第 46—47 页。

政务新媒体使用者样本为 322 个。调查专门设计了"互联网新媒体"系列问题,着重了解公众接触网络、使用政务新媒体的情况以及公众的政治信任、政治行为与绩效感知等等。

4. 案例分析法

本书在量化研究之外,还采用了质性研究之案例分析法。案例分析法能够对研究对象的特征、过程和行动进行深度描述。根据中美有关政务新媒体的运营情况以及"2017/2018 年互联网治理创新十大案例评选结果"选择了 8个案例进行分析,分别为:国务院客户端、美国联邦应急管理署(FEMA)政务新媒体、中央政法委新媒体、"上海垃圾分类"政策传播、Mobile Pass Control、广州公安、SeeClickFix 以及深圳罗湖社区家园网。案例分析以小见大,用丰富的资料和事实为依托,通过对这些案例的描述与深入分析,试图揭示政府政务新媒体运营的经验、现状,以管窥其策略、战略、比较优势与普遍规律。

(三)研究框架与章节安排

如图 0-1 所示,本书内容共分为三个部分:理论研究、实证研究和应用研究。

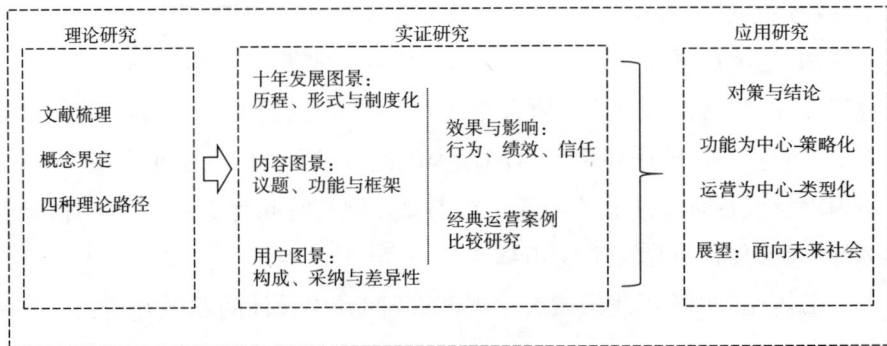

图 0-1 政务新媒体图景与影响研究框架

第一部分为理论研究,包括第一章、第二章,主要探讨政务新媒体的理论基础与路径,其中第一章为绪论部分,介绍研究缘起、内容设计、方法与结构。第二章基于文献与理论梳理界定政务新媒体的概念、分析内涵与外延,并提供理解政务新媒体的四种理论路径。

　　第二部分为本书主体的实证研究,分图景研究和效果研究两个领域。图景研究由第三章、第四章、第五章组成。

　　第三章为政务新媒体宏观现状的研究分析,将我国政务新媒体发展的十年历程分为四个发展阶段,解析了政务微博、政务微信、政务 APP、政务短视频等四个主要形式,通过政策文本对我国政务新媒体发展的核心动力——制度化过程进行了探析。

　　第四章为政务新媒体的内容传播图景分析。采用计算机辅助内容分析法与传统内容分析法,系统地呈现了政务微博、政务微信、政务短视频三种主要政务新媒体的内容呈现、现状、功能、影响,以明确政务新媒体在政府传播中的策略与作用,提出了政务微博、政务微信、政务短视频在新媒体内容传播中的主要结构性机制。

　　第五章主要分析了现阶段我国政务新媒体的公众使用情况。利用北京市与全国的两套问卷调查数据,系统解析公众使用政务新媒体的特点、偏好、意愿与评价。为提高公众对政务新媒体的使用效率和使用意愿,本章还重点分析了公众使用不同类型政务新媒体的差异性,以及采纳政务新媒体的主要影响因素探寻扩大政务新媒体用户规模、提高用户结构质量的规律。

　　在效果研究领域,第六章主要进行政务新媒体的效果与政治社会影响研究。本章以北京市与全国性两套问卷调查数据为基础,主要探讨公众对政务新媒体的使用如何影响公众的政治行为与态度。主要因变量包括政治兴趣与政治知识、线上线下政治参与、政府满意度、政治信任。通过回归因果模型的构建,试图解释政务新媒体产生的政治社会效果与具体的影响机制,回应经典理论,并基于理论模型提出应如何调节关键变量以改善政务新媒体的政治社会影响。

　　第七章为政务新媒体运营的案例分析。本章从集成式政府门户、信息传播、政策传播、移动数字化公共服务、公民意见响应等不同层面选择了 8 个运营优质的政务新媒体个案,从运营效果、发展策略、实际功能与用户体验的角度展开剖析,并进行比较研究。

　　第三部分为应用研究,以第八章为主。主要根据本书实证研究数据和分析结论,提出新时代政务新媒体创新发展的两项基本路径:以功能深化为中心的策略化发展路径和以运营优化为中心的类型化提升路径,并面向数据社会和人工智能社会,展望政务新媒体的未来发展。

本书的创新之处在于:

其一,研究视野开阔。既将政务新媒体视为数字政府、移动政府体系中的重要平台与核心工具,又将其作为移动互联网时代政府传播与公共治理的关键路径加以考量。因此,本书整合传播学、政治学、公共管理学的理论视角,将其纳入新媒体传播、数字治理理论框架之内,梳理并界定了政务新媒体的概念边界,创新性地提供了政务新媒体研究之四种路径。

其二,基于中国政府新媒体传播发展与政府数字公共服务改革背景,利用翔实的数据、严谨的方法、系统的分析过程对政务新媒体的发展实践进行了解析,并基于此提出了政务新媒体发展宏观制度化与微观制度化的动力机制、"核心职能—多元议题"微博内容联动传播结构、政务微信"公共性—流行性"框架建构的内容机制、政务短视频"复杂—新兴"混合框架利用结构、政务新媒体公众采纳"同质增长、异质削减、关联促进"规律等等,上述结论均具有理论创新性,并具有实践价值。

其三,本书注重政务新媒体传播效果与政治社会影响研究。基于传播学政治传播效果研究的基本理论框架,通过定量研究方法构建了多个因果模型,提供了详细的因果解释,检验了效果理论,提供了来自中国的数据证据,丰富并发展了"政治性媒介使用—传播效果"这一政治传播研究领域。

其四,本书综合采用各类社会科学研究方法,主要采用定量研究中的内容分析法、问卷调查法,还探索使用了计算机辅助内容分析法,以及质性研究之案例分析法,试图通过翔实数据与规范研究为政务新媒体的战略发展与策略调适提供实证基础。

第一章　理解政务新媒体:定义与路径

一、政务新媒体的定义与特点

(一)界定政务新媒体

在全球数字化与信息化浪潮中,世界各国都在积极利用 ICT 技术建设"更好政府"(a better government)。① 社会化媒体与电子政府应用的发展是数字时代政府创新的主要途径。迈克菲(McAfee)曾提出数字技术在电子政府创新领域应具有如下潜质,简称为 SLATES:搜索(Search):让利益相关者高效率找到资源与知识;链接(Link):雇员与客户等利益相关者得以连接而发展社交网络;创作(Authoring):雇员与客户等利益相关者共同创造内容并分享知识;标识(Tagging):在利益相关者之间组织并关联内容以实现有效的分享与筛选;扩展(Extension):通过多种方式以分享复杂的多媒体内容;信号(Signals):传递内容的变化。② 社会化媒体则能够在此原则下提供各国数字化政府的解决方案。

社会化媒体,被定义为能够允许组织更具有社会化的能力的一系列工具与应用系统,包括博客、维基百科、Facebook 等社交网络、网络沟通系统(如聊天群组)、照片分享系统(Flickr)、视频制作与分享(Youtube)、音频分享(Podcasts)、

---

① Cf.Mickoleit,A.,"Social Media Use by Governments:A Policy Primer to Discuss Trends", *Identify Policy Opportunities and Guide Decision Makers*,2014.(26).

② Cf. McAfee, A., "Enterprise 2.0:The Dawn of Emergent Collaboration", *MIT Sloan Management Review*,2006,47(3):21—28.

插件、浮窗(Widgets)、微博(Twitter)、虚拟世界、标签(Bookimarking of Websites)等等应用类型。① 戴维斯(Davis)与明茨(Mintz)分析了社交媒体应用的一系列特点,包括用户生产内容,社交媒体允许用户提交感兴趣的内容且能够被其他用户关注与分享;形成社交网络,社交媒体用户可以积极参与在线组织,并发展出协作关系,便于他们分享信息,交换观点;合作,用户可以致力于讨论,共同创作内容,建立统一的筛选标准,或组织集体行动;以及跨平台的数据分享。② 而多恩(Doan)与哈勒维(Halevy)等学者认为应当从使用者的行动与产出角度来分析社交媒体的特点,于是他们将社交媒体的特点总结为:评价(Evaluating)、分享(Sharing)、社会网络(networking)、形成产出(Building artifacts)和任务执行(Task Execution)。③ 可见,社交媒体具有的种种"颠覆性"特点,能够促使政府组织不断更新血液,重组能力,成为建设透明政府、参与政府、协作政府的催化剂。④

目前,"政务新媒体"尚未形成统一定义。一方面,政务新媒体并非只指某种特殊媒体,而更多用于对政府利用社交媒体行为的整体概括。另一方面,政务新媒体的具体形式由社交媒体决定,社交媒体的快速发展变化使得政务新媒体形态复杂而多元。英文文献使用 Social Media in Government、Social Media Use in Government、Government Social Media 或 Government Usage of Social Media 来指代政务新媒体,或直接使用 Twitter/Facebook Use in Government、Official Microblogging、Government WeChat、Government Apps、government TikTok 来描述政府主要使用某种社交媒体展开行动的行为与过程。具体而言,国外学者主要基于社会化媒体的技术本质与应用特征为政务新媒体提供概念与边界。如有学者认为政务新媒体是一组基于 web2.0 观念

---

① Cf.Chun, S. A., & Reyes, L. L., "Social Media in Government", *Government Information Quarterly*, 2012,29(4):441-445.

② Cf.Davis, T., & Mintz, M., "Design Features for the Social Web: The Arcquitecture of Deme", Proceedings of 8th Int'l Workshop onWeb-Oriented Software Technologies,2009.

③ Cf.Doan, A., Ramakrishnan, R., & Halevy, A., "Crowdsourcing Systems on the World-Wide Web", *Communications of the ACM*,2011,54(4),86-96.

④ Cf.Chun, S. A., & Reyes, L. L., "Social Media in Government", *Government Information Quarterly*, 2012,29(4):441-445.

以推动公共部门促进其与公民和其他组织协同参与的技术。而从概念上讲,政务新媒体是一组能够使得政府机构提高效率与公众参与度,引领社会与其他组织遵循网络潮流与规制的集成行动,旨在通过相互连接、形成互动网络并推动公众成为参与者、分享者与创造者。① 也有学者基于社交媒体功能角度,认为公共部门的政务新媒体作为增加公共机构活动透明性的渠道,处理公众的问题,以及最大限度告知公众信息。② 默格尔(Mergel)结合社交媒体的功能与前景,认为政务新媒体用以提高政府提供公共服务与公共政策的能力,为社会与政治问题、民主参与等等提供"众包"式的协作解决方案,且政务新媒体应当致力于解决政府未来存在的公共管理危机。③

与西方学者重视社交媒体技术特性的角度有所不同,我国学者通常从表现形式与职能的角度定义政务新媒体,如金婷将政务新媒体定义为"政府机构、公共服务机构和具有真实公职身份认证的政府官员进行与其工作相关的政务活动、提供公共事务服务、与民交流和网络问政的新媒体平台"。除了政务网站、政务微博、政务微信、政务客户端外,目前提供政务信息以及公共事业缴费等服务工作的高清交互数字电视也应包含在政务新媒体的范围内,都是政府实现电子政务的重要技术载体。④ 陈然认为政务新媒体以政务微博、政务微信为代表,是各级政务部门发布信息、沟通民意、创新服务的优选渠道。政务部门同时开启微博与微信,实现"双微联动"成为中国政务新媒体发展的标准模式。⑤ 陈强则认为,政务新媒体特指各国政府机构和部门基于社会治理需求而在各类新媒体平台(Facebook、Twitter、新浪微博、腾讯微信等)注册

---

① Cf. Chun, S. A. , Shulman, S. , Sandoval, R. , & Hovy, E. , " Government 2. 0. Making Connections between Citizens,Data and Government", *Information Polity*:*The International Journal of Government & Democracy in the Information Age*,2010,15(1,2):1-9.

② Cf.Mahler,J. ,& Regan,P. M. ,"Federal Agency Blogs:Agency Mission,Audience,and Blog Forms",*Journal of Information Technology & Politics*,2011,8(2):163-176.

③ Cf. Mergel, I. , "The Social Media Innovation Challenge in the Public Sector", *Information Polity*, 2012b,17(3-4):281-292.

④ 参见金婷:《浅析政务新媒体的发展现状、存在问题及对策建议》,《电子政务》2015 年第8 期。

⑤ 参见陈然:《"双微联动"模式下政务新媒体公众采纳的实证研究》,《电子政务》2015 年第9 期。

并实名认证的账号集群,比如,政务推特、政务微信、政务微博、政务 APP 等。① 2018 年 12 月 27 日,《国务院办公厅关于推进政务新媒体健康有序发展的意见》对政务新媒体的定义是指各级行政机关、承担行政职能的事业单位及其内设机构在微博、微信等第三方平台上开设的政务账号或应用,以及自行开发建设的移动客户端等。②

本书认为,政务新媒体是政府及其部门基于社交媒体推动并引领内容、关系、服务,构成网络空间秩序并面向数字政府创新的一系列应用及行动系统的总称。为进一步明确此定义,需做如下几点补充:其一,政务新媒体的主体多指狭义政府,即从中央到基层各级行政机关及承担行政职能的事业单位及其内设机构,但也包括政党、行政机关、人民团体以及立法、行政与司法机关及其下设机构。其二,政务新媒体的技术与功能边界由社交媒体决定,社交媒体的存在与流行形式决定了政务新媒体的形式,社交媒体的每次变革都会带来政务新媒体的变化。微博、微信带来"两微一端"模式,头条号、短视频、直播都丰富了政务新媒体工具阵营,其他具有互动性的数字媒体形式也能带动政务新媒体的发展,③且政府采纳新的社交媒体的速度越来越快。现下最前沿的"算法推荐制"、"社交机器人"等新技术也已影响到政务新媒体。其三,政务新媒体以"媒体"命名,其媒体的功能是重要且显著的,尤其是在政务信息发布、政府新闻传播等内容产制方面。但除此之外,政务新媒体还致力于改进公共服务、提高行政效率、促进社会协作、改善公共关系并实施社会治理,以践行开放、透明、绩效、责任的新时代政府执政理念。其四,政务新媒体并非独立存在,而是在更广阔的网络政治传播体系、电子公共服务体系、数字治理体系、网络空间秩序和数字政府建设中发挥作用。这表现在政务新媒体的运营与社交媒体平台、大众媒体、政务服务机构、社会组织、利益相关者、意见领袖、网民紧密相关并随时开展互动协作。其五,社交媒体技术具有政治性,其影响政治的

---

① 参见陈强:《政务新媒体政策研究的国内外进展及未来取向》,《情报杂志》2018 年第 11 期。

② 参见《国务院办公厅关于推进政务新媒体健康有序发展的意见》,http://www.gov.cn/zhengce/content/2018-12/27/content_5352666.htm,2018 年 12 月 27 日。

③ 参见彭兰:《"新媒体"概念界定的三条线索》,《新闻与传播研究》2016 年第 3 期。

范围与层次由其所处的政治环境所决定。政务新媒体的发展方向及方式受到我国政府的管理体制、决策体制、宣传惯例等等的制约。但政务新媒体又具有开放性、主动性和先锋性，通过自身变革不断突破。

（二）政务新媒体的特征

根据政务新媒体的内涵，本节将展开分析政务新媒体的主要特征，这些特征使得政务新媒体既区别于传统政府传播，也区别于基于政府网站的电子政务模式。

1. 社交媒体工具多样性与属性特征适应性

首先，政务新媒体基于社交媒体发展起来，主要利用社交媒体的类型、属性、特征开展行动。每一种广受欢迎的或重要的社交媒体，都会发展出政务新媒体相应的形式。如以构建社交网络见长的 SNS、微博与微信；以图片分享为主的 Flicker 与 Instegram；以长视频为主的 Youtube 与 B 站；以知识分享为基础的维基百科、头条号以及知乎；最热的短视频抖音、西瓜与快手；还有喜马拉雅、网易云音乐等有声平台，移动终端发展的各类应用 APP 等等，都已被政府利用，建设了政府账号。可以发现，大多数国家政府不止使用单一的社交媒体来构建自己的政务体系，而是更趋向于组合使用一系列政务新媒体，令其成为有效的数字工具系统。政府是否选用某种社交媒体，最为看重的是某一项社交媒体是否具有政府所要求的公共管理能力，尤其是改进政府与公众间关系的能力。[①] 此外，政府还看重社交媒体的热度和流行程度。这种流行性能够为政府带来众多的用户和流量，形成聚粉效应，便于政府快速地抵达公众。

其次，政务新媒体的运营方式受到社交媒体传播特征和传播规律的制约，尤其是内容设计需要适应社交媒体的要求和流行趋势。例如，微博最初传播只能发布 140 字内容。政务微博则需要遵循这一规律，制作 140 字以内短小、简洁的政务信息。微博具有"即时传播"的特点，政务微博则需要调整新闻信息发布的时间周期，改变"文本长、内容多、间隔长"的特点，采用"即时、简洁、

---

① Cf.Kavanaugh, A. , Fox, E. A. , Sheetz, S. D. , Yang, S. , Li, L. T. , Whalen, T. , et al. , "Social Media Use by Government from the Routine to the Critical", *Government Information Quarterly*, 2012, 29 (4)：480-491.

连续、滚动"的方式发布消息。受社交媒体话语体系的影响,微博、微信经常制作特殊的标题"吸引眼球",较多地采用网络流行语或网络表情包。这种趋势也影响到政务新媒体。通过内容分析发现,政务微信中有 10.2% 的文章使用了"流行语—戏谑"的框架,而"标题党"则可极大地提高阅读量。[①] 此外,政务新媒体也受到社交媒体表现形式的影响。如抖音短视频要求在十几秒内就对公众的视觉、听觉等构成冲击,准确传递内容并留下深刻印象。这要求政务新媒体改变内容结构,从文本走向声音,走向画面和情节,改变叙事和话语风格,才能符合抖音短视频的"画风",抓住观众。社交媒体的内置功能的不断拓展也为政务新媒体提供了发展思路。如微信中"支付"功能和"小程序"的推广应用,启发政府基于此开发市政服务程序,建立公共支付链接,便利民众。

最后,社交媒体的多元性、联动性也促进了政务新媒体以平台矩阵的方式运行,最大限度促进政务新媒体的多媒体化与多功能化。社交媒体公司还会积极为政务新媒体展开运营指导,提供专用入口、账号优惠、集成页面、粉丝福利等,并在一定程度上根据算法提供优先推送、置顶的便利,帮助政务新媒体迅速积累用户、扩大影响力、占有优势的传播资源。2018 年,抖音推出"政务媒体抖音账号成长计划",通过专业培训、制作升级、百号百万粉、正能量活动等四项措施,帮助政府与有专业短视频生产能力的机构对接,提升政府媒体在抖音上的内容生产能力。[②] 总体而言,政务新媒体对应了社交媒体的发展趋势。社交媒体的属性特征决定了政务新媒体发展的传播形式、内容样貌与基本功能。随着社交媒体技术和应用的快速变化与调整,政务新媒体的表现也是开放性的,可能出现各种新的传播形式或功能,随时可能更新换代以适应变化。这对政务新媒体的顶层构架和运营策略提出了较高的要求。

2. 广泛的参与性与互动性为基础特征

政务新媒体提供的内容与服务具有多个互动层级:最低层次是政府信息

[①] 参见贾哲敏、顾晓宇:《政务微信传播的框架建构与影响研究》,《北京航空航天大学学报》2018 年第 1 期。

[②] 参见《政务传播新阵地! 抖音推出"政务媒体号成长计划"》,https://new.qq.com/omn/20180902/20180902B13OQ7.html,2018 年 9 月 2 日。

的生产、分类、索引,以及如何通过网络传递给公众;较高层次是电子政府提供双向传播服务,公众可以通过网络工具表达诉求;更高层次是对公众和市场实现交易服务,在政府内部形成服务网络;最高层次是政府变革,包括数字投票与数字民主,也包括新的数据库或者数据挖掘技术,能够促进信息分享与合作。① 可见,参与性和互动性是政务新媒体获得生存和发展的基础。充分发挥参与性和互动性,让用户、政府、组织充分地连接起来,使得社区、组织充分的社会化,成员得以在其中分享信息,抵达共同的目标或分享共同的兴趣②,是政务新媒体的基本使命。无论利用或推广哪种政务新媒体,政府都应当加大力度强化参与性和互动性。

政务微博、政务微信、政务 APP、政务抖音等都体现出参与性优势。主要包括以下方式:一是通过政治类消息与新闻的阅读、分享、转发、扩散和再生产,扩大政治新闻的影响区间;二是通过政务新媒体在线表达政治观点与态度、提供公共政策解决方案,并与广大网络公众进行议题的协商;三是对社会公共事件进行道德判断与情绪判断,积极参与表达并推动形成情绪舆论;四是通过独立自主的内容生产向社会提供公共性议题,使之成为公众议题、媒体议题或政府议题;五是通过政务新媒体进行组织动员而形成线下的政治参与行动;六是个人权利诉求的表达与申诉,政府在网络空间中的回应体现出效率与效能;七是通过政务新媒体提供的官方渠道实施举报监督;八是通过政务新媒体参加网络投票、决策听证、政务直播、政策咨询、意见征求等活动。

通过政务新媒体推动公众参与还有极大的发展空间。根据社交媒体的不同,参与形式、参与重点和参与深度也有所不同。例如,政务微博主要促进公众在公共平台对时政新闻、信息公开的即时性参与。促进前沿、科学、框架化的政治知识在社交媒体与政务新媒体内自由流动,在网络空间中形成有效的

---

① Cf.Gordon,T. F.,"E-government-Introduction",*ERCIM News*,2002,48: 12-13.

② Cf.Bertot,J.C.,Jaeger,P.T.,& Grimes,J.M.,"Using ICTs to Create a Culture of Transparency:E-government and Social Media as Openness and Anti-corruption Tools for Societies",*Government Information Quaterly*,2010,27(3): 264-271.

积累,①提升公众政治参与素养与技能。政务新媒体可在这一领域深度挖掘。政务微信公众号擅长提供系统而深度的政治知识;而政务短视频则能够提供政治知识的趣味化解读,提高公众的政治兴趣,也有利于扩大公众参与政治知识传播与讨论的规模。政务新媒体还可以通过协同或众包的方法,邀请公众参与公共事务的决策,以改善传统线下政治参与的低效能状态。政务微博或政务 APP 的在线众包式决策即是如此,通过在线信息、知识的分享与即时协商互动,鼓励公众提供公共事务的解决方案,群策群力,吸引规模化公众参与其中,形成决策。

政务新媒体的参与性也包含了互动性,包含公众与政府的互动及公众间互动。政务新媒体提供了有效的互动平台,有利于政府快速响应公众诉求。这种直接、快速的路径改变了公众意见到达政府的速率。公众能够感受到他们究竟获得了什么来自政府的政策与服务,以及在回应过程中政府是否公平与公正。② 中国政府网客户端开通的"我向总理说句话"栏目,具有较高的督办效率,意在实现普通公众的意见与诉求能够直通总理,是政务新媒体政府回应公众的典范。中央纪委监察部 APP 推出反"四风"举报功能,网民通过照片、视频和文字即可实现对"四风"问题的"一键举报"。据人民网新媒体智库分析:2016 年 1 月至 11 月的 600 多起舆情案例中,政府回应率达到 87%,其中 41%的事件通过政务新媒体做出回应。③ 另一层面是公众之间的协同互动。公众通过社会网络,利用政务新媒体工具提出对公共事务的观点与建议,成为公共事件解决方案的创造者,推动线上或线下的任务执行,形成一系列对社区、对政府、对其社交网络有利的"产出"。美国社区在线问题解决系统 SeeClickfix 即是如此。此系统可以帮助社区居民报告非紧急事件,同时反馈给社区公众与当地政府。公众能够在平台上为这些问题提供方案或分享经

---

① Cf. Chun, S. A., & Reyes, L. L., "Social Media in Government", *Government Information Quarterly*, 2012, 29(4): 441-445.

② Cf. Anderson, C. J., Blais, A., Bowler, S., Donovan, T. i., & Ola Listhaug., "Losers' Consent: Elections and Democratic Legitimacy", Oxford: Oxford University Press, 2005.

③ 参见《政务新媒体走向政策传播 3.0 时代》,http://www.cac.gov.cn/2017-04/17/c_1120824573.htm,2017 年 4 月 17 日。

验,政府判断事件紧急程度,对社区管理做出积极回应。此类工具有利于释放政务新媒体的参与能量与互动能量。

但也应注意到,目前政务新媒体中的参与性与互动性也面临着重视程度不够、功能不够完善、效率不高的问题。或者说参与性与互动性功能发挥的程度受到不同国家政府管理体制和政治过程的影响,也与社会开放程度和公民参与文化密切相关。但社交媒体的参与性和互动性本质属性会从多方面推动政务新媒体发生变化,在政治参与、民主决策等多个领域实现突破。需要明确的是,基于政务新媒体的政治参与面临着政策与规制的问题,如在信息海啸和公众频繁参与政治的过程中如何保证政治稳定与舆论安全? 政府在广泛而不断发展变化的参与行动中应如何实现引导与治理的角色? 另外,参与的评价问题也值得政务新媒体规划者重视,即,如何评价已有的和未来建设中的参与互动渠道所具有的政治效果与效能,尤其是在何种程度上促进了数字化、民主化政府的构建。

3. 促进信息与数据的协同生产与分享

政府对社会化媒体的早期利用,偏向于将其定位为原有政府信息传播系统的补充工具,或复制电子网站中的信息在新媒体中再传播,或发布不适合在政府网站传播、政府网站上没有的信息,便于公众能够更加了解政府,接近政府,以增加政府的透明度和公开性。[①] 为符合开放政府的要求,美国联邦机构基本全面实现了采用社会化媒体传播政府信息,地方政府也有将近84%的机构开始在其信息发布系统中使用社会化媒体。[②] 随着信息公开制度的实施,我国政府逐步落实了"以多种形式实现信息公开"。政府有义务通过各类媒体,现阶段最为重要的是通过政府网站与政务新媒体向社会公开真实、可靠而及时的信息。政务新媒体信息公开的主要模式是信息生产、互转、协同分享、传播而形成互联网和移动端的信息联动。其中既包括政府层级之间的互转联

---

① Cf. Mergel, I., "Social Media Adoption: Toward a Representative, Responsive or Interactive Government?", In *Proceedings of the 15th Annual International Conference on Digital Government Research*, 2014: 163-170.

② Cf. Mergel, I., "A manager's guide to designing social media strategies in the public sector," Washington, D. C., 2012.

动、政府职能关联机构内部的信息合作,也包括政府与社会组织、网络媒体、社会公众的信息协同与分享。目前,政务微博、政务微信是主要的信息平台,政务音频、政务直播与政务短视频等形式作为补充,多媒体政务信息产制、传播的分享协作矩阵已形成。政府主要经由政务新媒体产制如下信息类型:政治新闻、领导人动态、政策发布与解读、通知公告、便民服务、办事链接、职能部门动态、意见征求、回应公众、生活指南、社会动态等,还包括一部分怡情励志的小品文。短视频或音频的政务信息则主要包括政务解读、新应用展示(如个税 APP 的使用)、执法直播、政府形象、流程揭秘等内容。此外政务新媒体还有部分内容来自对各类网络媒体、客户端、同行政务新媒体的转载或分享。而公众对政务新媒体主帖所进行的评论、转发、阐释、分析也构成政务新媒体信息生产的一部分。

目前,政府数据开放成为信息公开的重点与焦点。2017 年 5 月 19 日,国务院办公厅印发《政务信息系统整合共享实施方案》,要求促进部门内部信息系统整合共享,推进接入统一数据共享交换平台,加快公共数据开放网站建设,开展"互联网+政务服务"试点,实现政务数据共享和开放在重点领域取得突破性进展。① 截至 2019 年上半年,我国已有 82 个省级、副省级和地级政府上线了数据开放平台,与 2018 年同期相比,新增了 36 个地方平台;41.93%的省级行政区、66.67%的副省级城市和 18.55%的地级城市已推出了数据开放平台,政府数据开放平台已逐渐成为一个地方数字政府建设的"标配"。② 政务新媒体无疑是数据生产、利用、分享的关键工具,也是政府数据开放系统和平台的重要组成。但政务新媒体提供的数据有其特点,主要体现在其信息与数据是由社会公众与政府共同生产的。一类数据是政府结构化数据,如表单数据、统计数据、资料数据等,其中表单数据是由民众通过手机程序主动登记、填写、报告而形成的,数量庞大,又涉及公民个人隐私。此类数据的使用与开放需谨慎对待。对于统计和数据类资料,政府可充分挖掘、盘活此类资源,逐

---

① 参见《政务信息系统整合共享实施方案》,http://www.cac.gov.cn/2017-05/19/c_1120997115.htm,2017 年 5 月 19 日。

② 参见《2019 中国地方政府数据开放报告》,http://news.sciencenet.cn/htmlnews/2019/5/426792.shtm,2019 年 5 月 27 日。

步而深入地公开,尤其要加强数据解读,以促进公众对政务新媒体数据的理解与使用。另一类是公众或政府部门在互动过程中产生的社交媒体数据,包括政府与公众的互动、表达、分析、态度、情绪等,既有文本数据又有音视频、动画、影视数据。此类数据是非结构化的,但也具有价值。有条件的公众可以通过软件直接抓取使用,发挥数据的研究与指导作用。政府亦可对此类数据进行整理,使其成为舆情诊断、回应公众、决策参考的依据。公众与政府围绕数据进行的生产、分享、协作与利用,既是公众利用政务新媒体参与公共生活的基本形式,也是政府开展创新治理、协同治理的基础。因此,基于政务新媒体的数据生产协作应当得到进一步的重视和开发。

4. 提供数字公共服务的优越性与便捷性

2018 年,全球国家电子政务发展水平得以改善的主要贡献因素是在线服务的发展。[1] 美国政府发布的《联邦政府推进商业化移动应用》指出,相对于桌面应用而言,移动应用拥有成本低、容易下载和易测试等便利性,政府应充分利用这些商业性移动应用的功能来加速数字化政府进程。[2] 可见,通过社交媒体建立服务型、数字化政府是强化政府公共服务职能并创新行政体制和管理方式的途径。[3] 政府应首先使用公众喜欢并日常使用的方式来提供服务。[4] 所以,在目前的媒介环境中,基于微信和 APP 客户端的政务新媒体能够更好地满足公众对在线服务、移动服务的需求。优势在于可用、可靠、易用、准确等方面,能够为用户提供无处不在的服务,减少成本、节约时间、提高效率和效能。[5] 此外,政务新媒体也便于进行安全和风险管理。提供公共服务能够有效提高政务新媒体用户的采纳程度,同时能够提高用户的

---

① 参见《2018 年联合国电子政务调查报告》,http://www.echinagov.com/uploads/1/file/public/201808/20180807115410_y7t8kxcntm.pdf,2018 年 8 月 7 日。

② 参见陈美:《面向电子治理的政府信息技术应用研究》,《情报资料工作》2014 年第 2 期。

③ 参见《十八大报告解读:如何建设人民满意的服务型政府》,http://www.gov.cn/jrzg/2013-01/23/content_2318122.htm,2016 年 3 月 12 日。

④ Cf.Mainka,A.,Hartmann,S.,Stock,W.G.,& Peters,I.,"Government and Social Media:A Case Study of 31 Informational World Cities",47th Hawaii International Conference on System Science,2014,http://ieeexplore.ieee.org/stamp/stamp.jsp?tp=&arnumber=6758816,2016/3/12.

⑤ Cf.Yu,C.C.,"Value Proposition in Mobile Government",*Electronic Government*,2013,8074:175-187.

满意度。①

  以政务微信为例。政务微信主要提供与公众日常生活紧密相关的公共服务,有着优越性和便捷性。其一,以庞大的微信用户为基础,便于政府公共服务能够覆盖大多数用户和民众;其二,尊重用户的媒介使用习惯,用户不用重新下载 APP,只要利用微信自带小程序和二维码识别等功能就可以享受公共服务;其三,近用性强,公共服务的页面通常设计简单,操作性强,便于公众快速找到自己所需服务的入口,且页面美观简洁;其四,交互性好,公众诉求可以得到全面的满足,具有与政府部门直通的反馈途径,且随时沟通与咨询;其五,既有专项功能,又有综合服务,能够满足公众需求;其六,便捷性强,由于微信使用实名制,微信支付等应用也直接绑定了用户的身份信息和账户信息,所以,基于微信的部分公共服务可以实现一键登录和一键支付,免去了用户重复注册、采集信息的烦琐过程。

  政务新媒体公共服务也是数字政府与智慧政府的组成部分。基础公共服务的全面移动化与数字化进一步将政府、企业与公众个人紧密结合起来,改变三者之间互动的方式,发挥资源优势与协作优势,能够从根本上提高政府公共服务的供给能力。现阶段,政务新媒体的服务功能被认为尚未完全开发,或是有诸多不完善。更有学者发现,政府真正利用社会化媒体进行复杂的、面向公民的互动性的以及事件驱动(如危机管理)的公共服务还为数较少②。即使政府领导人愿意推动 Twitter 建设,更可能只是为了提高自己的政治声誉或者来进行政治营销,而并非以提供透明、参与、公民导向的公共服务为主要目标。③ 这取决于政府对政务新媒体技术和应用的选择偏好,符合政府公共服务定位、取向、流程和改革方向的政务新媒体将被优先选择利用,

---

  ① Cf.Jia,Z.,Liu,M.,& Shao,G.,"Linking Government Social Media Usage to Public Perceptions of Government Performance:An Empirical Study from China",*Chinese Journal of Communication*,2019,12(1):84-101.

  ② Cf.Mergel,I.,"Social Media Adoption:Toward a Representative,Responsive or Interactive Government?",In *Proceedings of the 15th Annual International Conference on Digital Government Research*,2014:163-170.

  ③ Cf.Sobaci,M.Z.,& Karkin,N.,"The Use of Twitter by Mayors in Turkey:Tweets for Better Public Services?",*Government Information Quarterly*,2013,30(4):417-425.

发挥其服务、互动、协同、共享、互惠的优势。

二、理解政务新媒体的四种路径

(一)作为政府传播工具:传播—效果路径

政务新媒体研究的理论基础之一是政治传播和政府传播理论。广义的政治传播即政党/政府通过各种媒介向社会公众进行的政治性传播活动;[①]政府传播则是政府机构利用大众传媒面向公众进行的信息传播活动。[②] 上述定义是按照大众传播几个要素组成而界定的,一方面突出政府是传播的主体,也是信息的发出方,公众是信息传播到达的对象;另一方面则突出大众媒体是政府传播的主要媒介与渠道。另有定义认为,政治传播是一种过程,一种有多重因素在其中相互影响的过程,即政府及其所辖设的社会事业机构与公民的选举行为两者不断地向对方传达政治性影响因素;[③]而政府传播则是政府议程(或公共政策)、政府施政行为等内政外交之信息和价值观的扩散、接受、交互、认同、内化等有机系统的运作过程。[④] 这类定义承认"传播—效果"依然是其中的关键性路径,但进一步将政治传播/政府传播视为更加复杂、综合的过程系统。如前所述,政务新媒体是数字政府体系中重要的政府传播工具,具有生产信息、传播信息的属性和功能,能够比其他媒介形式更为出色地完成政治传播和政府传播过程是其价值所在。因此,政务新媒体的"传播—效果"路径强调以政府为主导,致力于形成自上而下的政务信息传播体系。

按照拉斯韦尔提出的5W传播模式,这一路径简化为政府及其机构和部门(who),通过各类政务新媒体工具(in which channel),向公众、社会、组织与网络(to whom),进行宣传、传播、服务、公告为主要导向的内容推送(say

---

① 参见贾哲敏:《互联网时代的政治传播:政府、公众与行动过程》,人民出版社2017年版,第43—44页。

② 参见程曼丽:《新媒体对政府传播的挑战》,《对外大传播》2007年第12期。

③ Cf.Kaid, L. L. , " Handbook of Political Communication Research", *Mahwah*, *NJ*: *Lawrence Erlbaum Associates*,*Inc.* ,2004:15.

④ 参见刘小燕:《政府传播中的公众意愿回应模式》,《国际新闻界》2011年第11期。

what），希冀于能够产生良好的传播效果（with what effect），以构建开放、透明、责任政府。具体而言，政府是新媒体环境中政务信息和时政信息最主要的传播者。政务新媒体是政府在互联网、社交媒体、移动互联网发展趋势下的主动选择。政府需要进一步了解与利用互联网的传播特征，理解网络社会的规律，从而综合、正确地运用多元传播工具。政务新媒体传播不仅重视政府信息、行为政策、法令、议程、决议的传播，也重视政治意识形态、政治观念、政治文化的渗透。政府不仅需要实现短期的传播效果，对长期效果，即影响公众的政治态度与评价也有所期待。这要求政府在传播观念、方式与策略上多加考虑，以应对多元化的受众与传播诉求。具体而言，政府应当对社会的传播需求和用户结构进行细致分析，明确用户规模、用户特征后选择有针对性的传播内容和传播方式，尤其应重视青年群体。在内容层面将更加开放与多元，可在"移动直播"和"视觉化"传播的趋势下增强内容的"沉浸感"和"场景感"。在话语形式方面也有所调整，表现在严肃话语逐渐下沉，更加轻松活泼，出现"萌化"的趋势。提升效果的策略如设置政府议程以调节媒体议程与公众议程，引导社会注意力的流向；在政务新媒体传播中设定框架，影响媒体框架与公众框架，调节社会与公众对政府的认知与态度；通过设置并引导"沉默的螺旋"调节社会优势意见的形成，引导舆论方向；或利用启动效应调节公众与社会对政府的感知、评价与判断等等。

除去政府为主导的传播，政治传播/政府传播还包含一个反方向传播，即公众接受、反馈、传播政治性信息、参与政治过程的行动。[①] 与之相似，政务新媒体的传播—效果路径也存在一个反向的对应。主要表现在三个方面：一是公众通过政务新媒体对政府传播的内容及时反馈，直接将公众意见输入政府；二是公众对政务新媒体提供的公共服务做出评价与反馈，以监督政府积极改进公共服务水平；三是公众通过政务新媒体提出关于公共事务的诉求，试图影响政府决策议程与行动方案。这一路径蕴含着公众的政治能量与政治兴趣，也是社会协作的基础。此外，政务新媒体的传播—效果路径也强调与政治传

---

① 参见贾哲敏：《互联网时代的政治传播：政府、公众与行动过程》，人民出版社2017年版，第43—44页。

播系统、社会传播系统的紧密联系,既是政治传播系统、社会传播系统的组成部分,又受到政治传播系统、社会传播系统的调节和影响。政务新媒体传播内容形成规模效应,需要依赖政治传播系统中的资源优势、内容优势与渠道优势,也需协调一系列政治传播关系。政务新媒体在社会传播系统中的效果规模与影响力规模,在一定程度上取决于是否与宏观传播环境实现信息融通和能量交换。

(二)作为政府传播制度:诱因—变迁路径

诺斯认为,"制度"是人所发明的涉及对人们相互交往的约束包括正式规则和非正式的规则,而价值或偏好的变化被认为是制度变迁的重要源泉,同时"政治、观念、文化、意识形态"也发挥重要的作用。[①] 新技术被认为是影响制度变迁的动因之一,尤其是信息通信及时的改进大大降低了建立在空间上移动的个人参与基础上的制度安排的组织成本。[②] 互联网与移动互联网技术推动制度变迁是一种必然的趋势。安德鲁·查德威克(Andrew Chadwick)曾说:"互联网不仅对现存的尚未互联网化的制度形式产生了影响,互联网也创造出了新的规则、标准、程序和社会目标。互联网自身是制度创新的源泉,而且它创造了属于自己的制度。"[③]移动互联网为政务新媒体制度的演化提供了诸多有利条件,如信息传播权柄下移,传统把关、议程设置制度面临调整;移动互联网进一步有利于公共舆论生成,促进了民众政治生活的日常化,也增强了人们集体行动的行动力;社会话语场域不断分化,导致政府旧的传播方式失灵,政府如果不加以改进,很容易孤立于社会传播系统之外;由企业电子支付为契机推动政府公共服务改革,"传播即服务"成为理念,引发制度变迁的探讨。

制度变迁可以分为诱致性制度变迁与强制性制度变迁两种。诱致性制度变迁是指一群(个)人在响应由制度不均衡引起的获利机会时所进行的自发

---

① 转引自杨光斌:《政治变迁中的国家与制度》,中央编译出版社 2011 年版,第 12—15 页。
② 参见卢现祥:《西方新制度经济学》,中国发展出版社 1996 年版,第 76 页。
③ [英]安德鲁·查德威克:《互联网政治学:国家、公民与新传播技术》,任孟山译,华夏出版社 2010 年版,第 3 页。

性的变迁;强制性制度变迁则是政府法令强制推行的变迁。① 互联网时代的制度变迁内部有一种更加复杂的推动力,技术、政府、公众、企业都参与其中,政府无疑是其中最有效率的驱动力。政府是所有行为主体中最重要的变迁动力,政府的行为直接影响着中国媒介制度变迁的路径。正是政府权力集中度的差异或者说政府博弈能力的差异在一定程度上决定了不同时段的媒介制度安排。② 在政府管理与社会治理领域,政府更是通过各类制度安排,通过体制的调整与创新,实现提高社会的管理效能的目标。对于新技术,符合政治目标与意识形态要求的新技术政府都持积极态度。

具体而言,理解政务新媒体体系,可从制度构建与变迁出发,将其置于更宏观的政治传播制度变迁与公共管理制度变迁的双重视角之下。政府利用政务新媒体推动制度变迁,并非被动适应技术发展带来的挑战,而是积极利用新媒体以展开治理行动。2013 年,党的十八届三中全会提出,将推进国家治理体系和治理能力现代化作为全面深化改革的总目标。这一根本性、全局性、长远性的制度规划,要求政府加快推进数字政府、智慧政府的建设,而发展政务新媒体正是题中之义。此后,我国共推出 20 余项全面促进政务新媒体建设的重要制度文件,如《关于印发当前政府信息公开重点工作安排的通知》(2013)、《即时通信工具公众信息服务发展管理暂行规定》(2014)、《关于推进政务新媒体健康有序发展的意见》(2018)等,从宏观顶层战略、指导意见、技术标准、微观绩效考核等一系列制度设计,调整并规范各级政府、各参与主体的行为,使得政务新媒体发展进入"有据可依"、"有制度可循"的状态,也促进了政务新媒体与现有传播制度、公共管理制度的融合。此外,还有三类政府主体也有作用:一是省级电子政务和政务新媒体规划、发展、考核部门,提供地域化、具体化的制度执行方案,促进顶层设计落地;二是主办政务新媒体的政府机构,考虑部门特色和业务特色而制定本单位运营方案和绩效目标;三是政务新媒体从业团体和从业者,主要在制度执行和制度反馈的层面发挥作用。

---

① 参见林毅夫:《关于制度变迁的经济学理论:诱致性制度变迁与强制性制度变迁》,载 R. 科斯等:《财产权利与制度变迁》,上海三联书店、上海人民出版社 1994 年版。

② 参见潘祥辉:《政府理性、政治权力聚散与中国媒介制度的变迁》,《浙江传媒学院学报》2010 年第 8 期。

除此之外,诺斯还提出了制度变迁的进程包括"制度均衡、制度非均衡、新的制度均衡"三个阶段。政务新媒体是一个社会与公众高度参与、积极互动的开放体系。社会与公众最早感受到制度的僵化和内部系统的不协调,如公共服务电子化发展缓慢、政府信息公开不足、政务信息管理失效等等。作为制度变迁的诱致性动力,社会与公众的制度需求与政府形成博弈,反作用于政府的制度现状,进入"制度非均衡状态"。伴随着移动社会化媒体时代公众力量的崛起,与政务新媒体传播服务业务合作的新媒体机构、社会机构数量越来越多,模式越来越深入,制度的非均衡会频繁出现,制度变迁将会是一个连续的过程,且广泛包括了各类正式规则的变迁与非正式规则的变迁,①与政府强制性制度变迁一起共同推动政务新媒体的发展,也推动移动政府传播制度的完善。

(三)作为政府组织结构:结构—功能路径

安德鲁·查德威克(Andrew Chadwick)在《互联网政治学》中提道:技术具有政治属性,同时在政治背景中发挥功用,并提出了指导思想:"互联网政治的很多议题是其技术秉性所引发的,以及它是如何在一定程度上建构社会与政治行为的。"可见技术作用的发挥必须与政治关系的某些方面产生契合。不同政府所处的政治环境不同,拥抱"新媒体"与"互联网"程度与接受的次序也会有所不同。帕森斯在《社会系统》中曾用"行动体系"来分析多层次的系统结构,主要功能为适应(Adaptation)、目标达成(Goal attainment)、整合(integration)和模式维持(latency)。因此,第三种理解政务新媒体的路径,取决于国家对于技术的理解与运用,也取决于政务新媒体这种新系统功能的发挥和协调。换言之,政务新媒体能够发挥多大程度的作用,实现多少功能,应重点关注政务新媒体与政府组织结构、政府管理体系的契合程度,适应性如何,如何帮助组织达成目标,以及如何整合并维系新的模式。

科层结构决定了我国政府形成从上到下金字塔式的层级化权力结构与权责体系,信息传播体制、决策流程与政策执行体系也是如此。互联网与社会化

---

① 转引自杨光斌:《政治变迁中的国家与制度》,中央编译出版社 2011 年版,第 12—15 页。

媒体重建了我们的社会形态,网络化逻辑的扩散实质地改变了生产、经验、权力与文化过程中的操作和结果,①而公共组织也日益受到信息权力的支配,以网络的形式联结起来。宾伯(Bimber)认为,技术变革在当前时期应该为信息的丰富性做出贡献,而反过来又会对后科层形式的政治做出贡献,即已经有能力改变组织结构。② 政务新媒体源起于原生性的科层政府,又因为具有社交媒体属性而成为组织中最活跃的部分,在多方面具有推动组织结构变化发展的可能性。其一,政务新媒体改善了政府组织传播的信息系统,一定程度上能够突破政府层级的职能限制、机构限制与区域限制,在信息生产、分选、内部传递和外部传播等层面延伸出新的方式,促进信息的扁平化流动,尤其通过"联动性"改善了政府内部信息的交换机制。其二,在参与领域,公众不再面对层级政府体系里窄仄而单一的入口。政务新媒体能够帮助公众越过层级、区域的限制表达诉求、参与政治,有望改变政府对公众的回应机制和互动机制。其三,在反馈领域,政府信息"层级上报、上达下行"的模式被"去中心化"、多元化的信息反馈网络所取代,政务新媒体能够帮助政府快速识别社会问题,提供舆情研判,并即时协调社会各个行为主体之间的传播关系。其四,网络化、扁平化、终端化的一键式新媒体政务服务,能够有效简化行政程序、规范服务流程,减少权力寻租的可能性,推动政府效率提升,最终优化政府管理的分工、过程与权责关系。其五,政务新媒体能够有效促进组织成员的学习和知识分享,形成统一而可靠的价值观,从而促进政治组织文化的形成和改善。"学习强国"APP即为这方面功能的典范。其六,政务新媒体还能够在政治组织内部调节人际传播关系,形成多种非正式传播机制,调节人员交往、互动与决策,最终影响组织行为。由此可见,政务新媒体将在数字政府之权力构建、信息传播、组织结构、人际互动、服务体系、决策流程等多方面产生持续的影响,使得组织更加适应新的技术环境,实现治理现代化和民主政治的总体目标。

---

① 参见[美]曼纽尔·卡斯特:《网络社会的崛起》,夏铸九等译,社会科学文献出版 2003年版,第434页。

② 参见[美]布鲁斯·宾伯:《信息与美国民主:技术在政治权力演化中的作用》,刘钢等译,科学出版社 2011年版,第20页。

（四）作为数字政府组成：治理—发展路径

政务新媒体是数字政府的重要组成部分，是处于数字政府前端的一种实践形式。在信息社会形态下，政府的角色逐渐从权威管理者转变为社会信息融通者和智慧型社会公共服务者。① 政府数字化理念、数字化资源、数字化服务与数字化治理能够通过政务新媒体这一工具加以实现。政务新媒体是公众最容易接触到的数字政府工具。它能更快更有效地收集整理和传播信息，提高政府工作效率，进行高效的决策制定，加强政府内部的互动交流，实施监督政府的各种行为，推动政府间的协同工作。② 政务新媒体是数字政府建设的必然选择。

全球治理委员会曾经对"治理"做出过界定：治理是或公或私的个人和机构经营管理相同事务诸多方式的总和。它是使相互冲突或不同的利益得以调和并且采取联合行动的持续的过程，它包括有权迫使人们服从的正式机构和规章制度以及种种非正式安排。而凡此种种均由人民和机构或者同意，或者认为符合他们的利益而授予其权力。③ 可见治理是一个既涉及公共部门也包括私人部门，进行协调而持续互动的过程。④ 治理是政府的基本使命，但又不限于政府，社会行动者的自主自治也尤为重要。政府应提供一系列持续协作的互动关系、制度与维护措施，推动一元向多元、简单向复杂的治理转变。利用新技术与新工具开展治理并进行控制和引导，是政府的治理能力与责任所在。⑤ 数字治理理论强调数字技术和信息系统在政府改革中的重要作用，意在促进公共部门结构扁平化，权力共享、共建、共商，逐步实现还权于民的善治过程。⑥ 数字治理是将理想化的善治模型置于网络化、数字化环境下的一种

---

① 参见戴长征、鲍静：《数字政府治理——基于社会形态演变进程的考察》，《中国行政管理》2017 年第 9 期。

② 参见黄珍潇：《试论美国数字政府治理》，吉林大学博士学位论文，2011 年。

③ 转引自俞可平：《治理与善治》，社会科学文献出版社 2004 年版。

④ 参见俞可平：《治理与善治》，社会科学文献出版社 2004 年版，第 108 页。

⑤ 参见格里·斯托克：《作为治理理论的 5 个论点》，转引自俞可平：《治理与善治》，社会科学文献出版社 2004 年版，第 34 页。

⑥ 参见韩兆柱、马文娟：《数字治理理论研究综述》，《甘肃行政学院学报》2016 年第 1 期。

治理方式和途径。其目的是改进政府内部的机构化过程,提供更好的信息和公共服务,增加政府透明度降低腐败,加强政治可信性和责任性,通过民众参与和协商促进民主的贯彻。① 而利用社交媒体是政府有效开展数字治理的基本战略之一。

政务新媒体至少能够在如下方面改善并发展政府数字治理能力。其一是开放程度,包括信息、数据、事务的开放,也包括权力行使过程的公开和公民知情权的扩大。而开放程度越高,信息数字化、治理数字化的程度就越高,更容易诞生新的社会治理力量和方式。其二是回应性提高。政府回应性即政府行为符合公民意见的程度。② 利用政务新媒体回应公众,能够扩展政府—公众互动的制度化途径,促成政府与公民之间的良好合作,形成参与式、回应式政府公共关系。回应性水平也是数字治理质量的标志之一。其三,服务改变。政府能够通过政务新媒体快速识别公众的政务需求,实现一站式政务服务并持续关注公众的反馈,及时加以改进。政务新媒体将公共服务供给模式转化为服务的客户需求模式。其四,在数字治理过程中的赋权。治理的基础是赋权,尤其是社交媒体时代移动网络空间的赋权。通过个体、群体、组织获取信息、表达思想,从而为其采取行动、带来改变提供了可能。③ 技术和媒介赋权释放了公众在治理中的潜力与行动力,驱动公众与组织在社会治理中发挥作用,这与政务新媒体协同治理的目标一致。其五,治理模式的整合转化,政务新媒体将推动政策驱动治理模式向政策制定、分享、协商模式的整合转化。公众通过政务新媒体参与政策过程,变被动为主动,提供方案与支持,执行某些行动步骤并为结果负责。政府与公众共享行动成果,提供互助评价并持续行动改进方案。

此外,政务新媒体也将在数字政府未来趋势中获益并发展。例如,数字技术的更新换代将为政务新媒体提供前沿的创新形式;数字政府对技术的选择

---

① 参见刘邦凡:《全球电子治理纵览》,《电子政务》2015 年第 15 期。

② Cf.Roberts, A. , & Kim, B. Y. , "Policy Responsiveness in Post-communist Europe: Public Preferences and Economic Reforms", *British Journal of Political Science*,2011,41(4): 819-839.

③ 参见师曾志、胡泳等:《新媒介赋权及意义互联网的兴起》,社会科学文献出版社 2014 年版。

与利用能够决定政务新媒体发展的深度与广度;数字政府建设标准和体系的改进,将进一步扩展政务新媒体参与治理行动的能力和边界;其他数字政府技术和治理技术将与政务新媒体展开合作;数字政府治理结构与组织结构的调整或变革可能改变政务新媒体的功能、定位与作用方式;数字政府及数字治理的法律法规为政务新媒体介入治理体系提供依据、规范和监督。简言之,政务新媒体与数字政府、数字治理的关系并非简单的因果关系或单向促进关系,而是相辅相成、共同发展、协作推进。

第二章 政务新媒体的发展历程、制度化及基本形式

随着智能移动设备及移动互联网技术的深入发展与应用,自 2008 年起,我国政务新媒体出现井喷式发展,形式、功能与应用场景不断创新与扩展。截至 2019 年 6 月,我国在线政务服务用户规模达 5.09 亿,占网民整体的59.6%。297 个地级行政区政府已开通"两微一端"等新媒体传播渠道,总体覆盖率达 88.9%。① 政务短视频、政务音频、政务头条号等也蓬勃发展,持续向好。本章将聚焦于政务新媒体十余年的发展历程、制度化过程及政务新媒体的主要应用形式及特征。

一、中国政务新媒体发展历程(2008—2019)

中国政务新媒体的发展历程是与新媒体、社会化媒体、智能手机和移动互联网的普及、扩散过程紧密联系在一起的。政务新媒体所指的"新媒体"不仅包含了微博、微信、APP 等社交媒体,也包括其他具有互动性的数字媒体形式。② 对其发展历程进行回溯的两条主线,是政府对政务新媒体的建设与效果,以及公众对政务新媒体的接受与使用情况。具体划分阶段所考虑的因素包括:(1)主要新媒体类型推广使用的关键时间节点;(2)政府推动和建设政

---

① 参见《第 44 次中国互联网络发展状况统计报告》,http://www.cnnic.net.cn/hlwfzyj/hlwxzbg/hlwtjbg/201908/t20190830_70800.htm,2019 年 8 月 30 日。

② 参见彭兰:《新媒体界定的三条线索》,《新闻与传播研究》2016 年第 3 期。

务新媒体的重要政策与规划;(3)政务新媒体影响网络传播与公共治理的标志性事件;(4)公众在何种程度上使用和参与政务新媒体。近十年来,我国政务新媒体共经历了四个发展阶段。

(一)政务新媒体试新探索阶段(2008—2012)

2008年是中国第一个"社会化媒体年",也是政务新媒体发展的起步节点。2009年,微博高歌猛进,成为最受欢迎的社交媒体。2009年下半年,湖南省桃源县官方微博"桃源网"注册,成为中国最早开通的政务微博。随后,政务微博迎来了快速发展。2011年底,新浪网、腾讯网、人民网、新华网四家微博网站上认证的政务微博总数为50561个,较2011年初增长776%。2012年底,仅新浪政务微博数量就突破6万,相比上一年同期增长率达231%。① 很长一段时间内,微博是政务新媒体建设的主要平台,2012年8月,腾讯微信公众平台正式上线,获得广大社会公众的喜爱。8月30日,广州市白云区政府应急办率先开设"广州应急—白云"账号,大胆试新,引起社会关注。

这一阶段,政务新媒体表现出如下特点:(1)政务微博领衔政务新媒体快速发展,各级党政机关官方账号不断增长,斩获大量用户;(2)政务微博成为网络社会舆论场域的重要组成,在各类"网络事件"舆情中均可见到政务微博的身影,在引导舆论中能够发挥作用;(3)政务微博初步探索矩阵化发展,甘肃省"微博政务大厅"是全国首家省级"政务微博矩阵",于2012年1月16日上线,在信息发布、应对突发事件时发挥互动、应急、协作作用;(4)公安系统微博成为政务微博的领跑者,在全国范围内形成了一定的规模效应,在维护社会稳定、案件侦破、改善警民关系等方面起到积极作用;(5)政务微信与政务APP发展初现端倪,政府表现出极强的"试新"意愿,鼓励各类政务新媒体新形式的开发与推广。

---

① 参见《2011中国政务微博评估报告》,http://www.chinaegov.org/publicfiles/business/htmlfiles/ChinaEgovForum/wbpg/index.html,2013年1月21日。

（二）政务新媒体立体化、矩阵化快速发展阶段（2013—2014）

2013 年,网民使用手机上网的比例已达 81%,中国迎来移动互联网时代。[1] 这一阶段政务新媒体发展特点为:(1)政务微博持续快速发展,账号、用户、发文数量都在持续增长,在新闻发布、信息传播中发挥重要作用。(2)政务微博在各级政府全面布局,提倡"立体化"、"矩阵化"。北京市政务微博群"北京微博发布厅"（2013 年 8 月 20 日）率先实现在新浪网、人民网、腾讯网三网同步运行,形成了政务微博多平台集群式协作运营。(3)随着微信逐渐超越微博成为最受公众欢迎的社交媒体,政务微信成为政务新媒体的布局重点。到 2014 年 7 月,全国政务微信总量已接近 7000 家。[2] (4)2013 年 10 月 11 日,中国政府网同时入驻微博、微信,标志着我国最高级别的政府建立了政务新媒体体系,"线上政府"、"移动政府"开启新的时代。(5)2014 年也被称作政务客户端 APP 元年,政务新媒体"两微一端"初具形态。(6)党和政府充分重视政务新媒体,大力推进政务新媒体建设。国务院办公厅在《关于印发当前政府信息公开重点工作安排的通知》（2013 年 7 月 10 日）中首次提到"政务新媒体","要充分发挥政府网站、政府公报、新闻发布会以及报刊、广播、电视、政务微博等传播政府信息的作用,确保公众及时知晓和有效获取公开的政府信息"。随后,国务院办公厅又接连下发通知,要求并鼓励各级政府大力发展政务微信公众号,积极运用即时通信工具开展政务信息服务工作。上述文件为政务新媒体的发展提供了明确的方向。(7)部分政务微信公众号以微信支付为基础尝试推出政务服务业务。如 2013 年开通的"武汉交警"和"深圳南山公安"服务号,提供缴纳违章罚款、出入境事项办理预约、查询业务。

---

[1]　参见《第 33 次中国互联网络发展状况统计报告》,http://www.cnnic.cn/gywm/xwzx/rdxw/2014/201401/t20140116_43823.htm,2014 年 1 月 16 日。

[2]　参见《腾讯互联网与社会研究院:政务微信手册》,http://mat1.gtimg.com/city/ad/zwwxzdsc.pdf,2018 年 12 月 20 日。

（三）政务新媒体功能化、服务化转型发展阶段（2015—2017）

以移动互联网、大数据、云计算为技术基石的智媒化时代已然到来，①政务新媒体的发展实现了质的飞跃。主要特点包括：（1）政务微博与政务微信蓬勃发展，政务 APP 也迎来了新一轮建设，各级政府形成了"两微一端"标准配置，与 PC 端政府网站一道形成了政府"自传播"体系。②（2）2016 年，大力推进"互联网+政务服务"首次写入政府工作报告。政府进一步重视政务新媒体，连续发布各类规范性文件与公告，要求各级政府将政务新媒体建设提高到"互联网+政务"和数字政府建设的高度。（3）逐步实现政务新媒体的全功能化。根据《关于积极推进"互联网+"行动的指导意见》、《关于在政务公开工作中进一步做好政务舆情回应的通知》、《关于全面推进政务公开工作的意见》等文件的精神，新时代政务新媒体要具有政务信息公开、信息传播、舆情回应、改善互动、提供公共服务等基本功能，要从根本上加强政府与公众的沟通交流，提高政府公共管理、公共服务和公共政策制定的响应速度，提升政府科学决策能力和社会治理水平。（4）推动政务新媒体向公共服务转型，提升网上政务、微信政务、客户端政务的服务水平。推进政务新媒体与第三方机构合作，寻求服务改进。全国 31 个省级单位的 347 个城市现已入驻支付宝"城市服务"，依托支付宝实名制支付体系和风险控制管理体系，覆盖社会保障、交通、警务、民政、旅游、税务、气象环保等 7 大类 56 项公共服务。③（5）政府也加强了对政务新媒体的监管。《2017 政务公开工作要点》首次提出要"管好政务新媒体"，一是划分"五公开"范围，二是"细化具体方案，强化督查评估"，三是要求建立内容审核机制。监管问题的提出，标志着政务新媒体结束急速扩张，进入内部调适、质量控制、功能优化阶段。（6）在大数据、人工智能

---

① 参见彭兰：《智媒化：未来媒体浪潮——新媒体发展趋势报告（2016）》，《国际新闻界》2016 年第 11 期。

② 参见谭天：《2016 年政府网络传播发展报告》，《中国新媒体发展报告 2017》（蓝皮书），社会科学文献出版社 2017 年版。

③ 参见郑跃平：《"互联网+政务"报告（2016）——移动政务的现状与未来》，《电子政务》2016 年第 9 期。

驱动下,政务新媒体也在不断尝试新的方式。由今日头条推出的"政务头条号"借助算法推荐机制,成为政府信息公开、精准投放、改善效果的新形式。2016 年,我国各级党政机关政务头条号从 4021 个增加到 34083 个。①

(四)政务新媒体多元化、规范化创新发展阶段(2018 年至今)

"万物皆媒"时代到来之际,政务新媒体逐渐形成新的布局,渠道、内容、服务面临更多的改变。(1)"两微一端"标配平台的发展逐步规范化。政务微博、政务微信、政务 APP 按照各自优势和特点进行功能细分,在信息发布、官民互动、公共服务领域精准定位,深入发展。(2)对政务新媒体的监管进一步加强。要求政务新媒体遵循"谁开设、谁管理"原则,落实主体责任,严格内容审查把关。2019 年 4 月,《政府网站与政务新媒体检查指标》与《政府网站与政务新媒体监管工作年度考核指标》进一步强化监管,将政务新媒体的监管具体量化、常态化,引发一阵"关停潮"。可见政务新媒体进入阶段性反思、总结阶段,以期待下一步的整体优化和提升。(3)政务新媒体具有开放性、创新性的特质,表现为以政务短视频为基础的视觉化传播异军突起。2018 年 3 月 8 日,中央政法委"中国长安网"入驻抖音,成为首家政务短视频官方账号。经过短短半年的发展,政务抖音已出现数个播放量上亿的"网红"视频,获得了千万粉丝。截至 2018 年底,已有 5800 多家各级党政机构入驻抖音。② 随着短视频持续火热,抖音、快手已成为政府直播、传播信息、塑造形象的新阵地。(4)2018 年 12 月 27 日,国务院办公厅印发《关于推进政务新媒体健康有序发展的意见》,是第一项直接以政务新媒体为名、专门为政务新媒体发展而制定的顶层制度设计,标志着我国政务新媒体的发展进入有据可循、有路可依的新阶段。该意见从总体要求、明确工作职责、加强功能建设、规范运营管理、强化保障措施五个方面对政务新媒体的未来发展进行规划,提出努力建设利企便民、亮点纷呈、人民满意的"指尖上的网上政府",还提出到 2022 年,形成全国政务新媒体

---

① 参见谭天:《2016 年政府网络传播发展报告》,《中国新媒体发展报告 2017》(蓝皮书),社会科学文献出版社 2017 年版。

② 参见《教育部基教司长组天团唱 RAP 政务部门玩抖音》,https://news.sina.com.cn/c/2019-01-30/doc-ihrfqzka2439016.shtml,2019 年 1 月 30 日。

规范发展、创新发展、融合发展新格局。[①]

二、中国政务新媒体的制度化过程

研究表明,互联网时代的政府面对技术发展与网络传播环境的变化并非总是被动适应。与此相反,政府总是充满智慧,主动寻求并创造网络政治传播新方式,确保其处在传播环境的中心位置。政务新媒体的发展内置了政府主导视域中国家—社会传播关系的变化,也展现了政府推动下强制性政府传播制度的变迁。无论发生在制度内部还是外部,这个制度化的过程,展示了政府迎接互联网挑战的具体行动。[②] 具体而言,分为宏观层面顶层规划的制度化和微观层面落实执行的制度化。

(一)宏观制度层面

表2-1整理了2011—2019年间党和政府所制定的关于政务新媒体发展的政策与制度文本。通过内容分析,可知由政府权力和行政力量推动的政务新媒体宏观制度化特征主要体现在明确主体性、层级推广、功能定位和监管四个层面。

表2-1　政务新媒体发展的政策与制度文本(2011—2019)

时间	政策文本	对政务新媒体的宏观制度化内容
2011.9.19	《全国政务公开领导小组关于开展依托电子政务平台加强县级政府政务公开和政务服务试点工作意见的通知》	电子政务平台主要由"电子政务网络、政府网站、业务管理系统、应用及数据服务中心和信息安全保障体系等"组成。

①　参见《国务院办公厅关于推进政务新媒体健康有序发展的意见》,http://www.gov.cn/zhengce/content/2018-12/27/content_5352666.htm,2018年12月27日。

②　参见贾哲敏:《网络政治传播研究:政府、公众与行动过程》,人民出版社2017年版,第207页。

时间	政策文本	对政务新媒体的宏观制度化内容
2013.7.10	《关于印发当前政府信息公开重点工作安排的通知》	首次指出要充分发挥政务微博等传播政府信息的作用,确保公众及时知晓和有效获取公开的政府信息。
2013.10.1	《关于进一步加强政府信息公开回应社会关切,提升政府公信力的意见》	(1)重点指出要"着力建设基于新媒体的政务信息发布和与公众互动交流新渠道"。 (2)从国家层面强调了政务微信的重要作用首次将政务微博、政务微信、新闻发言人、政务网站并列为政府信息公开工作的重要途径。 (3)要求"各地区各部门应积极探索利用政务微博、微信等新媒体,及时发布各类权威政务信息"。
2014.4.1	《2014年政府信息公开工作要点》	明确提道:"加强新闻发言人制度和政府网站、政务微博微信等信息公开平台建设,充分发挥广播电视、报刊、新闻网站、商业网站等媒体的作用,使主流声音和权威准确的政务信息在网络领域和公共信息传播体系中广泛传播。"
2014.8.7	《即时通信工具公众信息服务发展管理暂行规定》	简称"微信十条"。鼓励各级党政机关、企事业单位和各人民团体开设微信公众账号,服务经济社会发展,满足公众需求。
2014.9.10	《大力推动即时通信工具政务公众账号发展》	(1)要求全国各地网信部门推动党政机关、企事业单位和人民团体积极运用即时通信工具开展政务信息服务工作。 (2)积极鼓励县级以上教育、公安、民政、社保、环保、交通、卫生、工商、食药监、旅游等与民生密切相关的部门开设政务公众账号。 (3)切实加强政务公众账号信息内容建设,不断拓展和升级政务公众账号服务功能。 (4)区分政务公众账号与政务微博的功能定位,实施"双微"联动、协同发展。在即时通信工具平台开设多部门参与、多账号展示的"政务大厅"。 (5)加强政务公众账号规范化管理,建立备案制度,到2015年底,争取形成覆盖全面、功能完备的即时通信工具政务公众信息服务体系。
2015.4.21	《关于印发2015年政府信息公开工作要点的通知》	发挥各类信息公开平台和渠道作用。统筹运用新闻发言人、政府网站、政府公报、政务微博微信发布信息,充分发挥广播电视、报刊、新闻网站、商业网站和政务服务中心的作用,扩大发布信息的受众面,提高影响力。

时间	政策文本	对政务新媒体的宏观制度化内容
2015.7.1	《关于积极推进"互联网+"行动的指导意见》	要求创新政府网络化管理和服务。积极探索公众参与的网络化社会管理服务新模式,充分利用互联网、移动互联网应用平台等,加快推进政务新媒体发展建设,加强政府与公众的沟通交流,提高政府公共管理、公共服务和公共政策制定的响应速度,提升政府科学决策能力和社会治理水平,促进政府职能转变和简政放权。
2016.3.9	《2016年政府工作报告》	"互联网+政务服务"首次写入政府工作报告,要求"大力推行'互联网+政务服务',实现部门间数据共享"。
2016.8.12	《关于在政务公开工作中进一步做好政务舆情回应的通知》	提高政务舆情回应实效。各地区各部门要适应传播对象化、分众化趋势,进一步提高政务微博微信和客户端的开通率,充分利用新兴媒体平等交流、互动传播的特点和政府网站的互动功能,提升回应信息的到达率。
2016.11.10	《关于全面推进政务公开工作的意见》	提出各级政府及其部门要在立足政府网站、政务微博微信、政务客户端等政务公开自有平台的基础上,加强与宣传、网信等部门以及新闻媒体的沟通联系,充分运用新闻媒体资源,做好政务公开工作。
2017.1.12	《关于印发"互联网+政务服务"技术体系建设指南的通知》	加强全国一体化的"互联网+政务服务"技术和服务体系整体设计,不断提升各地区各部门网上政务服务水平。
2017.1.15	《关于促进移动互联网健康有序发展的意见》	依托移动互联网加强电子政务建设,完善国家电子政务顶层设计,加快推进"互联网+政务服务"。尤其要推动各级党政机关积极运用移动新媒体发布政务信息,提高信息公开、公共服务和社会治理水平。
2017.2.20	《关于加强乡镇政府服务能力建设的意见》	要求"充分发挥互联网站、微博微信、移动客户端等新媒体作用,及时发布乡镇政府信息。积极应用大数据、云计算等先进理念、技术和资源,及时了解公共服务需求,动态掌握实施效果"。
2017.3.23	《2017政务公开工作要点》	明确提出"要用好管好政务新媒体,明确开办主体责任,健全内容发布审核机制,强化互动和服务功能,切实解决更新慢、'雷人雷语'、无序发声、敷衍了事等问题。鼓励国务院各部门入驻国务院客户端"。

时间	政策文本	对政务新媒体的宏观制度化内容
2018.4.8	《2018 政务公开工作要点》	用好"两微一端"新平台。充分发挥政务微博、微信、移动客户端灵活便捷的优势,做好信息发布、政策解读和办事服务工作,进一步增强公开实效,提升服务水平。按照"谁开设、谁管理"的原则,落实主体责任,严格内容审查把关,不得发布与政府职能没有直接关联的信息,信息发布失当、造成不良影响的要及时整改。加强"两微一端"日常监管和维护,对维护能力差、关注用户少的可关停整合。
2018.5.23	《关于深入推进审批服务便民化的指导意见》	着力提升"互联网+政务服务"水平。坚持体制创新与"互联网+"融合促进。强化互联网思维,推动政府管理创新与互联网、物联网、大数据、云计算、人工智能等信息技术深度融合,推进审批服务扁平化、便捷化、智能化,让数据多跑路、群众少跑腿。以审批智能化、服务自助化、办事移动化为重点,把实体大厅、网上平台、移动客户端、自助终端、服务热线等结合起来,实现线上线下功能互补、融合发展。
2018.6.10	《关于印发进一步深化"互联网+政务服务"推进政务服务"一网、一门、一次"改革实施方案的通知》	推动政务服务向"两微一端"等延伸拓展,为群众提供多样性、多渠道、便利化服务。结合国家政务服务平台建设,加强和规范政务服务移动应用建设管理,推动更多政务服务事项提供移动端服务。调动社会资源力量,鼓励开展第三方便民服务应用。加强政务新媒体监管,提升服务水平。
2018.12.27	《关于推进政务新媒体健康有序发展的意见》	(1)大力推进政府系统政务新媒体健康有序发展,持续提升政府网上履职能力,努力建设利企便民、亮点纷呈、人民满意的"指尖上的网上政府"。到2022年,形成全国政务新媒体规范发展、创新发展、融合发展新格局。 (2)通过政务新媒体推进政务公开,强化解读回应,积极传播党和政府声音;加强政民互动,创新社会治理,走好网上群众路线;突出民生事项,优化掌上服务,推动更多事项"掌上办"。 (3)县级以上地方各级人民政府及国务院部门应当开设政务新媒体。一个单位原则上在同一个第三方平台只开设一个政务新媒体账号。严格按照集约节约的原则统筹移动客户端等应用系统建设,避免"一哄而上、一事一端、一单位一应用"。 (4)各地区、各部门要充分认识移动互联网环境下做好政务新媒体工作的重大意义,提高认识,转变观念,加强与宣传、网信、公安等部门的沟通协调,共同做好发布引导、舆情应对、网络安全等工作。

续表

时间	政策文本	对政务新媒体的宏观制度化内容
2019. 4. 18	《政府网站与政务新媒体检查指标》和《政府网站与政务新媒体监管工作年度考核指标》	（1）进一步加强和完善政府网站及政务新媒体日常管理和常态化监管工作。国务院办公厅将每半年对全国政府网站及政务新媒体运行情况进行抽查，每年度对有关监管工作进行考核，抽查和考核结果将予以公开通报。 （2）指定三部分考核指标，第一部分为单项否决指标，适用于所有政府网站、政府系统的政务新媒体；第二部分为扣分指标；第三部分为加分指标，适用于政府门户网站。如政务新媒体出现单项否决指标中的任意一种情形，则判定为不合格。 （3）检查指标首次将政务新媒体纳入量化考核，开启政务新媒体监管元年。 （4）检查指标强化政治建设，突出政治性要求。单向否决指标中，涉及"出现严重表述错误"、"因网站建设管理工作不当引发严重负面舆情"等内容的"安全、泄密事故等严重问题"指标，被列在首位。

1. 逐步确立政务新媒体在政府传播中的主体性地位

政务新媒体发展的早期，由于形态功能还不够成熟，政务新媒体是作为电子政务的组成部分出现在政策文本中的。《国务院办公厅转发全国政务公开领导小组关于开展依托电子政务平台加强县级政府政务公开和政务服务试点工作意见的通知》（2011）中指出，电子政务平台的基本组成包括"电子政务网络、政府网站、业务管理系统、应用及数据服务中心和信息安全保障体系"等。而政务新媒体作为"应用与数据服务中心"发挥其相应的作用。2013 年，政务微博与政务微信首次正式出现在政策文本中。在《关于印发当前政府信息公开重点工作安排的通知》和《国务院办公厅关于进一步加强政府信息公开回应社会关切，提升政府公信力的意见》中，鼓励各级政府积极探索利用政务微博、政务微信等新媒体，作为重点建设的权威政务信息发布途径。政务新媒体已作为正式的信息发布形式被确立下来，并与政府网站为代表的电子政务区别开来，以适应移动互联网发展的要求。2016 年，政府工作报告首次将"互联网+政务"作为未来数字政府发展的重点，政务新媒体与电子政务一起共同成为"互联网+政务"体系的重要组成。要求政务新媒体发挥主体作用，发挥独立性、引领性、创新性，推动"互联网+政务"建设，整体规划，相互打通关节，共享数据。2018年,国务院办公厅印发《关于推进政务新媒体健康有序发展的意见》进一步确立了政务新媒体的主体性地位,定位为"指尖上的网上政府",将在未来发挥更大的作用。

2. 确立并完成政务新媒体的层级推广建设

当新技术与政府信息发布水平、政务服务能力、公众需求产生"非均衡"时,政府便自发地调整其内部结构,这是互联网这一技术因素带给政务新媒体制度变迁的内在驱动力。政务新媒体在全国各级政府范围内的层级推广,形成自上而下,全区域、各层级、各机构的"两微一端"制度体系,与政府强制性制度变迁驱动密不可分。层级推广一方面说明了政府领导层对于政务新媒体的重视,即将在这一领域部署行动或进行新的权责分配;另一方面也体现出政务新媒体已成为上级政府的战略,已证明这项制度安排是有效的且应当积极推进,超越了政府机构和官员个人的意愿选择层面,是推动制度形成最为有效的路径。[1] 从2013年《关于进一步加强政府信息公开回应社会关切,提升政府公信力的意见》到2014年《即时通信工具公众信息服务发展管理暂行规定》,党中央、国务院、国家网信办多次要求各级党政机关、企事业单位和各人民团体开设政务微博、政务微信,服务经济社会发展,满足公众传播、服务需求。各省、市也相继出台地方政务新媒体开设办法和开设要求,尤其是教育、民生、公安、社保等领域,都要开设政务新媒体。在政策与制度的大力推动下,强化了各级政府运营政务新媒体的行动力,在较短时间内完成了自上而下的政务新媒体建设部署,形成了"两微一端"的基本格局。政府还在政务新媒体制度内部进行了局部优化和调整,确保新制度的活力与生命力,减少制度不均衡带来的成本。2018年,《关于推进政务新媒体健康有序发展的意见》在进一步大力推广政务新媒体层级建设之外,提出要重视政务新媒体体系内部高效率、集约化、智能化的健康发展。该意见规定,县级以上地方各级人民政府及国务院部门应当开设政务新媒体,但一个单位原则上在同一个第三方平台只开设一个政务新媒体账号,以节约资源,提高效率,实现制度内部的优化。

---

① 参见贾哲敏:《网络政治传播研究:政府、公众与行动过程》,人民出版社2017年版,第218页。

3. 逐步明确政务新媒体功能定位并推动转型发展

分析表 2-1 可知,政府政务新媒体最早的定位是确立其传播政府信息的功能(《关于印发当前政府信息公开重点工作安排的通知》,2013)。随后又明确政务新媒体(包括政务微博与政务微信)的基本定位是"政务信息公开的重要途径,及时发布各类权威政务信息"(《国务院办公厅关于进一步加强政府信息公开回应社会关切,提升政府公信力的意见》,2014),核心是要求各级政府利用政务新媒体传播速度快、范围广、受众数量多、影响力大的特点,扩大政府信息传播范围,提高政务公开质量,及时有效地满足公众信息需求。2015年开始,政府开始探索政务新媒体在公共服务、社会治理领域的重要功能。2016年起,政府在宏观设计层面开始推动政务新媒体功能向公共服务转型。《2016年政府工作报告》、《关于印发"互联网+政务服务"技术体系建设指南的通知》等文件提出要积极开发政务新媒体的服务功能,加强整体设计,提升各地区各部门政务新媒体的政务服务水平。2017年、2018年,政府对政务新媒体的顶层设计日益完善,功能定位更为清晰,即政务新媒体应承担"发布政务信息,提高信息公开、公共服务和社会治理水平"的功能。政务新媒体公共服务是新生事物,既需要与原有电子政务进行整合,又需要利用大数据、云计算等先进理念、技术和资源。政府在制度方面给予政务新媒体发展多重保障。《关于印发进一步深化"互联网+政务服务"推进政务服务"一网、一门、一次"改革实施方案的通知》(2018)指出:要求政务新媒体为群众提供多样性、多渠道、便利化服务,且结合国家政务服务平台建设,推动更多政务服务事项提供移动端服务。至此,政务新媒体在信息传播和公共服务两个领域的功能定位被进一步明确,有据可依,尤其加大了公共服务领域的发展力度。

4. 加强政务新媒体监管以提升质量

政务新媒体发展初期,各类政策制度的重点是推动政务新媒体建设,加快层级推广,不断完善功能。这种内驱力虽然带来了政务新媒体在各个平台的井喷,也在快速扩张过程中积累起一些问题。政务新媒体运营权责、内容监管、服务监管以及绩效考核尚处于政策盲区。2013年,《关于进一步加强政府信息公开回应社会关切提升政府公信力的意见》首次提出,在信息公开领域,国务院办公厅和国务院新闻办公室、国家互联网信息办公室要协同加强对政务微博微信等平台建设和管理工作的督查和指导,加强工作考核,加大问责力度。这标志着政府开始对政务新媒体的发展质量、权责归属展开监管。2017年、2018年,《政务公开工作要点》《关于印发进一步深化"互联网+政务服务"推进政务服务"一网、一门、一次"改革实施方案的通知》等文件多次强调管理问题,进一步明确政务新媒体在信息公开、内容监管、公共服务、社会治理方面的权责分属,并进一步完善了考核标准,尤其要求运营单位对政务新媒体"粗放式扩张"中存在的"更新慢"、"雷人雷语"、"无序发声"、"敷衍了事"等问题加以重视,整顿整改。《关于推进政务新媒体健康有序发展的意见》(2018)对政务新媒体的监管更加重视,反复强调,着重指出了政务新媒体发展中存在的网络安全等问题。至此,政务新媒体"发展—促进—监管"进一步完善,逐步实现对政务新媒体监管的明细化、规范化、条理化。2019年,国务院办公厅印发《政府网站与政务新媒体检查指标》和《政府网站与政务新媒体监管工作年度考核指标》,标志着政府对政务新媒体的考评、考核、监管进一步制度化、规范化。两项制度提供了明确的评价指标和评价办法,一批长期运营不力、质量不高、疏于维护的政务新媒体关停、整顿。量化、明确的考评指标为各级政府政务新媒体运营指明了方向,激励了政务新媒体的运营效率与效能。

(二)微观管理层面

1. 微观管理制度化的两种类型

出台地方性管理规定是政府调节政务新媒体发展的有力手段,也是促成政务新媒体微观制度化的关键措施。"政府应该着力规范政务新媒体的建设和运营,通过制度化的方式从根本上解决实践中的种种问题,从而提升政务新媒体效能。"[1]已有研究通过分析政务微博管理文本,认为我国政务微博管理已形成独具特色的管理经验并形成了管理体制。[2] 自2012年开始,全国各地各级政府相继出台了针对政务微博、政务微信等政务新媒体的多项管理办法,

---

[1] 参见毛斌、刘进军、刘书明:《新常态下政务微信的优化路径研究》,《情报杂志》2016年第8期。

[2] 参见陈强、王倩茹:《中国政务微博管理政策的内容维度及优化方向》,《西安交通大学学报》(社会科学版)2019年第4期。

对政务新媒体运营的主体权责、内容发布、运营模式、政府回应等基本问题进行了细致化的规定。微观管理制度在目标、功能、发展方向等方面与宏观制度一脉相承,但充分考虑到不同省市、地区政务新媒体的具体功能定位和运营要求,主要形式是通过"通知、实施意见、办法"等制度工具,为区域内部、政府各职能部门内部提供统一的实施意见、工作方案、规范规章和考核措施,为本地区政务新媒体提供制度保障。

2018年,国务院办公厅下发《关于推进政务新媒体健康有序发展的意见》这一宏观指导性文件,各省市先后出台一系列地方性管理办法和政策文本(表2-2),对国家政务新媒体宏观管理制度和规划形成了有效的制度回应。分析表2-2可知,主要有两类制度:一是关于政务新媒体的地方性实施意见,一般由省级政府制定并推出,体现中央政府指导精神,综合考虑地方特色和实际发展水平,对本地区的政务新媒体统筹规划,并进一步对政务新媒体的运营与发展做出系统化、细致化的规定,实施对本地区内政务新媒体的绩效考核与管理;二是关于政务新媒体运营的工作方案与规范,省级、市级政府均有推出,但主要集中在市级政府层面,主要提供政务新媒体的具体工作规范,从主体、权责、内容到发布时间、统一标识等都有比较细致的规定,类似于明确政务新媒体的"行业标准"和规范性守则。

表2-2 地方政府政务新媒体管理办法与政策文本(2019年,部分)

时间	管理办法或政策文本名称	层级	类型
2019.1	贵州省:《关于推进政务新媒体健康有序发展的实施意见》	省级	地方性实施意见
2019.3	自贡市:《关于切实加强和规范政务新媒体建设管理工作的通知》	市级	工作方案与规范
2019.4	河北省:《关于推进政务新媒体健康有序发展的实施意见》	省级	地方性实施意见
2019.4	阜阳市:《阜阳市政府网站暨政务新媒体信息发布审核制度》	市级	工作方案与规范
2019.4	广东省:《推进政务新媒体健康有序发展的实施意见》	省级	地方性实施意见
2019.6	南昌市:《关于推进南昌市政务新媒体健康有序发展的实施办法》	市级	工作方案与规范

时间	管理办法或政策文本名称	层级	类型
2019.6	重庆市:《关于推进政府网站和政务新媒体健康有序发展的实施意见》	省级	地方性实施意见
2019.7	杭州市:《关于推进政务新媒体健康有序发展的实施意见》	市级	地方性实施意见
2019.8	苏州市:《关于推进政务新媒体健康有序发展的实施意见》	市级	地方性实施意见
2019.8	云南省:《关于印发云南省政务新媒体管理办法的通知》	省级	工作方案与规范
2019.8	三亚市:《关于进一步加强政务新媒体管理工作的通知》	市级	工作方案与规范
2019.10	南通市:《南通市政务新媒体管理办法(试行)》	市级	工作方案与规范
2019.12	广西省:《广西壮族自治区政务新媒体管理办法》	省级	工作方案与规范
2019.12	深圳市:《深圳市推进政务新媒体健康有序发展管理办法》	市级	工作方案与规范

2. 微观管理制度化的主要内容与作用

通过对地方性管理办法和政策文本的主要内容和管理维度的分析(表2-3),可进一步理解并明确政务新媒体微观层面的制度化过程;或可认为,基于各地政府系统化、细致化的管理规定,微观管理制度化的过程与后果直接决定了政务新媒体呈现出的基本样貌、功能范畴与社会影响。

表2-3 微观管理制度化的主要内容与维度

内容	主要维度	举例
账号主体	主管单位	"各州、市、县、区政府办公室是本行政区域内政务新媒体工作的主管单位。"——《云南省人民政府办公厅关于印发云南省政务新媒体管理办法的通知》
	开设主体	"政务新媒体主办单位按照《重庆市人民政府办公厅关于推进政府网站和政务新媒体健康有序发展的实施意见》'谁开设、谁主办'的原则确定。"——《重庆市人民政府办公厅关于推进政府网站和政务新媒体健康有序发展的实施意见》
	日常运营	"主办单位可通过购买服务等方式委托相关机构具体承担政务新媒体日常运维工作。"——《江西省人民政府办公厅关于推进政务新媒体健康有序发展的实施意见》

内容	主要维度	举例
内容管理	内容导向	"充分运用政务新媒体传播党和政府声音,扩大政务公开的受众面和到达率。"——《邯郸市人民政府办公室关于推进政务新媒体健康有序发展的实施意见》
	内容审核	"建立健全信息发布审查制度,严格依照《中华人民共和国保守国家秘密法》以及其他法律、法规和国家规定,明确审查的程序和责任,坚持分级分类审查,先审后发。"——《河北省人民政府办公厅关于推进政务新媒体健康有序发展的实施意见》
	内容发布	"规范信息转载发布,鼓励原创信息发布,不得发布虚假信息,不得擅自发布代表个人观点、意见及情绪的言论,不得刊登商业广告或链接商业广告页面。"——《自贡市人民政府办公室关于切实加强和规范政务新媒体建设管理工作的通知》
回应管理	引导参与	"探索政民互动新方式,鼓励采用微联动、微直播、随手拍等多种形式,引导公众依法有序参与公共管理、公共服务。"——《苏州市政府办公室关于推进政务新媒体健康有序发展的实施意见》
	回应互动	"为公众提供留言评论、征集调查、咨询投诉和即时通信等功能,对公众留言要及时审看反馈,回复不能答非所问、空洞说教、生硬冷漠。"——《江西省人民政府办公厅关于推进政务新媒体健康有序发展的实施意见》
	制度化	"政务新媒体应畅通互动交流渠道,为公众提供留言评论、征集调查、咨询投诉等功能,对公众留言应于5个工作日内处理反馈。政务新媒体开设的互动交流栏目,可与本单位政府网站的互动交流功能互联互通。"——《深圳市推进政务新媒体健康有序发展管理办法》
绩效管理	绩效考核	"各地各部门要将政务新媒体工作列入年度绩效考核,制定考核评价办法,以评促改、以评促建,引导政务新媒体向规范化、品牌化发展。"——《湖北省人民政府办公厅转发国务院办公厅关于推进政务新媒体健康有序发展意见的通知》
	绩效奖惩	"对弘扬正能量、创作和传播健康向上、导向正确的网络信息的政务新媒体,依规定予以表彰奖励。对长期不发布、运维不认真、制度不健全、落实不得力、群众不满意的,约谈单位负责人,并公开通报批评。"——《保定市政务新媒体管理办法》

（1）界定政务新媒体的运营主体与权责。

微观管理层面的制度化首先明确了政务新媒体的账号主体与运营权责。在主管单位维度,不少地区积极推动了"行政与业务"双重管理原则,即地方政府办公室为政务新媒体工作的主管单位,负责推进、指导、协调、监督政务新媒体工作,同时在业务上政务新媒体还受到宣传、网信等部门的统筹指导和宏观管理。基于此,《云南省人民政府办公厅关于印发云南省政务新媒体管理办法的通知》提出了"三重管理":行政区域统筹性属地管理、归属部门的系统管理和行业主管部门监督管理,明确了账号主体的管理规制与权责边界。在开设主体层面,地方政府坚持"谁开设、谁主办"的原则,并明确了政务新媒体主办单位的基本职能包括规划建设、组织保障、健康发展、安全管理等方面。例如,各地文件中对政务新媒体账号的申请、开通、注销规定了严格的审批流程,以确保"应开尽开、避免重复、提高质量、有序退出"。《重庆市人民政府办公厅关于推进政府网站和政务新媒体健康有序发展的实施意见》则提出了对运营主体进行资源整合、形成账号矩阵的具体要求。在日常运营维度,考虑到不同政府部门的实际情况、运营意愿和运营基础不同,地方政府的规定较为灵活,如部分地方规定,"主办单位可指定内设机构或委托其他专门机构作为承办单位,具体承担政府网站和政务新媒体日常运行保障,也可依托政府网站、当地主流媒体及县级融媒体中心承担日常运维工作。"一些地方还规定了允许通过购买服务的方式委托相关机构承担日常运维,但需经过资质审查,这为政务新媒体联合运营、合作运营、委托运营、采购第三方服务等创新运营方式提供了制度保障。

(2)对政务新媒体进行内容管理与内容审核。

微观管理制度化过程中,各地政府对政务新媒体的传播内容也进行了多方面规定。总体而言,地方制度化通常综合采用"导向法"与"红线法"进行内容管理,为内容运营提供制度边界。"导向法"重在提出政务新媒体内容发布的原则、属性、目标、范围、方式,明确"鼓励发什么"、"提倡如何做",范围相对宽泛。如邯郸市提出要"充分运用政务新媒体传播党和政府声音,扩大政务公开的受众面和到达率,以政策解读、政务发布、公众参与为主要内容"。《银川市住建局政务新媒体平台管理办法》提出新媒体发布信息应在八类目标范围之内。"红线法"主要通过禁止性措施,确认政务新媒体在内容运营方面的"底线",明确"不能发什么"、"禁止如何做",如大多数地方政府在制度中明确提出政务新媒体应"避免发布不实、不健康等违规信息,不得擅自发布代表个人观点、意见及情绪的言论,不得刊登商业广告或链接商业广告页面"。此外,各地政府都加大力度建立政务新媒体内容审核机制,对审核范围、程序、责任进行了制度化,坚持分级分类审查,严格执行"先审后发",如《阜阳市政府网站暨政务新媒体信息发布审核制度》就提出了对政务新媒体信息发布实行"分级负责、四级审核"制度。为保障政务新媒体的基本内容质量,部分地方管理办法还对内容发布形式、原创或转载、发布频率等做出详细规定,总体来看都力求内容的时效性、权威性和准确性,要求政务新媒体提高原创比例、丰富发布形式、使用接地气的语言风格以增强账号的活力。

(3)规定政务新媒体政府回应细则。

根据《关于推进政务新媒体健康有序发展的意见》的总体要求,对政务新媒体的回应管理也是微观制度化的重点内容之一。首先,地方政府着力深化上级文件中对"回应性"的要求,积极鼓励并推动政府利用政务新媒体回应公众,如规定各级政务新媒体应"畅通在线回应渠道,完善并形成固定的互动交流栏目,做好群众留言的审看发布、处理反馈工作"等等。其次,部分地市在管理办法中强调政府必须及时、有效地回应公众,且对回应期限、回应语言风格也都提出了明确要求,《江西省人民政府办公厅关于推进政务新媒体健康有序发展的实施意见》不仅要求回应的及时性,还要求回复不能答非所问、空洞说教、生硬冷漠,《自贡市关于切实加强和规范政务新媒体建设管理工作的通知》还明确规定了各单位政务新媒体不得使用机器来回复、回应公众诉求。部分地方政府对回应的舆情作用、政策咨询作用十分重视。《南通市政务新媒体管理办法(试行)》要求以回应为基础健全完善全面、权威、有效的咨询答问库,并将收集到的、有参考价值的意见建议及时转送有关业务部门,由此形成民生服务的优势。最后,还有部分地区意在推动政务新媒体公众参与,如苏州市和邯郸市的政策文件中均提出要依托政务新媒体优势采用微联动、微直播、随手拍等形式,引导公众依法有序参与公共管理、公共服务,共创社会治理新模式。

(4)实施区域内政务新媒体运营绩效管理。

实施绩效管理是地方政务新媒体制度化的重要方面。《湖北省人民政府办公厅转发国务院办公厅关于推进政务新媒体健康有序发展意见的通知》指出,"各地各部门要将政务新媒体工作列入年度绩效考核,制定考核评价办法,以评促改、以评促建,引导政务新媒体向规范化、品牌化发展。"绩效考核是政务新媒体质量与发展的风向标,是一种有效的激励机制,分绩效考核、绩效奖惩两个维度。考核优秀的政务新媒体在地区内、行业内具有引领、示范效应,考核落后的政务新媒体应"对标改进"以提高质量,或依照程序进入淘汰、退出序列。尽管各地政策中绩效考核标准存在差异,但总体可分三个层次:一是"基础底线考核",主要考核政务新媒体是否遵守相关政策、法律法规进行内容发布和运营管理,是否按照要求完成基本的传播、服务和回应工作。二是"奖惩性考核",如《保定市政务新媒体管理办法》规定"对弘扬正能量,创作和传播健康向上、导向正确的网络信息的政务新媒体,依规定予以表彰奖励",鼓励账号主体不断创新,优化提升,"对长期不发布、运维不认真、制度不健全、落实不得力、群众不满意的,约谈单位负责人并公开通报批评",提出警示;三是建立完善的绩效考核评价指标体系,对政务新媒体设置细致、明确的运营考核标准,设定扣分加分的指标和依据,形成一套完整、系统的政务新媒体评价指标体系,并将政务新媒体的评价考核列入各地、各部门年度绩效考评,比较全面的如《广东省2019年度政府网站与政务新媒体考评方案》。

综上分析,地方政府出台的管理办法和规定是微观管理层面制度的具体化。这一制度过程与制度后果至少在如下方面发挥着积极作用。其一,确保了政务新媒体宏观制度规划和顶层发展设计的落地与实施,在层级推广、功能定位、转型发展、监督管理等方面与宏观制度一脉相承,提供了具体的、细化的、明确的政策措施、制度保障和工作方案,切实推进了各级政务新媒体的建设,使得政务新媒体发展进入"有据可依"、"有制度可循"的状态。其二,各地政府在制定微观管理制度的过程中充分考虑了不同地域的社会发展水平和影响因素,提供了符合各地实际、契合政务新媒体发展现状的运营方案和工作规范,使得制度、措施与规划更具有合理性、可操作性与稳定性。其三,地方政府微观管理制度调节了国家宏观政策与地方政务新媒体发展现状之间的关系,既落实了"全国一盘棋"的发展大局,保持了政务新媒体的增长,提高了政务新媒体的质量;也对本地政务新媒体的运营状态、诉求和前景起到了较好的规制作用。其四,微观管理制度化过程更加注重发挥地方政府建设政务新媒体的能动性与积极性,制度更加灵活,保护并提倡创新;有利于充分挖掘基层政府运营发展政务新媒体的潜力,调节移动互联网信息场域、刚性宏观制度政策和政府管理系统与政务新媒体之间的能量互动、需求互动与协作互动,共同发挥制度化作用,促进政务新媒体的整体进步与提升。

三、政务新媒体的基本形式及特征

经过近十年的发展,政务微博、政务微信、政务 APP 都获得了长足发展,是目前我国政务新媒体的主要形式。伴随着音频、短视频的繁荣,政府以开放的姿态在抖音、快手、喜马拉雅、B 站等平台试水,丰富了政务新媒体的形态。政务微博不仅作为政策性、宣传性、社会信息通报、公共服务信息等信息传播的平台,[1]也是官民沟通、社会互动的工具。[2] 政务微信不仅改善了政府传播,还推动了社会对话机制、信任机制和动员机制创新。[3] 政务 APP 则被视作政府提供移动公共服务的基础。[4] 政务抖音则体现了"逐用户而居"的逻辑,[5]带来了政府利用社交媒体的新视野、新空间。

(一)政务微博

政务微博指我国政府机构在新浪微博等平台注册并实名认证的官方账号,是政府和公众互动交流的重要工具。[6] 政务微博在政府适应社会化媒体潮流的过程中应运而生,是"不可替代的典型公共社交应用"[7]。2009 年,湖

---

① 参见侯汝秋、陈鹤阳:《政府机构官方微博的内容特征分析——基于新浪网政府微博Top10 的实证研究》,《图书馆工作与研究》2013 年第 8 期。

② 参见杨娜:《浅谈政务微博——社会管理创新的新方式》,《经济视角旬刊》2012 年第 2 期。

③ 参见郭泽德:《政务微信助力社会治理创新:以上海发布为例》,《电子政务》2014 年第 4 期。

④ 参见付熙雯、郑磊:《国内政务与公共服务移动客户端应用研究》,《电子政务》2015 年第 3 期。

⑤ 参见《教育部基教司司长组天团唱 RAP 政务部门玩抖音》,https://news.sina.com.cn/c/2019-01-30/doc-ihrfqzka2439016.shtml,2019 年 1 月 30 日。

⑥ 参见陈强:《我国政务微博研究的知识结构、议题逻辑与反思发展》,《电子政务》2018 年第 11 期。

⑦ 柳斌杰主编:《中国公共关系发展报告(2016)》,社会科学文献出版社 2016 年版。

南桃源县开通官方微博"桃源网",是最早开通的政务微博。随后,云南省委宣传部开通"微博云南"账号,成为第一个省级政府官方微博。2010 年,新浪微博迎来大发展,开辟了新的网络公共舆论场。同年 10 月,广东省公安系统率先开设我国首批公安微博群。此后的 3 个月内,广东公安微博共发布信息近万条,粉丝总数逾 10 万人,评论总数超过 3 万条。到 2011 年,"广东公安"微博粉丝已突破 300 万。① 2010 年 7 月,北京市公安局公共关系领导小组成立,时任市公安局长傅政华担任领导小组组长;8 月 1 日,"平安北京"在新浪微博开通账号,20 天访问量即突破 210 万人次。此后,政务微博如雨后春笋,开博数量、粉丝数量与发文数量猛增。图 2-1 显示了 2015—2018 年新浪政务微博的数据情况。2018 年,全国各级政府新浪政务微博共有 138253 个,其中,政府机构开设政务微博数量最多,共 89832 个,其次为社会团体,共开通 34141 个。政务微博涵盖了公安、外宣、基层组织、卫生健康、司法行政、交通运输及文化旅游等不同机构,公安系统开设的政务微博最多,为 19476 个。② 图 2-1 的趋势也表明,近年来政务微博开设数量已趋于平稳。

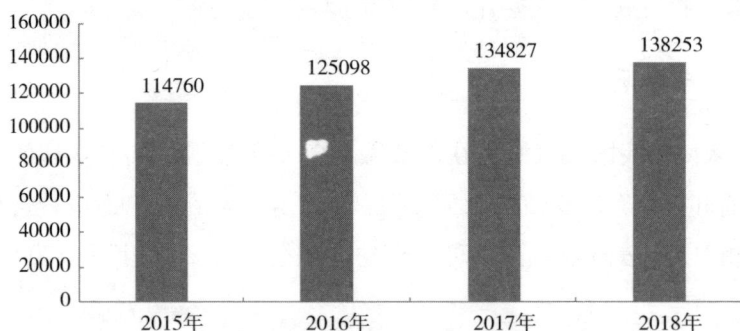

图 2-1　新浪政务微博数量趋势图③

---

① 参见《十大党政机构和官员微博出炉,粤公安厅微博居首》,http://news.xinhuanet.com/2011-03/31/c_121252691_2.htm,2015 年 7 月 18 日。

② 参见《第 42 次中国互联网络发展状况统计报告》,http://www.cac.gov.cn/2018-08/20/c_1123296859.htm,2018 年 8 月 20 日。

③ 数据来源:第 39 次、第 41 次、第 42 次《中国互联网络发展状况统计报告》,http://www.cnnic.net.cn/hlwfzyj/。

根据《人民日报》、人民网舆情数据中心携手新浪微博联合发布的"2018年一季度政务微博影响力排行榜","@公安部打四黑除四害"、"@共青团中央"、"@中国消防"、"@中国反邪教"、"@中国天气"、"@中国长安网"、"@共青团中央学校部"、"@中国政府网"、"@中国气象科普网"、"@最高人民检察院"等账号跻身全国十大中央机构微博,①具有极高的社会影响力与网络影响力。公安系统微博已在全国形成规模效应,是集信息发布、案件线索征集、舆情回应、社会治理于一体的典型政务微博代表。"@共青团中央"的特点是精准定位,以服务青年群体为中心,凝聚青年、引导青年、服务青年。因其亲民和接地气的风格,被网民称为"团团",成功地策划了多次网络创意传播活动,是新时代群众工作利用政务新媒体的典范。"@中国政府网"微博的主要战略是"国家级权威发布"和重大决策、政策的深度解读,"@中国长安网"是中央政法委官方新闻网站,目标为讲好政法故事,弘扬法治精神。整体而言,政务微博运营有如下特点:

1. 政务信息的权威、即时发布

政务微博是政府日常政务信息公开的主要平台之一,发布时政新闻、日常政务、领导人活动、通知通告、便民信息。政务微博是政府新媒体信息发布系统的重要组成部分,行使官方话语权力和传播权力,代表官方的口径与态度,具有权威性、即时性、真实性。通过政务微博发布信息是新时代政务公开、政府传播的制度化要求。

2. 政府传播新方式与新话语的试验场

政务微博的传播方式、话语形态、叙事风格与传统政治话语、新闻语态存在差异,讲求简短简洁、接地气、轻松幽默、平易近人、亲近网民。在表达方面具有更多非正式的色彩,留有一定的创意空间。如外交部公共外交办公室微博"@外交小灵通"以"刚刚体"走红网络。这源于2018年5月3日,朝鲜劳动党委员长、国务委员会委员长金正恩在党中央总部会见了正在朝鲜访问的国务委员兼外交部长王毅。"@外交小灵通"在第一时间发布消

---

① 参见《2018年一季度人民日报·政务指数微博影响力报告》,http://yuqing.people.com.cn/n1/2018/0803/c209043-30205381.html,2018年8月3日。

息,"刚刚,金正恩会见王毅"。这一表达方式含蓄、有趣而富有亲和力。引发网友以此造句,如"刚刚,我关注了你",使得政务信息获得了广泛而高效的传播。

3. 危机信息发布与舆情引导

政务微博在突发事件处理和舆情回应中发挥着重要作用。政务微博能够满足危机信息及时、即时、真实、高效的传播要求。2012年7月北京暴雨灾难发生时,以"@北京发布"、"@平安北京"、"@水润京华"为主体的北京政务微博矩阵出色发挥了信息传播、救援告知、互助沟通的作用。2018年2月9日,云南西双版纳州景洪市发生地震。"@云南省地震局"在事发12分钟后即发布微博,确认地震发生并及时滚动发布地震灾情、救助信息,让民众安心,受到公众好评。政务微博还可以用于舆情回应,主导舆论信息流向。2017年5月27日,"@山东高法"用134条微博全程直播于欢案二审庭审,吸引了全国数千万网友观看热议。直播庭审改变了公众对案件审理存在"暗箱操作"的负面评价,引导司法舆论回归客观理性,极大地提高了司法公信力。

4. 传播内容有助于提升政府形象

政务微博也是政府形象建设的窗口之一。运营优质的政务微博本身就是政府形象的组成部分,政务微博还可通过精心策划的文本、图片、影像作品来提升政府形象。2017年5月,一则"中国留学生在美演讲"的视频引起了网友的不满,视频中女生贬低家乡空气质量,在被网友扒出家乡是昆明之后,"@昆明发布"不仅采取轻松幽默的方式回应"这个锅我们不背",并借机对昆明的旅游环境进行了一次宣传,回应态度和方式起到了危机公关和形象宣传的双重效果。"@江苏环保"发布微电影《在路上》,配合世界环境保护日进行主题传播,展现江苏环境治理专项获得的成果,为江苏环境管理塑造了良好的形象,获得了观众的广泛认同。

5. 传播布局呈现联动模式

人民网在《2016年中国互联网舆情监测分析报告》中指出,微博、微信的平台化趋势、矩阵互动趋势进一步显现。党政机关发布的各类法令、政策都是网民最为关心的话题,而这些话题在政务新媒体中的传播都是矩阵联动式的。① 政务微博矩阵是矩阵化程度最高、联动性最强的,通常具有引领作用。山东省高级人民法院微博"@山东高法"就带领全省三级法院微博构建起了规模庞大的传播矩阵,信息引导和舆情应对能力不断提升。"@山东高法"领衔全省150余家司法新媒体平台,对济南、淄博、德州三地一批案件的强制执行、宣布拘留等活动进行直播,发挥了微博传播矩阵的效应,获得广大网友好评,形成了一定的社会影响力。②

6. 政务微博的公共参与程度较高

政务微博是公共平台。公众能够参与到政府传播的全过程,实现与政府的全方位互动。一方面表现在公众通过政务微博表达诉求、参与公共事务能够获得政府的重视,回应更快。2018年,某网友通过微博发布求助信息"公司拖欠其父伤残生活费至今,求助检察机关给予帮助"。该信息通过新疆检察新媒体矩阵直接反馈给"@博乐检察"。博乐市人民检察院在"接单"后立即安排部署,确定专人负责落实,不到三天就帮助网友解决了问题。③ 这种反馈—回应的速度在传统媒体时代是难以实现的,而政务微博则能极大地缩短政府与公众之间的距离,形成了政民互动、积极回应的新局面。

另一方面,高参与度是政务微博获得关注、积累人气,实现创新传播的关键。2016年,我国设立首个"中国航天日",国家航天局与团中央联手策划了一次以"海报设计"为主题的创意传播管理活动。国家航天局首先发布了内容陈旧、设计简陋的纪念海报,引起网友吐槽与争议。团中央则发微博表示"你们只管上天,剩下的事情交由我们",动员广大年轻网友加入为中国航天日设计新海报的大军。活动中数万网友们设计出多款时尚、美观的航天海报,表达了对中国航天的热爱与骄傲之情。当晚,国家航天局与团中央发出微博,说这是一次联合策划的"中国航天日"主题活动,为了让航天精神深入人心并感谢网友参与。此类参与度极高的活动非常适合通过政务微博进行,能够产

① 参见祝华新等:《2016年中国互联网舆情监测分析报告》,《社会蓝皮书》,中国社会科学院2017年版。

② 资料整合自《点亮司法公开的新媒体之光——山东法院借助新媒体提高司法公信力工作纪实》,http://www.court.gov.cn/fabu-xiangqing-123711.html,2018年10月22日。

③ 案例来源:《2018年一季度人民日报·政务指数微博影响力报告》,http://yuqing.people.com.cn/n1/2018/0803/c209043-30205381.html,2018年8月3日。

生意想不到的效果。

7. 基于政务微博实现协同治理

政务微博还具有社会治理功能。随着社会治理重心向基层下移,政府及社会组织利用政务微博发布信息、解读政策和办事服务的能力也向基层下移。① 微博治理主要有两种形式,一是利用微博即时性特点,设置微博信息协同中心,将公众的治理诉求快速集中起来,再分发给政府职能部门。如"@北京12345"是北京市人民政府便民电话中心/北京市非紧急救助服务中心官方微博,"@天津8890"是天津便民服务专线官方微博,"@成都服务"是四川省成都市人民政府政务服务中心官方微博。以"@成都服务"为例,宗旨是"善管闲事、细解琐事、巧办难事",积极为公众解决社会生活中遇到的种种民生问题、治理问题。二是基于政务微博网络化、圈群化、联动性传播的特点,开展网友动员和社会动员,共同参与治理。如"@湖南公安"自2017年起,已先后完成19次"跨国救助",帮助20余名在越南、泰国、韩国、英国、西班牙等国遭遇抢劫、丢失护照、拿错行李的中国旅客远程在线解决困难,就是利用了微博平台能够实现信息联通,进而整合公安、外交、机场、领馆等部门进行快速职能协作。这是在传统媒体时代不可想象的艰难工作,而通过政务微博得以便捷完成。

诚然,政务微博的发展也存在一些问题,例如互动不足、部分账号更新缓慢、内容质量参差不齐等。但未来政务微博仍然可成为政府新媒体传播的核心力量,其作为政务信息渠道的作用将更加明确,作为公共意见平台、政府—公众互动平台将进一步发力,基层公共服务和治理工具也会迎来新机遇。有学者指出,政务微博发展突破的关键是建立矩阵式管理——面对突发公共事件、热点舆论事件、涉及民众利益诉求时,矩阵内部成员之间能够垂直、横向、内外沟通并协作。② 政务微博是与开放互联网空间直接交换信息最为敏感的政府媒介,其发展变化最快,运营者应拥有活跃、超前的思想。在"一带一路"

---

① 参见《2018年上半年人民日报·政务指数微博影响力报告》,https://m.sohu.com/a/245655018_382363,2018年8月7日。

② 参见侯锷:《2016年中国政务微博矩阵发展报告》,《中国新媒体发展报告(2017)》,社会科学文献出版社2017年版。

高峰论坛以及党的十九大期间,政务微博已经利用直播、H5 等新技术元素构建内容,未来与短视频、VR/AR 等形式实现融合,在视觉传播、沉浸式传播等新的传播潮流中获得新的发展。

(二)政务微信

2018 年的数据显示,微信每日用户登录数量为 10.1 亿,日发送微信消息 450 亿条,较 2017 年增长 18%。① "几乎无所不能的微信早已从一个单纯的社交 APP,升级为一个移动互联网的入口级平台应用。"②政务微信的产生与腾讯"微信公众平台"的推出密切相关。政务微信是我国各级政府机构和部门在微信平台实名认证的微信公众号,包括订阅号和服务号等。③ 政务微信利用文字、图片、语音、视频等多种形态发布政务信息,也具有与网民沟通互动、提供公共服务的功能,跨越信息传播场域和移动政府服务场域。2012 年 8 月 30 日,广州市白云区政府应急办率先开设"广州应急—白云"账号。开通微信,是因为其信息传播的精准性,以及其点对点服务的性能在突发事件预警中的优势。④ 2013 年,国务院公报和中国政府网两大国务院平台入驻微信,分别主要发布国务院公报刊登的文件、有关国务院和国务院办公厅文件的政策解读、在线访谈和新闻发布。2014 年 7 月,全国政务微信总量已接近 7000 家。⑤ 而到 2016 年底,58.9%的国务院部门、90.6%的省级政府、90.6%的计划单列市及省会城市以及超过 60%的地级市都已开通微信、微博等政务新媒体。⑥ 因在信息传递与移动政务方面具有双重优势,加之腾讯的社交影响力,

---

① 参见《2018 微信年度数据报告:每天 10.1 亿用户登录微信》,http://media.people.com.cn/n1/2019/0110/c40606-30513560.html,2019 年 1 月 11 日。

② 参见祝华新等:《2016 年中国互联网舆情监测分析报告》,《社会蓝皮书》,中国社会科学院 2017 年版。

③ 参见陈强:《我国政务微信研究的知识图谱与核心主题》,《情报杂志》2018 年第 4 期。

④ 参见《全国政务微信总量突破 1000 个变网络问政新平台》,http://fjdj.fjsen.com/2013-05/09/content_11345788_2.htm,2013 年 5 月 9 日。

⑤ 参见《腾讯互联网与社会研究院:政务微信手册》,http://mat1.gtimg.com/city/ad/zwwxzdsc.pdf,2019 年 12 月 20 日。

⑥ 参见《2016 年中国优秀政务平台推荐及综合影响力评估结果发布》,http://yuqing.people.com.cn/n1/2016/1229/c210118-28987403.html,2017 年 3 月 21 日。

政务新媒体的使用率达 15.7%。① 2017 年上半年,我国政务微信公众号数量已超过十万,且呈持续增长的趋势,②用户规模也在逐年扩大。政务微信的两大重点功能也获得了前所未有的发展。在信息传播方面,经过微信公众号推送的政务信息能够获得较高的阅读量,近 90% 的账号总阅读量达百万,有 22 个账号的阅读量超千万级别,"共产党员"这一公号的阅读量则突破了 1 亿。③此外,小程序也使得微信公共服务的适用面和使用场景更加丰富。截至 2018 年 6 月,我国在线政务服务用户规模达到 4.70 亿,占总体网民的 58.6%。其中,用户通过支付宝和微信城市服务平台获得政务服务的使用率为 42.1%,是网民使用最多的在线政务服务方式;其次为政府微信公众号,使用率为 23.6%。④

政务微信已经在全国各级各类政府、机构中全面覆盖,体现出部门化、层级化、地域化的特点。《2016 政务微信发展报告》显示:"共产党员"、"上海发布"、"中国政府网"占据 2016 年政务微信传播影响力排行榜前三甲。⑤"共产党员"是中共中央组织部党员教育中心认证的微信公众账号,由新华网承办,主要推送党建和组织工作的重要部署、重要文件解读以及热点问题评析。"上海发布"是上海市人民政府新闻办公室的官方发布平台,影响力位列全国政务微信年榜前列,用户数突破 400 万,用户日均阅读量超过 115 万次。同时入驻《人民日报》客户端、新华社客户端、今日头条等新媒体主流平台,力求重大政策信息能在多平台第一时间推送。⑥ 中国政府网微信客户端则与中国政

---

① 参见谭天:《2016 年政府网络传播发展报告》,《中国新媒体发展报告 2017》(蓝皮书),社会科学文献出版社 2017 年版。

② 参见《中国政务微信公号数量已突破 10 万》,http://tech.qq.com/a/20160119/005085.htm,2017 年 3 月 21 日。

③ 参见《数读舆情:2016 上半年政务微信 500 强报告》,http://yuqing.people.com.cn/n1/2016/0818/c209043-28646396-2.html,2016 年 8 月 18 日。

④ 参见《第 42 次中国互联网络发展状况统计报告》,http://www.cac.gov.cn/2018-08/20/c_1123296859.htm,2018 年 8 月 20 日。

⑤ 参见《2016 政务微信发展报告发布》,http://www.xinhuanet.com/politics/2017-03/29/c_129520782.htm,2017 年 3 月 29 日。

⑥ 参见《上海新闻发布》,http://www.shio.gov.cn/sh/xwb/n809/n814/n845/u1ai13650.html,2018 年 12 月 20 日。

府网、官方微博一起,同时作为国务院发布权威信息的主要平台。在级别分布上,地市级账号表现抢眼,浙江省上榜微信数量最多。但也体现出一定程度的地域差异,如东北及西北地区政务微信建设水平整体要落后于全国其他地区。① 整体而言,公安、宣传、团委类微信较其他部门微信的活跃度高。② 腾讯研究院的政务微信分析结论也认为东部经济发达地区正在领衔我国的政务微信发展,且公安类别的微信活跃度、成熟度最高,医疗健康领域的政务微信则是全国第二大政务微信应用领域。③

2014年9月初,国家互联网信息办公室再次下发通知,要求到2015年底,争取形成覆盖全面、功能完备的即时通信工具政务公众信息服务体系;2018年《国务院办公厅关于推进政务新媒体健康有序发展的意见》也提出了要强化政务新媒体办事服务功能,优化掌上服务。具体而言,政务微信具有如下特征,既与政务微博有所区分,又体现出自身的发展特色。

1. 独特的推送周期和内容分布

政务微信目前对字数、篇幅没有具体限制,但对每日推送次数会因账号类型不同而有所限制。订阅号每日均可推送,而服务号则推送频次大大减少。政务微信排版也有独特要求,每次可推送一篇以大图、标题为主的"头条内容",其余则以小图、标题的形式顺位排版,通过"版式"和位置来体现对内容的议程设置。一般而言,运营成熟的政务微信可做到每日推送1组信息,一般活跃的政务微信每周推送2—3次信息。位于"头条"的通常是本地政治新闻、本地领导人动态与重要的民生政策消息,其余位置则根据需要推送内容。主要内容类型有:本地经济、社会、文化领域动态、便民提醒、各类公告;详细的政策解读、深度报道、新闻花絮;本地历史文化故事与名人轶事;本地发生的最近文化艺术活动与生活健康指南等。"北京发布"微信除头条新闻外,还包括"政策、关注、追访、咨询、亲历、便民、服务、提示、乐活、美丽北京"等栏目,交替推送。

---

① 参见《2016政务微信发展报告发布》,http://www.xinhuanet.com/politics/2017-03/29/c_129520782.htm,2017年3月29日。

② 参见《2016政务微信发展报告发布》,http://www.xinhuanet.com/politics/2017-03/29/c_129520782.htm,2017年3月29日。

③ 参见《微信发布政务白皮书:医疗为何成为第二大政务微信群?》,https://www.jiemian.com/article/268790.html,2015年4月23日。

2. 深度解读与流行风格并用

政务微信的"长文"模式非常适合推送深度政策解读、时政分析的内容。政务微信能够有效提高公共政策被公众认可和接受的程度,从而保证公众被有效地告知。政务微信具有"身边政府"与公众社区伙伴的角色特点,因此在内容发布中也尝试调整严肃、正式、单调的话语,力求轻松活泼、平易近人。政务微信会选用醒目、有趣、有特色的标题吸引公众的注意。在文章中,政务微信多使用流程图、图片等方式令文章简洁明了,也会积极使用网络热词、流行语、表情包,增添政策话语的活力,既能提高阅读量与流量,也能够使得政策意图渗透其中,更能够潜移默化地影响公众。

3. 熟人网络的强效果与高可信度

微信基于熟人社交网络传播,是区别于微博大公共平台最显著的特点。政务微信即时性低于微博,但微信公号发布内容信息量大,内容深入,观点性强,更容易形成舆论。政务微信借助朋友圈熟人网络展开传播,使得政务信息由自上而下、垂直下行的传播方式,变成了圈群化、网络化、平行重叠式扩散。政务微信的内容也经常成为热帖,"引爆朋友圈"。政务微信有着政府权威发布与朋友圈"意见领袖"点评转帖的双重背书,具有较高的媒介可信度,一定程度上能够引领舆论的走向,有"一锤定音"的效果,但也可能引发新的舆论热点。

4. 政务微信的服务功能是其重要特征

强大的公共服务功能是政务微信的优势所在。因此,政务微信不断发挥公共服务功能,"聚合办事入口,优化用户体验,推动更多事项'掌上办'"[①]。微信是公众使用最多的手机应用,公众不需要学习任何新操作即可非常便捷地使用政务微信,极大地减少了新技术扩散的阻力。微信的"无障碍"进入和易用性,容易聚合大量用户,微信小程序是政务微信展开公共服务的基础。上海市民政局与"上海发布"在微信中联合开发了"社区事务受理"服务,直通了上海 219 个社区事务中心,集聚了驾照违法计分查询、公交实时到站等 18 项

---

① 《国务院办公厅关于推进政务新媒体健康有序发展的意见》,http://www.gov.cn/zhengce/content/2018-12/27/content_5352666.htm,2018 年 12 月 27 日。

便民服务。市民只要关注"上海发布"微信,点击"市政大厅"中的"社区事务受理",选择想去办事的社区事务受理服务中心,点击"在线预约",确定预约时间、需办理事项,输入手机号码并填写验证码,就可预约成功,大大缩减了现场排队等候时间。① 各级政府也在不断推动微信政务和线下业务进一步融合,布局数据整合、办公自动化、数据共享。此外,政府还与第三方合作开发新的程序与系统,充分重视用户原有的媒介习惯,提供政务服务的多种选择,目标是让政务微信服务更加集成化与便利化。截至2017年12月,微信城市服务已覆盖31个省的362个城市,拥有超过9000项服务,使用频次占比排前三位的分别为公安类政务服务、气象服务、人社服务这三类累计用户数分别达到5236万人、3398万人、3131万人。②

5. 政务微信的"强"参与性

政务微信的参与性与政务微博有所不同。其一,公众对政务微信推送内容转发、分享、评论,是以若干个"强关系"的朋友圈为基础进行扩散的,带来的"刷屏"现象具有更显著、更集中的参与效果。尤其是影响国际民生的重要事件,如"北京发布"推送的"市级行政中心正式迁入北京城市副中心"、"北京市首批积分落户名单公示"等在朋友圈刷屏热议。朋友圈"叠加"与"整合"式扩散,更容易形成沉默的螺旋,产生强效舆论。其二,政务微信作为官方政治参与渠道更加正式、具有制度化属性。政府在政务微信中提供入口,邀请民众参政议政、提供建议意见、监督举报,例如,中纪委国家监委微信平台设计了"我要举报"窗口,用户可以通过拍图、视频、文字描述等方式随时随地对违反中央八项规定精神问题进行举报,极大地便利了公众接近政府、表达意见、权力监督。

由上述分析可知,政务微信有其特殊性,与政务微博在信息传播、参与和公共服务三个层面都存在一定差异,这是由微博与微信两种传播工具的属性与特征所决定的。目前,政府政务新媒体运营已基本实现"两微一端"整体协

---

① 参见《"上海发布"微信在线预约,直通219个社区事务中心》,http://www. shanghai. gov. cn/nw2/nw2314/nw2315/nw4411/u21aw1243963. html,2017年7月18日。

② 参见《微信"城市服务"规模加速扩张,交通违法服务占比最大》,http://www. sohu. com/a/225595342_350221,2018年3月15日。

作,同时运营政务微博与政务微信。根据需求和平台属性发布信息,设计推出能够发挥两种平台特点的应用功能。具体来说,政务微博应重视其在网络公共场域的开放性、信息联动性与创造性,其中蕴含了政府传播体系发展、突破的空间,以及公众协作、参与、治理的潜力;政务微信则基于"圈群"场域,内容深入而体现政府的偏好、态度和风格,因而能在宏观层面影响公众对政府的信心与信任。两者对于政府而言都非常重要。政务微博与政务微信的矩阵式传播合作、联动也是发展重点。两者共同覆盖数亿用户,打通了现实空间与虚拟空间,并推动两个空间的信息互动与交换。此外,政务微信的公共服务功能尚有巨大发展潜力,将在数字政府建设中发挥重要作用。

(三)政务 APP

APP(Mobile Application)移动应用,是安装并运行在移动通信设备上的软件系统,它是移动通信用户接入互联网并获取网络服务的入口。① 政务 APP 作为全新的一站式政务移动资讯平台,是以现有政府网站为基础,结合政府门户资讯和官方微博,整合了互联网与移动互联网的手机应用。② 2012 年,首个政务 APP"北京城市"上线。③ 2015 年,中央纪委监察也通过手机客户端开通反"四风"一键通举报窗口,鼓励群众通过手机照片、视频、文字反映身边的"四风"问题。2016 年 2 月,政务 APP"国务院"正式上线,是国务院办公厅中国政府网发布政务信息和提供在线服务的新媒体平台。④ 国务院办公厅在 2016 年 8 月发布的《关于在政务公开工作中进一步做好政务舆情回应的通知》中指出,要进一步提高"两微一端"的开通率,进一步推动政务 APP 的发展。

中山大学发布的研究报告显示,截至 2017 年 11 月,全国 70 个大中城市

---

① 参见陈则谦:《中国移动政务 APP 客户端的典型问题分析》,《电子政务》2015 年第 3 期。

② 参见朱燕等:《我国政务 APP 的发展困境与应对策略》,《新闻世界》2013 年第 12 期。

③ 参见中山大学政务 APP 研究组:http://news.sina.com.cn/o/2016-01-22/doc-ifxnvh-vu6970899.shtml,2016 年 1 月 22 日。

④ 参见《政务新媒体走向政策传播 3.0 时代》,http://www.cac.gov.cn/2017-04/17/c_1120824573.html,2017 年 4 月 17 日。

推出政务 APP 共计 514 个,与 2015 年底相比,应用数量增长了 62.7%,下载总量提升了 51.7%,涵盖交通、社保、民政、旅游等多个领域。① 根据国内领先的安卓应用分发平台 360 手机助手的下载量数据,排名前五的政务 APP 分别为 12306、国务院、中国天气通、交管 12123、北京交警,其中交通类 APP 占据了三个席位,铁路 12306 的下载量高达 4497 万次。② 可见现阶段使用频率较高的政务 APP 都是与民众日常生活密切相关的功能性政府服务 APP。中国信通院的一项研究报告还显示:目前中央各部委发布政务 APP 的比例为51%,国务院直属机构发布政务 APP 的比例为 67%。比较而言,省级政府更注重政务 APP 建设,发布 APP 数量显著多于地级和县级行政区;但又体现出地域差异,四个直辖市政务 APP 开发比例接近全国的 1/3,江苏、浙江等发达地区政务 APP 发展迅速,而中西部省市政务 APP 发展速度平缓。③

　　政务 APP 作为"两微一端"之客户端,相比政务微博和政务微信是一种专业程度更高、政府内部职能融合程度更高的独立政务新媒体系统。政务服务APP 在如下方面不可替代:一是 APP 信息发布的自由度高,不受字数、内容形式、推送次数的限制,可以成为政府职能信息和业务信息的数据库;二是 APP可以实现公共服务数据的全面留存与分析,是政务大数据的主要来源,为政策制定与政府决策提供支撑。④ 此外,政务 APP 还有如下特点:

1. 信息与数据的发布与集成

　　政务 APP 的建设中也会包含信息模块,用于发布与政府密切相关的专业性、职能化资讯。例如,中国天气通主要发布气象、自然、天气资讯;交警类APP 则主要发布与其职能、业务相近的交通政策、路况公告、警务通知等内容。对于一般的政务资讯,政务 APP 与政务微博、政务微信存在重合之处。

　　① 参见《移动互联网蓝皮书:移动政务搭载 AI 开通"刷脸政务"》,http://media. people. com. cn/n1/2018/0620/c14677-30069430. html,2018 年 6 月 20 日。
　　② 参见《360 手机助手大数据:政务类 APP 受热捧,交通类占比最高》,http:// news. ikanchai. com/2017/0905/156518. shtml,2017 年 9 月 5 日。
　　③ 参见《政务服务移动 APP 发展情况研究报告》,http://www. caict. ac. cn/kxyj/qwfb/ ztbg/201804/P020171225330464500072. pdf,2018 年 12 月 30 日。
　　④ 参见《我国政务服务移动 APP 发展情况》,http://www. sohu. com/a/212876994_735021, 2017 年 12 月 25 日。

用户通过政务微博或者政务微信已经足够满足其政务信息的需要,不一定会通过政务 APP 来进行资讯浏览。可见,一般的信息发布功能并非政务 APP 特长,可在未来发展中避免重复建设。但政务 APP 可以成为政府职能信息、政策文本、服务数据的信息系统,为公众提供查询和利用路径,实现一站式数据和资料的搜索、查询、分享。政务 APP 更像是政府数据库、信息源,不仅将电子政府的信息功能转向"指尖",还加大了对政府信息资源的集成性和利用度。

2. 提供整合式、一站式公共服务

政务 APP 的形式有利于提供整合式、一站式公共服务,善于整合一个政府职能内部的所有政务业务,尤其是能将相对复杂、专业化更强、需要多部门协作的业务集中到统一平台上来。这与政务微信"小程序"式的公共服务有所区别。"北京 110"系统综合推出全类型公安交警业务,包括交管、报警、治安、证照、路况快拍图片等业务。国家税务总局主办的个人所得税 APP,能够一站式进行自然人办税、交税、补税、退税等复杂税务业务,业务线清晰成熟,操作简便,能为企业和公众双方带来便利。政务 APP 也能够及时采用新技术,提高政务服务的效率与效能,如全国已有 40 余个城市开通"刷脸政务"服务,如"刷脸查税",①尽可能降低公众使用政务 APP 的难度。这是政务 APP 所具有的优势。

3. 政务 APP 发展存在问题较多

政务 APP 目前的发展尚存在一些问题。其一,某些政务 APP 只重视开发,而缺乏整体功能设计理念,部分政务 APP 功能单一,且没有实现功能方面的联通;其二,技术维护投入力度不够,容易出现无法打开或页面错误的现象,用户体验较差;其三,有些政务 APP 存在名不副实的现象,虽耗费大量人力物力进行开发,但公共服务功能并未落到实处;其四,与政务微信小程序服务功能存在重合,在这种情况下公众会首选政务微信;其五,政务 APP 需要公众下载一个新的应用程序,在熟悉操作流程之后才能完成公共服务过程,这无形中

---

① 参见《移动互联网蓝皮书:移动政务搭载 AI 开通"刷脸政务"》,http://media. people. com. cn/n1/2018/0620/c14677-30069430. html,2018 年 6 月 20 日。

给公众媒介增加了负担,不符合公众媒介使用习惯,容易产生抗拒感。因此,会有大量用户拒绝采纳或延迟采纳,影响了政务 APP 的快速推广。

(四)政务短视频

政务新媒体具有开放性,重要的表现是跟随社交媒体应用工具的更新换代而及时变化,以及形式与内容不断地创新创造。在微博与微信之后,短视频成为最受欢迎的社交媒体,深受网民尤其是年轻人的喜爱。短视频是指时长几秒到几分钟不等,以网络和移动智能终端为手段,依托移动短视频应用的一种移动社交新媒体,①是一种通过移动智能终端实现播放、拍摄、编辑,可在社交媒体平台上实时分享和无缝对接的一种新型视频形式。② 2017 年以来,短视频风靡网络。到 2018 年 6 月,全国移动客户端短视频用户规模为 5.94 亿,占网络视频用户的 97.5%。③ 著名的短视频应用"抖音"的日活跃用户规模为 1.26 亿,增长率为 29.7%,在移动 APP 中排名第一。④ 抖音短视频极大地改变了社交媒体的内容产制方式。其一,短视频由公众自主拍摄"音画同步"视听内容,主打"音乐动作社区",直接地冲击受众的视觉与听觉感官,便于公众个性化的创造和表达。其二,短视频重新定义了网络时代即时传播的话语规则,短视频获得"词汇"属性,⑤叙事风格与叙事结构有了很大改变,图像、音乐、表情各种形式的符号在很短的时间内累积,打破了"直线叙事"的逻辑,形成更加多元化、同步化的传播效果。其三,短视频是在真实的环境与背景中由真人拍摄、出演,视频内容无限逼近现实,缩减影像中的生活和现实生活之间的距离,使人们在消费影像时感受到"真实"的存在。⑥ 其四,用户对短视频使

---

① 参见腾云、楼旭东:《移动短视频:融合发展的新路径》,《新闻世界》2016 年第 3 期。

② 参见贺艳:《移动短视频与拟态环境建构新模式的反思:基于媒介技术的视角》,《编辑之友》2019 年第 4 期。

③ 参见《我国网络视频用户超 6 亿,短视频用户爆发式增长》,http://www.xinhuanet.com/tech/2018-11/29/c_1123782479.htm,2018 年 11 月 29 日。

④ 参见《短视频行业保持快速增长,月活用户规模破 5 亿》,http://media.people.com.cn/n1/2018/0724/c40606-30165148.html,2018 年 7 月 24 日。

⑤ 参见王晓红、包圆圆、吕强:《移动短视频的发展现状及趋势观察》,《中国编辑》2015 年第 3 期。

⑥ 参见宫承波、田园:《短视频火爆背后的大众视觉消费转向》,《新闻论坛》2018 年第 1 期。

用的卷入度很高,因此短视频平台具有非常庞大的注意力资源和流量资源,"沉溺抖音"成为许多用户的使用习惯。

2018年3月8日,中央政法委"中国长安网"入驻抖音,成为短视频平台的首家政务号,标志着抖音短视频全面开启了政务号、媒体号服务。随后,团中央也开设账号"青微工作室",短短一个多月就收获近90万粉丝和超过1400万点赞量。政法系统抖音账号开设最多,占政务号总量的38%,其中"北京SWAT"、"江苏网警"等粉丝量超百万、点赞量近千万。① 2018年8月31日,抖音短视频在北京举办政务媒体抖音号大会,联合生态环境部、国家卫生健康委员会、国资委等在内的11家政府、媒体机构,正式发布"政务媒体抖音账号成长计划",助推政府利用短视频打造"爆款",传播正能量。② 此后,政务短视频账号数量呈现出快速增长的状态。截至2018年底,已有5800多家各级党政机构入驻抖音。③ 其中,旅游、公安、共青团、法院、地方发布、文化等政府机构最热衷于开设抖音账号。旅游类机构账号数量为580个,占政务号总量的25.9%,公安类、地方发布类、文化类账号数量分列前2—4位④。

中央政法委秘书长陈一新在"创新和加强新时代政法宣传舆论工作座谈会"上提出,新媒体日益成为信息传播的主要渠道和平台,要集中大力量,做强新媒体。要提升政法新媒体的"引关圈粉"能力,把更多网民变成"粉丝",⑤政务短视频目前正在经历快速的发展,热度持续上扬,收获了数量庞大的粉丝,引发了社会关注,也带来了良好的效果与反响。抓住短视频发展机遇,是政务新媒体应对视觉化传播趋势的必然之举。政务短视频具有如下特点:

---

① 参见《抖音推出"政务媒体号成长计划",联手政府媒体机构打造正能量传播爆款》,http://www.xinhuanet.com/2018-08/31/c_1123362189.htm,2018年8月31日。

② 参见《抖音推出"政务媒体号成长计划",联手政府媒体机构打造正能量传播爆款》,http://www.xinhuanet.com/2018-08/31/c_1123362189.htm,2018年8月31日。

③ 参见《教育部基教司司长组天团唱RAP,政务部门玩抖音》,https://news.sina.com.cn/c/2019-01-30/doc-ihrfqzka2439016.shtml,2019年1月30日。

④ 参见《抖音推出"政务媒体号成长计划",联手政府媒体机构打造正能量传播爆款》,http://www.xinhuanet.com/2018-08/31/c_1123362189.htm。

⑤ 参见《抖音上的政府:向"网红"进军》,http://news.ifeng.com/a/20180718/59253740_0.shtml,2018年7月18日。

1. 拍摄场景丰富、贴近现实

政务短视频力求能够突破传统政治新闻严肃、正规、单一的场景,打造丰富、激情、贴近现实的多元场景。有的短视频侧重表现恢宏壮丽,如"人民陆军"账号常常通过方阵、广场、装备、训练、穿越火线等"大画面"表现军队排山倒海的气势。也有账号偏好推送现场感强的信息,利用短视频直播案件现场、事故现场、救援现场、执法现场,将事件经过和政府行动不加修饰、全方位地推向受众,直接、即时。如中国警察网发布的《抓到了! 南通警方成功抓获从法庭逃脱的贩毒嫌疑人马廷江》,视频在很短的时间内报告了警方通告抓获贩毒嫌疑人的现场视频,直接采集到现场的画面与声效,具有新闻直播效果。"揭秘"场景则是部分账号获得粉丝的法宝,把观众带到从未公开、充满神秘的政府场景中去。"北京SWAT"入驻抖音短视频拍摄了反恐特警射击绝技、空降、救援、冲锋、翻越障碍等多个不为人知的真实场景,许多是首次对外公开,满足了公众的好奇心与探索欲。各类场景亦可进行剪辑、编辑与重组。"中国陆军"所发布的视频《角逐漠北草原,上演钢与火之歌》将真实的战场声与射击声、火炮声、呐喊声等音响素材与激昂的背景音乐相结合,直接给予了受众强烈的视觉冲击感。外交部发言人办公室发布的第一条短视频集成为多位知名新闻发言人召开新闻发布会片段,简短有力、画面密集、重点突出,形成了较强的视觉冲击力。

2. 短视频题材广泛、脚本丰富

政务短视频所涉及的题材十分广泛,包括了形象塑造、正能量、新闻直播、政策解读、知识传播、日常生活等,还在不断挖掘新的题材,拍摄推出更丰富、饱满的短视频。而脚本使用决定了政务短视频的风格与叙事,目前也更为多元化,具有包容性,如致敬、铺陈、模拟、互动、警示、搞笑、网红、关键时刻等。"分小萌"是北京市城市管理委员会为推动北京市垃圾分类而开设的账号。作品擅长设定不同的剧情脚本,进行夸张的表演,展示易混淆的垃圾该如何分类。"桃山网警"推出"小桃揭骗局"栏目,利用多种风格的脚本揭露现下流行的骗术。《视频监控拍到车祸中"天使救人"这就是真相!》采用"模拟"与"警示"脚本,揭露了网上广为传播的事故画面实为后期合成,澄清了事实。《跟着抖音游山东,啤酒节我来啦》则采用"网红"脚本,通过一位网红女性的语言陈述与肢体表演,推介啤酒节以及山东丰富的旅游资源。禁毒短剧《一旦沾上它,轻则妻离子散重则家破人亡,望君自重!》则由群众演员扮演涉毒人员与警察,进行"快人快语"的交替对话,用搞笑、喜剧的方式阐明了吸毒危害与后果。

3. 制作专业化与个性化、原生态结合

一部分政务短视频"爆款"从策划、取景、构图、拍摄,到后期剪辑、制作都由专业团队完成。尤其是塑造政府形象、传播正能量的作品,专业制作使得短视频宏大、精良,结构条理、画质清晰,具有感染力。《我宣誓:誓死保卫祖国!!!》在十几秒时间内充分调动各种机位,多次运用航拍、俯拍、仰拍、特写、拼接等技术,轮换集成了日常、特训、演习、执行任务等多个场景,全面展示了陆军军人风采和军事实力,布景、配乐、文本、字幕也都体现了较高的专业性。另一部分短视频则更突出个性化。"好客山东"的旅游推广短视频就直接采用手机拍摄,旅游符号都由女性网红用夸张的姿态陈述独白,自由表演,没有刻意设计场景与情节。这类短视频在技术和手法上显得相对粗糙,但突出未经雕琢的"真人实景",更为真实、鲜活,能够充分体现短视频制作者的才华与创造力。截取摄像头拍摄出的监控画面作为短视频直接播出则体现出原生态的特点,监控视频未经任何设置与修饰,真实地还原了各类社会生活现场,公众身临其境,代入感强。"桃山网警"充分利用监控录像制作短视频,如行人横穿马路、加油站吸烟、交警路边查车、高速车辆违章掉头等,风格质朴,平实生动,配合独到的音乐与文字,产生了极好的传播效果。

4. 重视人情味与细节刻画

政务短视频更多采用了人性化的叙事手法,通过大量日常、生动、感性的细节供给,力求故事感人、生动、翔实,富于感染力,突出社会生活的细微之处与温度,重视生命个体的情感、态度与价值。"中国消防"账号的爆款短视频《出警啦!出警啦!紧张又刺激……》拍摄了接警出警前消防员们迅速集结,赶时间换装而顾不上地滑纷纷摔倒的实况,令人敬佩又心生感动,展示了消防员们尽职尽责又真实可爱的形象。此外,该账号的多个视频展示了消防员们救火、救灾的各种细节,如拉动绳索艰难救出洪灾中的被困者,在火灾中长时间高温高强度的搜救,在台风中挽起裤脚蹚过大水通过接力的方式救出婴儿等。这些细节令消防英雄的形象光辉、丰满而动人。另一部分则展示消防员婚姻、家庭等温馨场景。一则短视频拍摄了女儿呼唤要去执行任务的父亲。女儿哭着让爸爸不要去灭火,父亲在视频中十分动容地说"宝贝别哭,有些事情值得去做并且必须坚守"。短视频通过女儿眼泪直流、母亲抱住女儿、父亲低下头强忍泪水安慰女儿等人性化、感性化的细节刻画,短短15秒将为国奉献的战士形象与平凡亲切的父亲形象集于一处,爱国主义、敬业精神、集体精神深刻地表现出来。

5. 善用网络流行语与表情包

政务短视频在话语运用方面与严肃、正式的官方话语体现出明显的不同。注重口语化、简洁与快节奏,更加轻松、活泼、平易近人,还大量使用"标题党"、网络流行语、美颜滤镜和表情包。这种方式符合公众观看短视频时追求新奇、趣味的心态,也符合抖音平台的潮流。公众在流行短视频和政务短视频之间的风格切换不会显得突兀,更进一步拉近了政府与公众之间的距离。政务短视频账号"分小萌"自称"本萌",主人公的造型通常夸张且个性,满屏使用各类表情包,配合特殊的人造声线推动剧情。语言大胆、活泼,将四种不同颜色的垃圾分类箱比作"全网最潮流最炫酷包包,不接受任何反驳",抓住了年轻观众的心态和喜好。"青微工作室"一则辟谣"三峡大坝发生扭曲"的短视频获得了150多万点赞量。标题"谢谢大家关心,我很健康"将三峡大坝拟人化,进而用"什么情况?——不急——一言不合派个卫星过去看看"这种流行、调皮又戏谑的结构推进剧情。还使用了整屏的"无奈"又"无辜"的emoji表情包配合,最后通过不断放大的卫星图片截图证明三峡大坝完好无损,在娱乐和搞笑的氛围中完成了辟谣。网友纷纷参与互动,表示该视频说明了"团团很皮"、"美颜没关",被誉为"史上最硬核辟谣",短视频传播获得成功。

6. 具有塑造政府形象、城市形象的天然优势

政务短视频使得政府形象的塑造常态化。短视频能够在极短的时间内选取并激活有代表性的政府符号与城市符号,经过精心的设计与组合,传递政府与城市的核心价值。政府主导拍摄的宣传片、城市形象片、人物片、政策解读、短剧等无时无刻不在传递政府理念,塑造政府形象,向公众提供理解政府积极、正面的视角。政府采用了接地气、包容、轻松活泼的呈现方式,减少了公众对"刻板印象"的抵触情绪,增强了政府形象、城市形象的接受度。如西安和重庆两个"网红城市",重视从平民视角、人性化视角出发拍摄城市风情短视频,用活泼丰富的叙事,浓缩了城市文化的精髓,被亲切称为"抖音之城"。张家界市旅游和外事侨务委员会开通的快手账号"张家界旅游"发布具有文化特色的张家界风景短视频,在3个小时之内,播放量破1300万,城市旅游形象深入人心。在强国、强军、爱国主义、意识形态、传统文化等议题领域,政务短视频能够连续营造沉浸式传播体验,制造仪式感和强烈视觉冲击的奇观化效果。算法推荐机制将这类"奇观美学"源源不断地向公众推送,让手机屏幕前处于不同生活场景中的受众沉浸在"民族"、"国家"系列符号中,产生高度认同。公众参与城市形象塑造也是短视频的显著优势。公众通过自主拍摄城市场景和生活片段,表达了自己的主观感受和对美好生活的向往。政务短视频可通过转发与背书,增加公众视角,以丰富形象塑造的内涵与视角。

7. 政务短视频提倡参与,拉近了政府与公众间距离

政务短视频在传播中不仅采用了较为流行的传播手段和策略,还需要充分考虑公众需求与喜好,引导公众参与传播,才能充分获得公众的注意力,打开与公众对话、增进理解的新空间。中国国家博物馆与抖音合作推出"博物馆抖音创意视频大赛"因其参与性和趣味性受到了广大用户的支持与喜爱。2018年教师节,一个名为"我给老师比个心"的活动在抖音上引发了参与热潮。活动的主办方是教育部政务抖音。任务一出,"比心"活动就吸引了包括"国资小新"、"中国铁路"、"警界君"等60多个政府机构抖音账号参加挑战。活动期间视频播放总量超过20多亿次,共祝老师们节日快乐。① 六一儿童节前夕,国资委新闻中心官方抖音账号"国资小新"发布一条题为"严重卖萌事件"的视频,让网友尤其是青少年眼前一亮。2019年春节前夕,教育部基教司司长组天团唱RAP介绍基教司的职能与工作,因其亲切而流行化的风格广受公众喜爱,获得大批网友的参与和追捧。

8. 政务短视频改善治理的潜力

政府可以利用抖音巨大的人气与流量,通过社会化平台的网络协作,将公

---

① 参见《教育部基教司司长组天团唱RAP,政务部门玩抖音》,https://news.sina.com.cn/c/2019-01-30/doc-ihrfqzka2439016.shtml,2019年1月30日。

众的力量更好地融入治理。"北京双井男子殴打他人"事件发生后,"平安北京"发布了一条集案件现场、警方办案经过和嫌疑人供述等情况于一体的短视频,并配合背景音乐《我们不一样》。该视频呈现了诸多办案细节,体现了首都"警方速度"。公众通过短视频直观体验了政府执法,各类谣言无处藏身,也强化了对案件执法过程的监督,极大地提高了透明度和公信力。2018年6月7日,广西南宁兴宁区人民法院将10位"老赖"悬赏信息制作成短视频在抖音发布。10天后,一名被执行人终于顶不住压力,主动到法院联系了执行法官配合执行。此事得到了最高人民法院的关注,在官方平台转载点赞。《人民日报》以一篇题为《破解执行难　再添新利器》的文章,报道了兴宁区人民法院利用抖音平台抓老赖的创举,①可见政务短视频通过新的途径和方式形成舆情,通达政府,具有监督政府、改善治理水平的潜质。

（五）其他形式

除去政务短视频,政务新媒体发展出政务头条号、政务音频等新方式。头条号也是政务新媒体扩展其信息传播渠道、增加传播影响力的方式。到2018年6月为止,包括公安、信访、检察、司法、基层组织、法院、共青团等在内的一百多个垂直系统开通了政务头条号。信访系统开通头条号数量最多,占比为8.8%,其次为基层组织,占比7.9%。② 据喜马拉雅研究院统计,2014—2015年已有一批政务机构开始试水音频传播。国家卫健委开通了"健康中国"的音频账号,是国务院组成部门中第一个入驻音频平台的官方机构③。政务音频主要有如下应用类型:提供旅游、文博类语音服务;拓宽权威发布渠道;打造移动知识课堂;举办主题朗诵活动;创新学习打卡模式等。④ 与广播节目类

---

① 参见《抖音发布2018大数据报告,5724个政务号C位出道获赞超43亿》,https://baijiahao. baidu. com/s? id=1624160285755643637&wfr=spider&for=pc,2019年1月31日。

② 参见《第42次中国互联网络发展状况统计报告》,http://www. cac. gov. cn/2018-08/20/c_1123296859. htm,2018年8月20日。

③ 参见《国家卫健委音频获百万收听:政务新媒体音频化时代来了?》,http://www. ichmw. com/show-10-6277-1. html,2020年6月6日。

④ 参见《国家卫健委音频获百万收听:政务新媒体音频化时代来了?》,http://www. ichmw. com/show-10-6277-1. html,2020年6月6日。

似,政务音频能够适用于更多日常化、生活化的场景,如开车、旅行、运动、做家务等等,伴随性较强,因此适合温馨、情感化、打动人心的内容。在新中国成立70周年之际,喜马拉雅政务频道联合各地政府机构(以宣传部、网信办、档案馆、地方志等为主)用70个解放故事打造了"70周年城市传奇"音频节目,受到了听众的喜爱。① 国家食药监总局则在政务音频中订制多个健康传播知识节目,如针对"百白破"疫苗制作"百日咳家长要知道的那些事儿"、"破伤风怎么破"、"你真的了解疫苗吗"等音频节目向家长生动、有趣地讲解了给儿童注射疫苗需要注意的事项。开展思想政治学习是政务音频的一项最新应用。上海市党建服务中心与人民网上海频道合作上线的"党课随身听"、北京团市委新媒体中央厨房则推出"青春读书会"等栏目,都是这类政务音频节目的典范。

中央及许多地方政府还采取"微直播"方式,将各类政务新媒体平台整合到一起进行政务直播,微博、微信、微视频、音频等各自发挥自身的优势。如最高人民法院使用其微信账号直播毒品犯罪案件审理及司法解释新闻发布会,对禁毒工作情况进行总结。浙江省政府通过官微账号"浙江发布"直播政府新闻发布会,解答市民关注的安全、民生问题。"上海发布"官方微博不仅在线直播各类市政新闻发布会,还在其微信平台上以聊天方式接受记者采访,引发"全民围观"。由此可见,政务新媒体具有较高的开放性,对新媒介的接受度和适应能力极强,未来随着媒介平台不断演进,可以预期政务新媒体还会延伸出新的形式与新的功能。

---

① 参见《政务新媒体"音频化"时代来了?》,https://www.sohu.com/a/343629018_481352,2019 年 9 月 26 日。

第三章 政务新媒体内容传播的
图景与结构

政务微博、政务微信为代表的政务新媒体是我国政府利用移动互联网改善政治传播的重要实践。作为政府自主独立的信息公告平台,政务微博与政务微信承担着及时、准确发布官方权威信息、连接政府与公众、改善政府公共关系的重要功能。经过数年发展,政务微博与政务微信究竟如何实现上述信息功能? 议题发布和内容传播呈现出何种现状与结构? 上述问题尚需通过具体研究加以分析。伴随着政务短视频的异军突起,这一政务新媒体的最新形式如何建构其内容传播,也需要在研究中加以考虑。在本章中,研究以"北京市政务微博集群"为例,利用计算机辅助内容分析法检视了政务微博之现状结构。借助框架理论,研究还对"北京发布"微信公众号、排名较高的 444 个政务短视频进行了内容分析,解析了政务微信、政务短视频的内容现状、框架建构与影响,旨在全面呈现政务微博、政务微信、政务短视频三种重要的政务新媒体的内容图景与传播结构。

一、政务微博大数据:来源、编码与方法

(一)数据来源①

本部分所使用的研究数据来源于新浪微博中注册并活跃的北京市各级政

---

① 本部分数据搜集和分析得到北京航空航天大学计算机学院心情搜索实验室的支持。

府机构官方微博。北京市政府较早利用新浪微博展开政府传播。"@平安北京"、"@北京发布"、"@北京交警"、"@交通北京"等账号一直名列全国政务微博排行榜前列。2011年，北京市政府新闻办公室开通我国首个政务微博集群"北京微博发布厅"。随后，北京市16个区县的80多家政府机构纷纷加入，"北京微博发布厅"成为北京市政府的线上传播综合平台。

　　利用网络爬虫技术，我们系统收集了新浪微博认证中心政务厅中的北京市党政机构微博账号，总数为321个。经过数据清洗，逐一剔除了国有企业、居委会、医院、高校等企事业单位或非营利组织，只保留各级党政机构开设的官方政务微博，共165个（表3-1），涵盖北京市各级政府、16个区县。

表3-1　北京市政务微博群集样本列表（N=165）

北京昌平卫生监督／北京市第一中级人民法院／丰台方庄／北京市商务委／北京平谷／东城园林北京市勘设测管办／北京通州中仓街道社保服务大厅／文化北京／云岗街道办事处／石景山气象／大兴工商／石景山区市政市容委／北京安监／雁栖开发区／平安北京／东城统计／智慧长阳／首都健康／北京经信委／丰台工商／燕山工商／怀柔普法／北京质监／国土北京／禁毒626／延庆工商／北京边检／发展北京／北京地税／通州工商／门头沟工商／廉政朝阳／北京发布／北京文博／怀柔工商／西城检察／海淀检察／北京市教委／北京知识产权／海淀公安分局／北京铁路运输中级法院／房山旅游／平谷法治／民防小卫士／通州警方在线／东城检察／昌平农业／宜居顺义／气象北京／东城区政务服务中心／北京海淀法院／幸福东直门／北京统计／北京民宗／bj发现中国美丽乡村／平谷环保／北京平谷旅游／北京昌平／北京财政／北京市旅游发展委员会／北京检察二分院／北京市地震局／宜居密云北京市社会办／北京卫生监督／与法同行／北京东城人口计生／北京司法／首都新闻出版／门头沟12366／密云法院／东城体育／北京东城卫生监督／首都园林绿化／东城旅游／北京铁路运输法院／北京普法／永外地区红色微博／北京农业／首都新闻出版／北京三中院／北京朝外街道／北京市城管执法局西站分队／首都粮食／环保北京／北京市大兴区人民法院／文化丰台／北京市市政市容委／西站地区／畅游西城／北京石景山法院／密云检察／首都金融／畅游公园／东城食药／北京朝阳法院／东城档案／北京市投资促进局／北京房山区人口计生／北京市怀柔区人民法院／北京延庆法院／北京东城工商／北京市东城／北京密云人口计生／科技北京／门头沟法院东城司法／北京朝阳／北京丰台人口计生／甘家口之窗／北京市顺义区人民法院／昌平检察／北京市丰台区委宣传部／北京朝阳人口计生／海淀旅游／北京东城法院／东城人力社保／Funhill房山／昌平食事药闻／海淀农业／北京房山法院／北京交警／山水怀柔／北京医管／北京西城／京检新声／房山工商／体育北京／平谷区卫生计生委／北京消防／房山民政／北京市高级检察院／北京市石景山／顺义卫生计生委／北京通州消防支队／北京检察／昌平三农／京西门头沟／北京昌平卫生监督／幸福劲松／六里屯工商所／密云工商／北京市通州／北京昌平人口计生／文明怀柔／北京海淀／朝阳检察／绿港顺义／北京延庆卫生监督／北京12333／延庆在线／东城安全监管局／北京大兴／健康房山／交通北京／北京西城法院／顺义工商／北京首都国际机场警犬队／健康海淀／水润京华／廉政昌平

　　通过新浪微博所提供的开放API（http://open.weibo.com），研究持续收集了 165 个政务微博账号自开设以来发布的所有信息。截至 2015 年 8 月,共采集到政务微博 258073 条。这些微博共得到 5478342 次转发以及 2647467次回复。表 3-2 显示,历年来北京市政务微博的议题发布总平均数为 3931.3次,中位数为 3086 次,最小发布数量为 97 次,最大达到 42617 次。一定程度上说明了北京市政务微博在议题发布方面较为积极,提供了足够的政务信息与公共信息,只有极个别微博处于"懒怠更新"状态。历年来,政务微博转发量均值为 90764.7 次,中位数为 4647 次,最大转发数量为 3793681 次,最小转发数为 29 次。可说明北京市政务微博普遍拥有较高的转发量,时有"热议"信息获得全网关注,在新浪微博平台中具有一定影响力。北京市政务微博的议题回复数平均值为 44016.6 次,中位数为 1520 次,最大回复数为 1913820次,最小回复数量为 4 次。亦可窥见北京市政务微博具有一定程度的互动性,能够积极回复来自公众、媒体以及其他机构的留言与问题,反映出政务微博运营的活跃度较高。

表 3-2　政务微博议题数、转发数、回复数描述性统计

变量	均值	标准差	最大值	最小值	中位数
议题数	3931.3	4125.672	42617	97	3086
议题转发数	90764.7	395096.5	3793681	29	4647
议题回复数	44016.6	210483.4	1913820	4	1520

(二)编码与分析过程

利用计算机自然语言理解技术,研究根据"议题内容"与"功能指向"两个维度对所有政府微博内容进行了重新分类。"议题内容"即政务微博所涉及的核心信息类别或主题;"功能指向"则为了明确政务微博发布的主要目的与作用。首先,我们确定了议题类别列表。方法是任选 10 个政务微博账号,收集这些账号发布的全部微博,共 600 条。通过逐条阅读微博并深入分析其议题类别,将议题内容分为 15 个子类别,包括:教育、科技、交通、医疗、民生、环境、安全、城建、文化、生活、健康、政治、政府、经济、软文。重复此方法,通过判

定这些政务微博所具有的功能指向,分为 7 个子类别,包括:通知通告、政务服务、意见征求、回应公众、政府新闻与信息公开、怡情励志、生活指南。

其次,建立人工关键词词典,尽可能通过关键词详尽描述某个类别。具体方法:将上述经过分类的 600 条微博按照上述所有类别进行进一步阅读与文本分解,筛选每一条微博中能够代表该类别核心特质的关键词,分别记录。逐条阅读分析后,构建全部关键词明细表。再一次梳理某一类别中的所有关键词,删除重复关键词,合并相近关键词,以尽可能全面、详细地保留足够数量的关键词以描述某一类别(关键词词典如表 3-3、3-4 所示)。

表 3-3　15 项议题类别关键词词典

议题	关键词词典
教育	教育、学校、考试、中考、小升初、幼儿园、家长、学生、儿童、专家、中学、大学、中专、专业、成绩、报考、专升本、本科、研究生、公务员、博士、硕士、本科生、大学生、教育局、分数、青少年、学习、学业、就业、假期、考场、答案、评卷、考场、课题、研究、专题、玩具、附小、附中、学霸、答题卡、志愿、调剂、教师、老师、导师、外教、校长
科技	新能源、互联网、电动车、云服务、云平台、云计算、大数据、众创、平台、电子、智能、充电、上线、开通、科技、技术、研发、成果、基因、可穿戴、高科技、生物、指纹、网络、电子、通信、信息、数据、网速、4G、互联网+、专利、新媒体、APP、论文
交通	交通、车、车辆、机动车、列车、限行、尾号、拥堵、绕行、提醒、进京证、限流、客车、载客、专车、客运服务、公交、地铁、公共交通、号线、甩站、车站、通行、行驶、封路、环路、路、事故、卡车、小轿车、车祸、交警、红绿灯、交管局、驾驶、司机、乘客、号牌、醉驾、酒驾、驾驶员、高速、快速路、潮汐车道
医疗	医院、医生、医患、治疗、手术、卫生、控烟、床位、住院、患者、病人、残疾人、三甲、病床、胃、肾、耳、鼻、喉、儿科、产妇、抢救、救治、医药费、药、医疗器械、精神卫生、抑郁症、脑部神经、心脏、肺、器官、眼睛、血、化验
民生	景区、公园、社区、家园、小区、业主、住房、老楼、危楼、基金会、公益、游园、长假、公共、养老、轮椅、盲道、抽查、餐饮、刷屏、网友、朋友、供暖、供电、耗电、待机、天然气、水电费、物业、缴费、交费、收费、养犬
环境	森林、林区、植物、绿化、节能、减排、环境、蓝、垃圾、清洁、空气、雾霾、晴、雨、多云、天空、雷、阳光、污染、排放、噪音、工厂废气、水、农业、锅炉、高炉
安全	防汛、消防、安全、保卫、治安、犯罪、灾害、案件、救灾、易燃易爆、危险品
城建	旧城、改造、新建、新城、新区、房地产、楼盘、城市、工程、建设、验收、装修、动工、完工
文化	非遗、精品、书画、瓷器、刺绣、音乐、钢琴、曲目、京剧、博览会、展览、设计、生肖、书法、国画、油画、作品、春节、雕、玉、拍摄、民乐、茶、琴、书法、绘画、艺术品、戏曲、诗词、书展、故宫、北海、颐和园、长城、传统、国粹、征文、文艺、演出

续表

议题	关键词词典
生活健康	健康、生活、保健、保养、养生、体育、跑步、疾病、饮食、聚会、菜、水果、游泳、防晒、紫外线、辐射、吸烟、睡眠、熬夜、体检、健身、走路、健步走、营养、早餐、中医、无休、熬夜、休息
政治政府	本市、市长、局长、部长、区长、处长、三严三实、政府、部门、机构、国家、区、县区域、财政、专款、会议、精神、落实、传达、履职、渎职、责任、问责、组织、处理、强调、书记、深化、讲话、冬奥会、办公、基层、中央、省、机关、机制、统筹、制度、体系、乡村、镇、所、行政、办事、维护、保障、党政、处罚、职能、公共服务、事业单位
经济	发展、经济、协同发展、合作、企业、创业、投资、资金、金融、创投、基金、金额、创新、工业、行业、消费、价格、市场、农业、房地产、消费者、外汇、汇率、国企、央企、进口、资产、新兴产业、公司、战略、生产、收益
软文	价值、准则、人生、晚安、早安、希望、相信、梦想、经典、精神、境界、勇敢、拼搏、收获、祝福、喜悦、幸福、读书、勤劳、机遇、做事、做人、哲学、哲理、自信、阳光、能力、放弃、坚持、流泪、尝试、遗憾、修身、积极、寄语、阅历、眼界、蜕变、成长、职场、力量、爱、歌颂

表3-4　7项功能类别关键词词典

功能	关键词词典
政策/信息/活动的通告	政策、制度、法规、法律、条例、规定、暂行、管理办法、区域性、方案、启动、出台、开幕、新闻发布会、出席、仪式、研讨会、公示、筹办、核实、审定、举办、召开、直播、发布会、公开、目录、引进、入驻、印发、通知、公布、公告、分析、报告、应急办、展示、通过、签发、督导、检查、问责、组织、处理、责任、追究、免职、核准
公共服务	疏解、预警、解除、限行、尾号、天气、预报、低温、高温、降雨、注册、升旗、机动车、绕行、提醒、进京证、办理、疏导、升级、纳税人、电子发票、申请、录取、流量、交通拥堵、预防、意识、保护、公益、排队、停售、暂停服务、服务、公共服务、提示、提交、网上报名、网上申请、对账单、发放、免费、报名、查阅、雷雨、关注、查询、受理、平台、提示、预约、审验、系统、管理系统、求助、刷卡、信号、查找、政府网站、职能信息、栏目、戳图、挂出、刊登、时间表、试运行、手续、简化、申购、处罚、办事窗口
意见征求	对话、酝酿、座谈、畅谈、建议、征集、征求、意见、意见稿、会商、咨询、听证、讨论、民意、舆论、舆情、交流
投诉回应	投诉、解答、提问、回应、对话一把手、请问、作客、承诺、信访、接待、纪检、专员、问一问、举报、随手拍、来信、来电、访谈、效果、响应、抓拍、热线、参与、联系
怡情励志	价值、准则、人生、晚安、早安、希望、相信、梦想、经典、精神、境界、勇敢、拼搏、收获、祝福、喜悦、幸福、读书、勤劳、机遇、做事、做人、哲学、哲理、自信、阳光、能力、放弃、坚持、流泪、尝试、遗憾、修身、积极、寄语、阅历、眼界、蜕变、成长、职场、力量、爱、歌颂

功能	关键词词典
政府行为	改造、治理、召开会议、环境、秩序、问题、推进、措施、保障、施工、抢修、整治、保障、管制、推动、规划、建设、疏解、新建、新增、解决、改善、搬迁、拆迁、推广、构建、开工、交易、改造、专项工程、收费、救助、会议、调研、加强、巡查、启用、普及、动员、捐款、应急、指挥、预案、组织、检查、管控、执行、专项、整治
生活指南	生活习惯、睡觉、健康、蔬菜、饮食、眼睛、头发、身体、水果、米饭、走路、健步走、跑步、中医、冰激凌、养生、山珍海味、素食、餐厅、疾病、过敏、睡眠、无休、熬夜、休息、保健、保养、养生、体育

再次,过滤掉所有微博中的停用词(即助词等没明显语义的词)、URL 和表情符号,并通过计算机程序进行关键词的自动匹配与词频统计。研究并非以微博条数作为计量单位,而是以该账户某一类关键词出现的频次多少,来判断该账户是否更为倾向于发布某一类议题或是更为注重某种功能。

最后,分别统计了发布时间、所属区域、政府层级、职能部门以及对应类别的词频数,并通过词频总数与数据地图加以分析与展示。

二、政务微博的议题图景

(一)政务微博议题的总体偏好与时间趋势

根据自动文本分析对关键词频次的统计结果,总体而言,北京市政务微博议题偏好排名前五的类别为:政治类(26.7%)、经济类(9.6%)、交通类(9.0%)、环境类(8.3%)、教育类(8.1%)。政治类议题远高于其他类别,软文类也有较高的关注(7.0%),而受关注最少的议题为城建类(2.9%)与文化类(3.9%)。

图3-1反映了2011—2015年"北京市政务微博发布厅"各类议题频次总数变化的基本趋势。2011—2012年,政务微博从无到有,所有类型的议题发布数量都呈现快速上升的趋势,增长最快的如政治类、经济类、教育类、生活健康类、软文类等。2013年左右各类议题数量增长情况基本稳定。2014年,社

交媒体环境发生变化,微博用户被微信大量分流,相当数量的社会议题发布与讨论转向微信空间。因此,政务微博中与用户生活紧密相关的交通、医疗、民生、文化、健康等类别的议题关注度出现明显下降,而与国家大政方针紧密联系的政治类、经济类、科技类议题关注度依然持续上升。这与微博与微信的定位有一定关系,微信以"人际圈层"传播为主,多关注个人领域和私人领域话题,而微博则保留"公共空间"的属性,以公共性、政策性话题为主。2015年,作为社会各阶层表达利益诉求的公共平台①以及具有广泛传播影响力的商业平台,微博的价值被重新挖掘。政府再次加大力度建设政府传播渠道与工具,着重强调政务微博的服务、互动功能,这使得交通、民生、环境等公共服务类议题数量上升十分明显。与此同时,政府微博传播话语开始体现出"民间化、趣味性、生活化"特点,这使得政府微博的"软文议题"数量大幅上升。而政治、经济等议题的发布数量整体来讲略有下降。

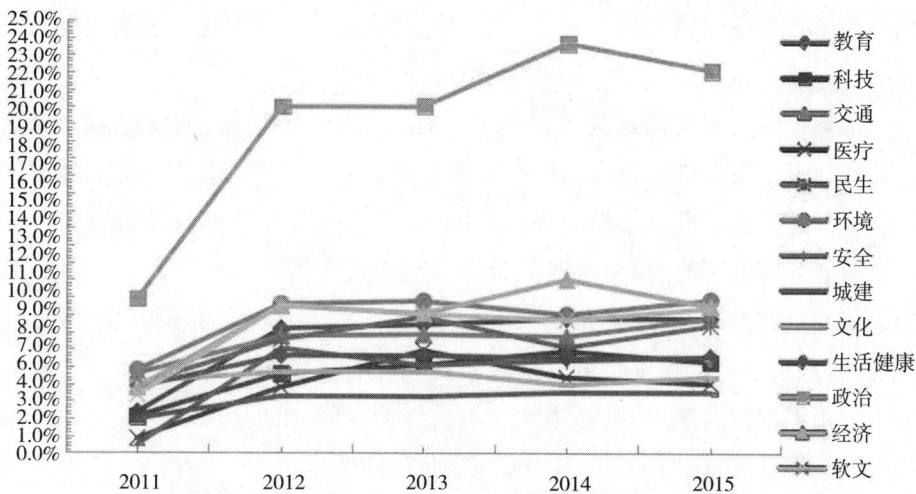

图3-1 2011—2015年北京市政府政务微博议题变化趋势

① 参见祝华新:《政务微信与政务微博,如何实现知心大姐与私人秘书的强强联手》,http://www.cmzz100.com/cn/G100/chuanmeiren/info/1675.html,2016年3月12日。

（二）不同层级政府政务微博的议题偏好

表 3-5 显示,北京市不同层级政府的政务微博议题偏好存在差异。首先,各级政府都非常重视政治类议题的发布,体现了较高的政治觉悟与政治传播、政策传播能力,尤其是区县级政府及机构,发布政治类议题的比例为28.0%;其次为乡镇级政府,比例为26.9%,市级政府政治类议题发布的比例为25.2%,均体现出显著的数量优势。

除此之外,市级政府最为重视发布经济类议题(11.6%),这与北京市处于经济快速发展、京津冀一体化建设的关键性历史时期有关,符合首都政府政策规划、经济建设、协同领导的层级特点。同时,交通议题也受到市政府的重点关注(11.3%),反映出目前北京面临极大的交通压力,亟须统筹规划并加快制定全市层面的交通疏导方案。市级政府还较多关注环境议题(8.9%),这与北京市连年遭遇雾霾污染有关,市政府需通过政务微博发布环境信息并强化传播政府在环境治理方面的举措与行动。市级政府关注较少的议题为医疗类(3.3%)、城建类(3.4%)与文化类(3.6%)。

区县级政府及机构最为关注的是与区域经济发展有关的议题(8.5%),这可能与经济发展指标是区县政府绩效考核的重点有关。其次是教育类议题(8.2%),这是由于北京市幼升小、小升初等升学政策和教育政策通常由各区县级政府分别制定与公布,各区县教育呈现出显著的差异化特点。区县级列位第三的议题是软文类,比例达 8.0%,体现出区县级政府亲和力强、服务意识强的特点,但一定程度上可反映出区县级政府有关职能部门的新媒体运营能力较市级政府有所欠缺,需用软文填充微博空间。区县级政府关注较少的议题包括城建(2.6%)、安全(4.0%)、文化(4.2%)。

乡/镇/街道一级政府则最为关注民生议题(10.8%),以便于更好地扎根基层、服务群众,这与乡/镇政府的职能设定有关。其次是交通(9.6%)议题,经过文本分析发现部分此类议题为转发上级政府的信息,尤其是转发相应区县级政府发布的信息。软文类议题也发布较多(8.7%),说明区乡镇政府的新媒体运营与区县级政府存在相似的趋势,客观上反映出基层政府运营微博的问题。乡镇级政府发布最少的是城建(2.3%)、文化(2.9%)、科技

（3.0%）。

总体而言,上级政府比基层政府更为重视发布经济、科技、教育、环境等宏观性、政策性、导向性议题,而基层政府比上级政府更重视发布民生、医疗、健康等与公众日常生活关系更为紧密的服务性、民间化议题,且发布哲思情怀类软文的比例远远高于上级政府。北京市各级政府政务微博对城建议题和文化议题关注不足。随着北京城市发展水平提高,公众对文化生活的需求将不断攀升,各级政府应加强文化类微博信息的供给。

表 3-5　北京市各级政府政务微博议题偏好

单位:百分比(频次)

议题	市级政府及机构	区/县级政府及机构	乡/镇级政府及机构
教育	8.0%(22591)	8.2%(26965)	7.9%(3137)
科技	6.4%(18043)	4.9%(16167)	3.0%(1197)
交通	11.3%(31759)	7.0%(22803)	9.6%(3815)
医疗	3.3%(9169)	4.9%(15949)	5.7%(2256)
民生	4.6%(12863)	5.8%(19154)	10.8%(4287)
环境	8.9%(25062)	7.9%(25794)	7.3%(2899)
安全	4.5%(12686)	4.0%(13129)	3.5%(1392)
城建	3.4%(9421)	2.6%(8668)	2.3%(906)
文化	3.6%(10106)	4.2%(13894)	2.9%(1144)
生活健康	3.7%(10433)	5.9%(19426)	6.1%(2417)
政治	25.2%(70727)	28.0%(91961)	26.9%(10648)
经济	11.6%(32649)	8.5%(27766)	5.1%(2030)
软文	5.6%(15660)	8.0%(26261)	8.7%(3433)
总计	100.0%(281169)	100.0%(327937)	100.0%(39561)

(三)不同地域政府政务微博的议题偏好

为了展示不同地域政府政务微博的议题偏好,研究以北京市 16 个区县人民政府的官方微博为基础,针对经济、交通、环境、教育四类重要议题制作了数据地图(图 3-2)。最为关注经济类议题的是海淀区政府微博(13.7%),这与海淀云集一批互联网高科技产业以及近年兴起的"互联网+"创业热潮有关，其次为金融、银行、投资、保险等行业比较密集的西城区（8.2%）。朝阳区（7.2%）、顺义区（7.4%）、通州区（7.1%）政府微博关注经济议题的比例比较接近，城六区中东城区经济议题比重偏低（4.7%），远郊地区只有房山区关注经济议题的比重较高（7.7%），其余区县对经济议题的关注比例均偏低，经济类议题占比最低的区域是怀柔区（3.1%）。可见各区域政务微博对经济议题的关注与其区域经济发展定位、发展水平、发展特色基本保持一致。

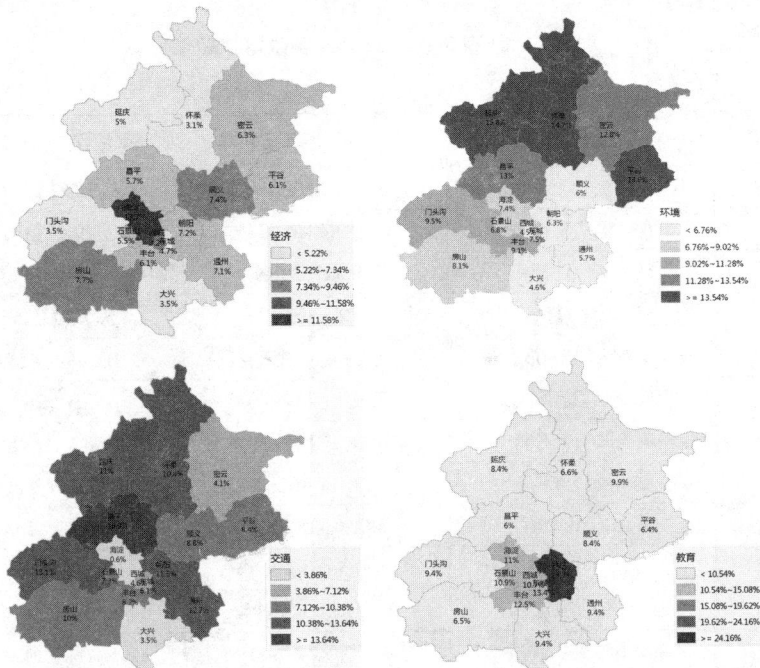

图3-2　北京市不同地域政府政务微博四种议题偏好的数据地图

在交通议题的数据地图中，主城区周边地域对交通问题比较关注，尤其是昌平（16.9%）、门头沟（13.1%）、通州（12.7%），这说明由于城市功能的分化与外迁，北京城郊交通联络线的拥堵问题较为严重，这也是交通规划与疏导的重点区域。城六区中关注交通问题最多的是朝阳区政府微博（11.5%），这与朝阳区囊括望京、东三环、东四环等多个严重拥堵路段有关，而海淀区很少关注到交通问题，仅为0.6%，可见海淀区总体路况良好。

远郊县政府微博对环境议题的关注远远高于城区,其中延庆为15.8%、怀柔为14.7%、平谷为13.9%,说明远郊区县面临更多的环保、林业、水源、生态问题。而城六区政府微博对环境的关注总体低于远郊区县,但也有相当数量,最高为东城区(7.5%)、海淀区(7.4%),最低的为西城区,仅为4.5%。结合之前的微博发布趋势图(图3-1)分析,这与北京城六区遭受雾霾污染,积极开展治理行动有关。

教育议题则主要集中在城六区政府微博,其中朝阳区对教育议题(28.7%)的关注远远高于东城区(13.4%)、海淀区(11.0%)、西城区(10.7%),这与朝阳区教育资源分布不均、质量参差不齐有关,也呈现出基础教育、义务教育越发达的城区关注教育议题越多的特点。

而郊县区政府微博对教育问题的关注则大大降低,远远低于主城区,基本保持同一水平,最低的区县为昌平,仅有6%。

(四)不同职能部门政务微博的议题偏好

为了说明北京市政府的不同职能部门在发布政务微博时存在议题偏好,我们对165个政务微博账号进行了分类,首先列出每类政府部门关注最多的前五项议题,通过频数统计与加权计算,绘制关系图,连接线的粗细表示议题与部门之间关系的紧密程度。图3-3展示了公安交警、环保农林、教育、卫生人口、经济管理、文化部门、科技管理、城建城管、工商管理等九类部门发布的政务微博的议题偏好。

可见,不同职能部门是其职能相关信息最主要的发布单位,如公安交警部门主要发布交通/安全类议题、环保部门主要发布环境类议题、教育部门主要关注教育类议题、卫生人口部门主要发布医疗/生活健康类议题、经济管理部门则主要发布经济类议题。与此同时,无论政府机构的具体职能为何,政治类议题都能获得重点关注,仅次于职能类议题,卫生人口、环保农林、公安交警、经济管理等部门的政务微博中都有相当比例的政治议题,文化部门、工商管理部门发布的政治类议题已经超过其职能类议题。除此之外,政府职能部门也呈现出议题关注多元化的特征,在各自职能之外,教育、环境、生活健康等与民生密切相关的议题受到最多关注。如公安部门的微博也同时关注文化和教育

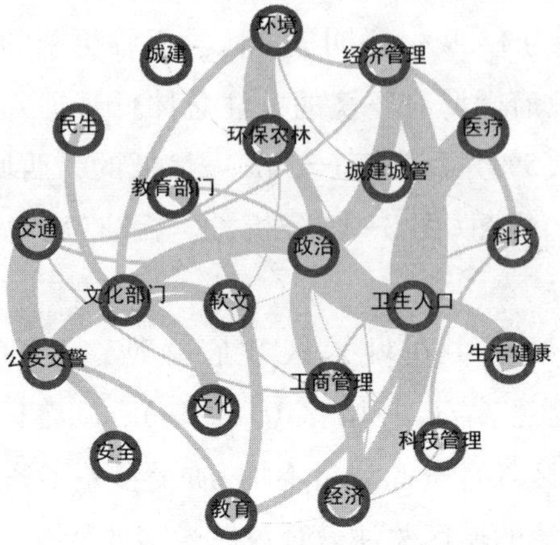

图 3-3　不同职能部门政务微博的议题偏好

议题,卫生人口部门会较多关注经济议题,经济管理部门也会关注环境议题,文化部门则较多关注民生议题等。

三、政务微博的功能呈现

(一)政务微博议题的功能指向与时间趋势

根据自动文本分析频次结果,北京市政府政务微博最为重要的功能是以公共服务为框架的通知通告功能(24.9%)和政务服务功能(24.8%),其次是以信息传播为基础的政府新闻与信息公开功能(24.5%),两项以互动为基础的功能意见征求(3.5%)、回应公众(4.8%)的比例都偏低,怡情励志与生活指南两项亲民、"接地气"的功能也占有一定比例(9.7%、4.1%)。

图 3-4 显示,七项政务微博功能整体呈现出交替上升、共同增长的趋势。伴随着微博新媒体的发展,在 2011—2012 年,各项政务微博功能都呈现飞速增长态势。通知通告(25.2%)、政府新闻与信息公开(21.7%)两项功能经历了 3 年多的发展,在 2014 年上升显著,2015 年又有所下降。政务服务功能自 2011 年微博兴盛就有快速发展,到 2013 年达到第一个顶峰(22.7%),虽然在 2014 年有所回落,但在 2015 年再次超过通知通告,成为最受政府重视的政务

微博功能(24.5%)。回应公众和意见征求的功能普遍增长缓慢,但都在2014年增长到顶峰(6.2%、4.5%),但在2015年又有较大的回落(5.0%、4.4%)。励志怡情和生活指南两个功能都在2014年明显下降,然后又稳步回升。总体而言,以通知通告、政府新闻与信息公开为基础的信息传播是政务微博发展最为充分的功能,以政务服务为基础的公共服务类功能后来居上并获得强势发展,成为未来趋势,而回应公众、意见征求等互动类功能的发展一直较为薄弱。

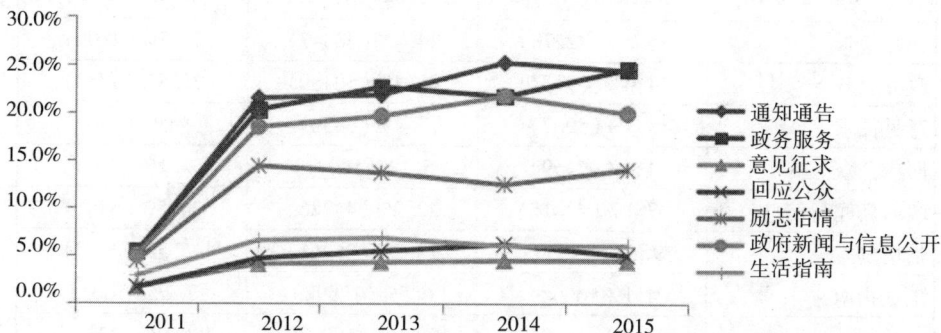

图3-4　2011—2015年北京市政府政务微博功能指向变化趋势

(二)不同层级政府政务微博的功能指向

北京市不同层级的政府政务微博侧重的功能有所差异。表3-6显示,市级政府及机构最为重视的微博功能为政府新闻与信息公开(27.1%),这说明市级政府的微博是"政府舞台",重视政府政策的发布、领导人活动等官方宣传。其次为通知通告(26.2%)、政务服务(24.6%),且重视"意见征求"功能(3.7%)的程度高于区县、乡镇政府。区县级政府及其机构最为重视的政务微博功能为政务服务(25.3%),且比市级政府和乡镇政府更重视"回应公众"功能(5.1%),这说明区县政府向公众提供主要的政务服务,与公众的利益关系较为密切,也是最能够回应公众需求的政府层级,但区县级政府利用政务微博展开意见征求的比例偏低(3.4%)。乡镇层级政府最重视的功能为政府新闻与信息公开(26.5%),而对通知通告(21.7%)和政务服务功能(21.5%)的重视程度都远远小于上级政府,但比上级政府更重视怡情励志功能(15.5%)和生活指南功能(7.2%)。一方面可以看出基层政府较多转发上级政府微博,比较重视领会上级精神、做好政策执行与传播;另一方面也能窥测基层政府政务微博存在原创信息供应不足、功能指向不够明晰,尤其是政务服务功能发挥不足的问题。

表3-6　北京市各级政府政务微博的功能指向

单位:百分比(频次)

功能指向	市级政府及机构	区/县级政府及机构	乡/镇级政府及机构
通知通告	26.2%(42278)	24.3%(48347)	21.7%(4809)
政务服务	24.6%(39704)	25.3%(50489)	21.5%(4768)
意见征求	3.7%(5967)	3.4%(6836)	3.5%(780)
回应公众	4.6%(7459)	5.1%(10071)	4.1%(916)
政府新闻与信息公开	27.1%(43816)	22.2%(44286)	26.5%(5881)
怡情励志	9.7%(15660)	13.2%(26261)	15.5%(3433)
生活指南	4.1%(6666)	6.5%(12998)	7.2%(1603)
总计	100.0%(161550)	100.0%(199288)	100.0%(22190)

(三)不同区域政府政务微博的功能指向

图3-5展示了北京市16个区县政府的官方微博在通知通告、政务服务、政府新闻与信息公开、意见征求四个功能类别中的偏好情况。西城区政府微博运用通知通告功能比例最高(26.3%),城六区中丰台比例最低(4.5%),昌平区(14.5%)、大兴区(25.1%)、通州(22.3%)的政府微博也比较重视运用通知通告功能。总体而言,北京各区政府都十分重视发挥官方微博的政务服务功能,比例最高的是朝阳区(36.4%)、顺义(35.7%)、门头沟(35%),其他远郊区县如平谷(22.9%)、房山(20.9%)政府微博的政务服务意识也较强,比例偏低的是西城区(18.5%)、石景山区(21.5%)。政府新闻与信息公开这一功能获得普遍重视,城六区中西城区比例最高(32%),其次是海淀区(26%),各区县中通州区(31.8%)、房山区(28.9%)比例都较高,偏低的是怀

柔区(11.7%)、昌平区(16.4%)。西城区(4.8%)与通州区(4.6%)的政府最倾向于使用微博的意见征求功能,市中心东城区(3.4%)、海淀区(3.2%)、朝阳区(3%)政府也相对重视,城六区中丰台区政府使用意见征求功能最少(1.7%),远郊区县政府利用意见征求功能的微博比例普遍偏低。

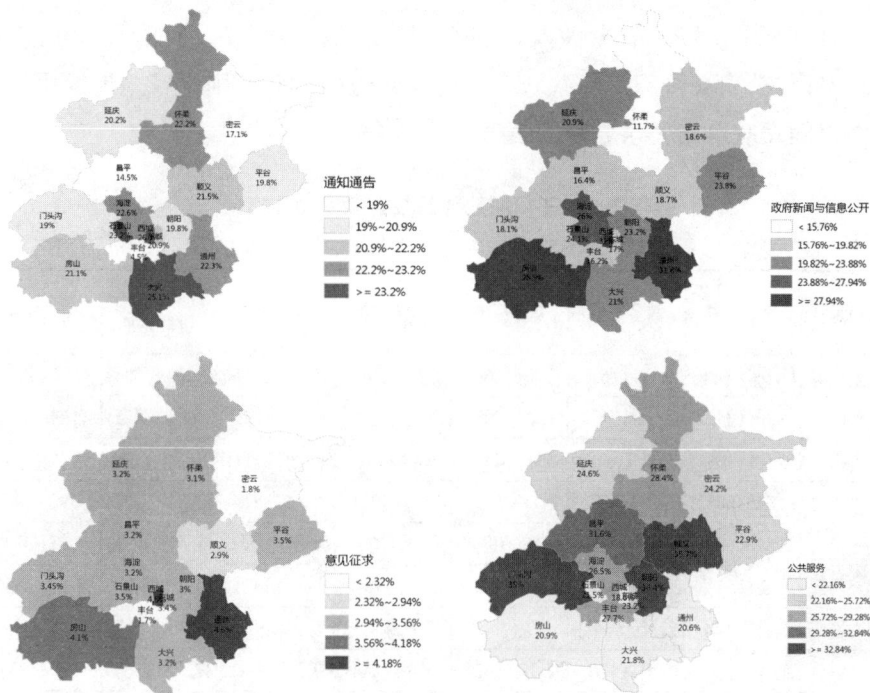

图3-5　不同地域政府政务微博四种功能的数据地图

(四)不同职能部门政务微博的功能指向

表3-7显示了北京市不同政府职能部门政务微博的功能偏好。公安交警(39.5%)、环保农林(44.3%)、工商管理(29.7%)等部门的政务微博最为重视政务服务功能,体现出这三类政府部门与公众、企业、组织关联最为紧密,提供高效而优质的政务服务才是发展之道。经济管理部门(29.8%)、教育部门(26.9%)、工商管理部门(26.8%)最为重视的是发挥政务微博的通知通告功能,以确保各类政策和制度准确、权威、及时地抵达公众。最为重视生活指

南功能的是卫生人口部门(23.9%),由其业务职能所决定,同时卫生人口部门也非常重视政府新闻与信息公开功能(23.5%)。另外,城建城管部门的官方微博比较重视回应公众功能(12.0%),其次是工商管理部门(5.8%)、公安交警部门(5.3%)。在"意见征求"这一功能中,教育部门(6.0%)与经济管理部门(5.2%)的政务微博体现出较高的重视程度。工商管理部门(6.1%)、环保农林部门(6.8%)最少涉及政务微博的"怡情励志"功能,而文化部门(19.3%)、公安交警部门(14.5%)和教育部门(13.5%)则比较多地运用这一功能以缩短政府与公众之间的距离。

表 3-7   不同职能部门政务微博功能指向

单位:百分比(频次)

部门名称	通知通告	政务服务	意见征求	回应公众	怡情励志	政府新闻与信息公开	生活指南
公安交警	15.6%(3406)	39.5%(8625)	3.0%(662)	5.3%(1148)	14.5%(3158)	17.4%(3806)	4.7%(1027)
环保农林	15.6%(2531)	44.3%(7170)	1.2%(201)	2.2%(350)	6.8%(1105)	27.6%(4475)	2.2%(361)
教育部门	26.9%(1063)	23.5%(928)	6.0%(237)	4.8%(191)	13.5%(535)	19.8%(783)	5.4%(214)
卫生人口	18.2%(6063)	18.7%(6224)	2.8%(939)	3.7%(1224)	9.2%(3078)	23.5%(7829)	23.9%(7965)
文化部门	25.9%(6085)	20.6%(4858)	4.4%(1040)	3.7%(872)	19.3%(4542)	17.4%(4091)	8.7%(2046)
经济管理	29.8%(5423)	20.6%(3740)	5.2%(948)	2.9%(524)	9.2%(1674)	29.8%(5429)	2.5%(453)
科技部门	27.1%(654)	22.7%(547)	3.1%(74)	3.8%(92)	8.2%(198)	30.7%(739)	4.4%(105)
城建城管	21.4%(1680)	16.1%(1260)	2.1%(165)	12.0%(944)	9.5%(748)	37.8%(2960)	1.1%(83)
工商管理	26.8%(5813)	29.7%(6445)	3.0%(646)	5.8%(1249)	6.1%(1314)	27.1%(5875)	1.7%(372)

四、政务微信的内容建构与影响:一项框架研究

　　政务微信是目前最具活力的政务新媒体形式,是"互联网+政务"整体框架中的重要组成。政务微信的首要功能是"内容发布",发挥信息传播、服务公众、塑造政府形象的作用。框架理论认为,政府利用政务微信推送时政消息,就是对纷繁复杂的公共事务进行框架建构,选择推送某项事务而忽略其

他,或者强调事务的某一方面而忽略其他方面。通过框架设定,政府期望政务微信能够提高公众对政府信息的接受度与认可度,改善公众对政府公共事务的看法与评价,产生框架效应。[①] 这是政务微信运营的初衷,也是依靠政务微信提升政府传播影响力、发挥舆论引导作用的关键。本部分以"北京发布"微信公众号为例,通过内容分析方法,在框架理论视域中探讨政务微信内容呈现中的主题分布、框架建构策略与差异,深入勾勒政务微信的内容发展样貌,并探析框架建构如何发挥传播影响力

(一)政府传播的框架建构

开设政务微信,发展政务新媒体是政府利用新技术推动政务公开与信息公开,保障公众知情权、接近权、参与权的重要举措。[②] 政务微信是政务信息重要的发布渠道与发布形式,[③]与政府网站、政务微博在功能上互补。[④] 政务微信发布经过政府深度加工的信息与政策分析,相比政务微博而言更加全面、综合,[⑤]从而更能有效提升公众对政府信息公开的满意度,[⑥]也是持续提供主流意识形态、塑造政府正面形象的有益策略。

诸多研究针对政务微信的内容展开分析,一是通过内容分析法解析政务微信主题,如王玥、郑磊将政务微信内容分为服务类、政务类、宣传推广类、社会新闻类和综合类信息。[⑦] 杨新华在对 10 个不同层级、不同地区、不同部门的影响力较大的政务微信进行研究之后将内容分为服务型(便民服务窗口)

① Cf.Goffman,E.,*Framing Analysis: An Essay on the Organization of Experience*,New York: Harper Kolphon,1974:21.

② Cf.Bertot,J.,Jaeger,P. T.,& Hansen,D.,"The Impact of Polices on Government Social Media Usage: Issues,Challenges,and Recommendations",*Government information quarterly*,2012.29 (1):30-40.

③ 参见王少辉、高业庭:《基于微信平台的电子化公共服务模式创新研究——以"武汉交警"政务微信为例》,《电子政务》2014 年第 8 期。

④ 参见王玥、郑磊:《中国政务微信研究:特性、内容与互动》,《电子政务》2014 年第 1 期。

⑤ 参见龚花萍、刘帅:《基于微信平台的政务信息公开新模式》,《现代情报》2014 年第 4 期。

⑥ 参见贾哲敏、李文静:《政务新媒体的公众使用及对政府满意度的影响》,《北京航空航天大学学报》(社会科学版)2017 年第 3 期。

⑦ 参见王玥、郑磊:《中国政务微信研究:特性、内容与互动》,《电子政务》2014 年第 1 期。

和资讯型(职能部门信息公开)。① 二是分析政务微信的传播形式与发布规律,如有结论认为政府机构更习惯在工作日、工作时间段发布内容,且会将文字、图片两种形式结合使用。② 三是从用户动机视角出发,认为获得政务资讯是公众关注政务公众号的首要目的,③故而政务微信应以"政务"为最大内容特色,④且应依照用户特性,发布人性化体验较强的内容。⑤

吉特林(Gitlin)把框架和新闻生产联系在一起,认为框架就是关于存在着什么、发生了什么和有什么意义这些问题上进行选择、强调和表现时所使用的准则。恩特曼则认为,媒体、政府在建构新闻、传播政策的过程中会选择性感知事实的某些部分,将它们凸显在传播文本中,通过这种方式传达关于被描述对象的定义、因果解释、道德判断以及处理建议。⑥ 在框架理论视域中,媒体在新闻生产与传播过程中经历一个对客观事物框架建构的过程。我国政务微信具有较强的媒介生产属性,主要具有两层含义:一是政务微信由政府宣传部门、新闻办公室组织采编,经历专业化制作流程,推送原创时政新闻与消息;二是按照一定标准筛选、整理、编辑其他党政媒体、时政新媒体中的内容进行转载发布。因此,政务微信的内容建构与新闻框架产制具有相似之处。新闻框架为新闻内容提供核心观点,围绕所选用的新闻框架选择、强调、剔除和扩展相关事实,⑦还会通过一定的写作模板,来确定新闻要素被如何使用。⑧ 政党与政府则非常重视在政治议题、公共事务传播中选择某些方面在文本中加以凸显,⑨以引导

---

① 参见杨新华:《中国政务微信内容、形式与效果分析》,《统计与管理》2015 年第 6 期。

② 参见王玥、郑磊:《中国政务微信研究:特性、内容与互动》,《电子政务》2014 年第 1 期。

③ 参见《2016 年政务公开工作要点》,http://www.gov.cn/zhengce/content/2016-04/18/content_5065392.htm,2016 年 4 月 18 日。

④ 参见吴幼祥:《政务微信运维的三力模型》,《新闻战线》2015 年第 12 期。

⑤ 参见宋之杰、巫翠玉、石蕊:《政务微信公众号用户采纳研究》,《电子政务》2015 年第 3 期。

⑥ Cf.Entman, R. M. , " Framing: Toward Clarification of a Fractured Paradigm", *Journal of communication*, 1993, 43(4):51-58.

⑦ Cf.Tankard Jr, J. W. , "The Empirical Approach to the Study of Media Framing", *In Framing public life*, Routledge, 2001: 111-121.

⑧ Cf.Gitlin, T. , *The Whole World is Watching*, Berkeley, University of California Press, 1980.

⑨ Cf.Entman, R. M. , " Framing: Toward Clarification of a Fractured Paradigm", *Journal of communication*, 1993, 43(4):51-58.

公众关注这些被特殊选择、建构的方面,从而忽视其他方面,以便将其政治偏好、分配原则、政策倾向、服务理念贯穿其中,并赋予这种建构合法性。① 有研究认为,高层框架强调对主题的界定,中层框架强调对事件、先前事件、历史、结果、影响、归因、评估的界定,低层框架则包括对语言、符号的使用。② 而政府微信在标题、图片使用、语言特征方面的变化都可看作对可见的社会事实所进行的积极框架设定。

(二)内容分析研究设计

1. 样本来源

研究样本来源于"北京发布"公众号,原名为"北京微博微信发布厅"。该政务微信于 2014 年 1 月 14 日正式上线,原北京微博发布厅的 81 个职能部门整体入驻,率先实现"双微服务"全面融合,创造了政务新媒体"北京模式"。③ 抽样时间跨度为 2016 年 1 月至 12 月,采用构造周抽样,④共采集 10 个构造周,70 天的内容推送,共获得 407 篇文章为分析样本。分析单元为每篇独立推送的文章。类目首先包括了主题,分为政治、经济、社会民生、环境、生活、文化、怡情励志、政务通告等 8 个类别,还包括了发布日期、来源机构、是否有图片、标题是否创新等低层框架,以及阅读数、点赞数、评论数。

2. 类目、编码与分析过程

我们通过文献法与归纳法确定框架类目。根据文献分析,恩特曼(Entman)提出的通用框架包括问题界定、原因分析、道德判断、解决方案,⑤斯密特克与瓦尔肯堡(Semetko & Valkendurg)提出的框架包括冲突、人情趣味、

① Cf.Lawrence,R. G. ,"Game-Framing the Issues: Tracking the Strategy Frame in Public Policy News",*Political Communication*, 2000,17(2):93.

② 转引自潘忠党:《架构分析:一个急需理论澄清的领域》,《传播与社会学刊》2006 年第 1 期。

③ 参见《北京微博微信发布厅上线,融合"双微"服务》,http://news. qq. com/a/20140114/007893. htm,2014 年 1 月 14 日。

④ 参见彭增军:《媒介内容分析法》,中国人民大学出版社 2012 年版,第 46—47 页。

⑤ Cf.Entman, R. M. , "Framing: Toward Clarification of a Fractured Paradigm". *Journal of communication*, 1993,43(4):51-58.

经济后果、道德判断、责任归因，①本福德（Benford）提出的框架包括共同/集体利益、科学化/理性化、个人与国家、困难行业、扶持行动。② 我们选择了50篇文章，逐项判定上述框架是否能够用于分析政务微信。最终，直接保留了人情趣味框架，即在文本中重视细节与描述，表现情感与内心感悟，趣味性强；将经济后果、解决方案合并为经济愿景框架，即强调促进区域经济发展、产业发展，调整分配制度等积极经济后果；共同/集体利益、困难行业、扶持行动框架合并为公共利益实现框架，即促进社会民生发展、维护公共权利、改善社会福利的态度与行动；个人与国家框架修正为政府—公众框架，即凸显政府与公众之间基于公共事务、公共政策的各类互动关系与行为。此外，借助归纳法，我们还总结出四个框架：政治发展框架，即突出政党政治、制度政策、法律法规的变革与发展；思政教育—学习框架，即突出思想政治教育、学习体会的行动与过程；社会规范典型框架，即树立典型、弘扬社会风尚与道德模范；流行语—戏谑框架，即文本凸显轻快、幽默的表述，在叙事或判断中运用流行语与戏谑风格。

　　数据编码由两位编码者共同完成（编码过程见附录三）。编码员首先记录基本信息与低层框架信息，其次判定主题。如果涉及多个主题，则要求编码员根据标题、结论、核心词汇、态度等判断文本最主要属于哪个主题，两位编码者对主题判定的斯科特系数 Scott's Pi 为 0.84。随后，编码员通过对文本的阅读分析，独立判别文本是否明显使用了上述 8 项框架，如果显著使用某一框架，则编码为 1，如果没有使用则编码为 0。根据信度检验结果，8 项框架的斯科特系数 Scott's Pi 分别为政治发展（0.96）、思政教育—学习（0.95）、社会规范典型（0.93）、经济愿景（0.90）、公共利益实现（0.82）、政府—公众（0.74）、人情趣味（0.72）、流行语—戏谑（0.89），符合信度要求。

---

　　① Cf. Semetko, H. A. , & Valkenburg, P. M. , "Framing European Politics: A Content Analysis of Press and Television News", *Journal of communication*, 2000, 50(2): 93-109.

　　② Cf. Benford, R. D. , "An Insider's Critique of the Social Movement Framing Perspective", *Sociological Inquiry*, 1997, 67(4): 409-430.

(三)政务新媒体议题的框架建构:特征与差异

1. 政务微信的内容主题

研究表明,"北京发布"日均推送文章5.8篇。其中周四发文最多,均值为7篇,其次为周一与周三,日均6.9篇,周六发文最少,为4.1篇。图3-6显示了政务微信发布信息的主题分布。政治类主题所占比例最高,为21.40%,其次为通告服务(15.5%),这部分与政务微博的核心主题与核心功能趋于一致,可印证政务微信也作为政府信息传播的另一重要平台,承担政治传播、意识形态引导、促进社会政治信息健康流动的基本职责。此外,社会民生(15.2%)主题在微信中推送较多,这体现出政务微信服务社会、社区公众,推动社会民生发展的功能定位。

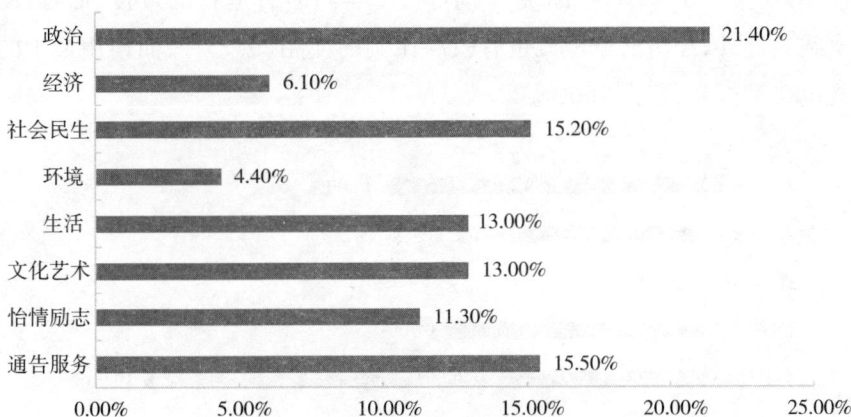

图3-6 政务微信文本主题分布

政务微信还推送大量文化艺术类(13%)、生活类(13%)、怡情励志类(11.3%)内容,不仅高于环境类(4.4%)、经济类(6.1%)等宏大、政策性强的议题,也高于政务微博中推送此类信息的比例,政务微博文化类、生活健康类、怡情励志类主题比例分别为3.9%、3.7%、7.1%。[1] 这在一定程度上说明了政务微信与政务微博在主题设定上已存在区别,政务微信更加强化与日常生

---

[1] 参见贾哲敏、赵吉昌:《北京市政务微博群集的现状与发展:议题图景与服务转型》,《电子政务》2017年第4期。

活密切相关的"软性主题"。

2. 政务微信的框架建构

图3-7显示了政务微信使用8项框架的情况。结论表明,政务微信使用最多的是政府—公众框架(21.7%)与公共利益实现框架(19.9%),这说明政府着意强调对公民权利与民生发展的重视,不仅在公共事务决策与行动中积极履行信息公开义务,还倡导社会协作、推动官民互动,凸显了政府的施政目的、决策偏好为形成政府与公众在政治过程中的两性互动,以推动社会公共利益实现。人情趣味框架(17.1%)与流行语—戏谑框架(10.2%)也使用较多,这不仅符合政务微信在文化健康、日常生活中的软性主题定位,也说明政府已试图改变传统严肃的政治叙事方式与风格,力求文本多元化、个性化、亲民、自然,易于公众接受。政治发展(11.4%)、思政教育—学习(8.9%)框架也有较多使用,这契合了2016年围绕"两学一做"学习教育进行的宣传、部署、动员与实践。此外,经济愿景框架也有较高比例的使用(9.2%),而使用最少的社会规范典型框架,仅占1.6%。

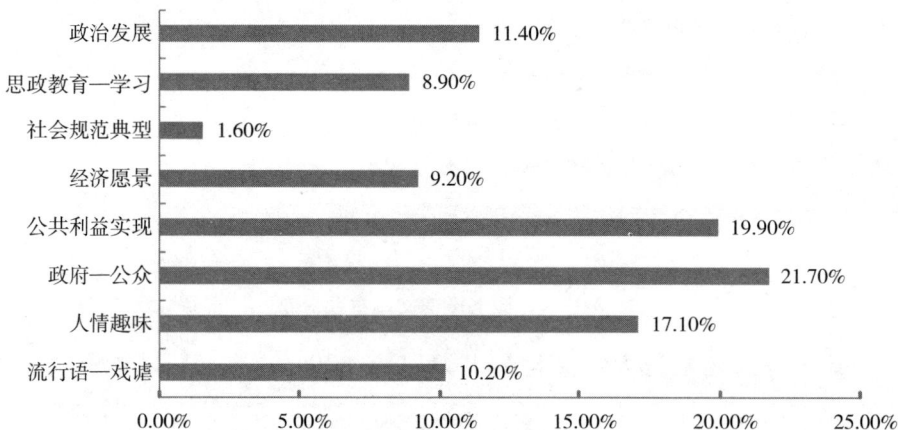

图3-7 政务微信本文使用8项框架的分布

3. 不同主题中的框架呈现与差异

表3-8展示了不同主题中8项框架的使用与差异。政治发展框架主要出现在政治类主题之中(85.1%),这说明政府在设定政治类议题时重视突出政党、政府在政治制度、政策方面的战略与观念。经济(36%)、社会民生

（16.1%）主题中也经常出现政治发展框架,可见政府对经济政策、社会分配、民生福利的讨论主要强调发展与变革,而对其中包含的制度障碍、发展困境较少提及。配合当年"两学一做"等党建活动,大量政治主题中包含着思政教育—学习框架(78.1%),这标志着思政教育—学习是当前政治工作、政府工作中的重要任务。值得关注的是,在怡情励志主题中,思政教育—学习框架也有出现(13%),说明政府已有意识在保障党建话语严肃性的同时,采用轻松、活泼的形式加强思政教育。

表 3-8　不同主题框架使用及差异性

框架/主题	政治	经济	社会民生	环境	生活	文化	怡情励志	通告服务	卡方值/sig
政治发展	74(85.1%)	9(36%)	10(16.1%)	0(0%)	1(1.9%)	1(1.9%)	0(0%)	4(6.3%)	239.05***
思政教育—学习	68(78.1%)	0(0%)	0(0%)	1(5.6%)	0(0%)	1(1.9%)	6(13.0%)	1(1.6%)	257.207***
社会典型规范	7(8.0%)	0(0%)	1(1.6%)	0(0%)	3(5.7%)	1(1.9%)	2(4.3%)	0(0%)	11.242
经济愿景	6(6.9%)	23(92%)	23(41.9%)	5(2.8%)	9(1.7%)	5(9.4%)	2(4.3%)	7(11.1%)	117.999***
公共利益实现	13(14.9%)	21(84%)	58(93.5%)	11(61.1%)	17(32%)	8(15.0%)	1(2.2%)	44(69.8%)	181.843***
政府—公众	12(16.1%)	16(64%)	49(79.03%)	14(77.8%)	22(41.5%)	15(28.3%)	1(2.2%)	60(95.2%)	178.045***
人情趣味	22(25.2%)	2(8%)	4(6.5%)	4(22.2%)	40(75.5%)	42(45.28)	30(65.2%)	5(7.9%)	154.075***
流行语—戏谑	16(18.4%)	1(4%)	15(24.1%)	7(38.9%)	18(72.9%)	12(22.6%)	10(21.7%)	10(15.9%)	14.417*

注: *** 代表 0.001 的显著水平, ** 代表 0.01 的显著水平, * 代表 0.05 的显著水平。

经济愿景框架集中出现在经济类主题(92%)中,在社会民生主题(41.9%)中出现的频数也较多,说明政府在建构这两类议题时,将关注点聚焦于经济增长、增加就业机会、收入提高等方面,以提高公众对经济政策的拥护,强化对经济增长的信心,而较少提及发展经济过程中可能遇到的分配不均、贫富差距、利益纠纷等冲突性内容。公共利益实现框架主要出现在社会民生(93.5%)、经济(84%)、通告服务(69.8%)三类主题中。无论议题涉及重大经济政策,还是教育、养老、人口、医疗、交通、基建等具体措施,这一框架都能更好地凸显政府"发展惠及全体人民"、"实现公共利益"的施政目的。

此外,"公共利益实现"框架或多或少地出现在环境、生活、文化等主题中。政府—公众框架在各项主题中也有较多呈现,最经常出现在通告服务主题中(95.2%)。这凸显出政府运营微信的重要目的是推动信息公开、满足公民信息权利,还体现出政府对公众意见建议、政策需求的重视与推动决策过程民主化的决心与行动。在环境议题方面,政府—公众框架也使用较多(77.8%),这说明政府积极通过公开数据、提供治理方案、提供救助措施、回应环境诉求等行动与协作实施环境治理,也形成了比较一致的环境政策传播策略。

人情趣味框架在生活(75.5%)、怡情励志(65.2%)、文化(45.28%)等主题中出现较多,可见贴近公众日常生活、艺术文化活动、人生哲理感悟与升华的"软性"文本倾向于采用此框架。该框架在政治类(25.2%)、环境类(22.2%)主题中也有使用,通过细节的描写、情感表达方式的运用,能够更清晰、形象地呈现严肃主题。流行语—戏谑框架在生活类主题中使用最多(72.9%),其次是环境(38.9%)、社会民生(24.1%)类主题,而在政治、文化、通告服务中均有较多的采纳,这说明了政府话语与框架已经受到流行文化、民间话语的影响,政府已经充分考虑到公众偏好,接纳流行语,采用灵活性、包容性较强的框架"赢得公众"。

(四)框架使用对政务微信传播影响力的作用

政党与政府积极构建框架所期待的效果,是通过政府的框架设定,影响受众对政治信息进行定位、感知、确定和分类。① 有研究表明,如果人们经常暴露于某种单一框架,且没有负面性、竞争性的框架出现,那么就会具有明显的框架效果,公众对公共事务的认知、态度、观念将与政府设定的框架保持一致。② 研究经常使用阅读数、点赞数、留言数等指标来衡量这种效果,③政府

---

① Cf.Goffman, E. , *Frame Analysis*: *An Essay on the Organization of Experience*, Cambridge, Harvard University Press,1974: 21.

② 转引自马得勇:《政治传播中的框架效应:国外研究现状及其对中国的启示》,《政治学研究》2016 年第 4 期。

③ 参见《政务指数微博影响力报告》, http://yuqing. people. com. cn/n1/2017/0119/c209043-29036185-2. html,2017 年 1 月 19 日。

对传播内容进行的框架建构就有可能对其产生影响。研究认为,主题、属性①都具有积极效用,如果内容主题聚焦于公共事务,信息的阅读就会增多并获得较多评论;②如果主题属性聚焦于服务型政府,那么点赞数会高于聚焦资讯型政府;③如果主题个性化且实用性强,那么公众阅读体验也会随之改善。④ 与此同时,政府在底层框架,即表达、修辞、符号方面的特点,也会对个体产生积极的影响,⑤如有研究解析了字数、图片数、标题特点与阅读数量的关系,认为"图文适当"、发布时间合理、内容优质的推送最能影响阅读。⑥ 基于此,本部分通过回归分析构建框架使用与政务微博传播影响力的因果关系。

1. 因变量与自变量

研究使用阅读数、点赞数与评论数测量政府采用不同框架推送内容的传播影响力,在编码过程中逐一记录了每个样本的三项数据作为因变量。描述性统计显示,"北京发布"微信公号所推送内容的最大阅读数为 19643 次,最小阅读数为 68 次,平均值为 785 次,标准差为 1313.87;点赞数最大值为 61次,最小值为 0 次,平均值为 6.3 次,标准差为 6.30;留言数量最大值为 8 次,最小值为 0 次,平均值为 0.48 次,标准差为 1.15。

自变量包括 8 项框架(均为虚拟变量)、图片数量(连续变量)、消息来源(将文章消息来源进行了详细记录并分类,分为《北京日报》、党建网微平台、原创、其他政务新媒体公号、其他新媒体公号五类,将其处理为虚拟变量代入回归模型)以及标题创新性(如果标题中含有流行语,存在"标题党"特点,则赋值为 1;如果不含有上述性质,采用传统新闻标题,则赋值为 0)。

---

① 参见王清华、朱岩、闻中:《新浪微博用户满意度对使用行为的影响研究》,《中国软科学》2013 年第 7 期。

② 参见王松:《政务微信传播力的影响因素分析》,《西部学刊》2016 年第 2 期。

③ Cf. Boczkowski, P. J., & Mitchelstein, E., "How Users Take Advantage of Different Forms of Interactivity on Online News Sites: Clicking E-mailling and Commenting", *Human Communication Research*. 2012, 38(1): 1-22.

④ 参见杨新华:《中国政务微信内容、形式与效果分析》,《统计与管理》2015 年第 6 期。

⑤ Cf. Chong, D., & Druckman, J. N., "A Theory of Framing and Opinion Formation in Competitive Elite Environment", *Journal of communication*, 2007. 57(1): 99-118.

⑥ 参见吕文增、石开元、郑磊:《政务微信传播方式与效果研究》,《电子政务》2017 年第1 期。

由于传播影响力因变量(阅读数、点赞数、评论数)为计数变量,不符合正态分布,无法采用线性回归,因此先使用负二项回归模型中的 LR Test 检验确认模型不存在过度分散,后决定使用泊松回归进行分析,分析工具为 Stata 14。

2. 泊松回归结果分析

表3-9的泊松回归结果可知,图片数量对政务微信传播影响力有显著影响。如果微信内容中图片数量较多,既会提高公众阅读数,也能够提高点赞数与留言数,因而能够改善政务微信的影响力与公众评价。这是由于其中的图片美观、清晰,生动活泼,形式上吸引公众,不仅增加了阅读流量,还能延长公众停留于政务微信的时间,并激发公众的参与热情。在消息来源变量中,如果文本来源于其他政务微信公众号,公众更有可能在微信中留言。由于北京发布整合了全市各级政府的新媒体内容资源,筛选内容涉及公众最为关注的政策公告或通知,有可能改变公众的留言参与意愿。各类消息源的文本对阅读数、点赞数与留言数均无显著影响。模型2与模型3显示,是否采用新颖标题积极影响点赞数与留言数,这可能由于新颖的标题强化了公众对某些内容、态度与倾向的关注,提高了公众的兴趣,从而引发了公众的正面评价。

8项框架变量的回归结果显示,政治发展框架与阅读数呈较强的负向相关(回归系数为-.53),较多使用政治发展框架会带来较低的阅读量,这可能与互联网时代公众政治兴趣整体下降有关,也可能与公众微信使用习惯相关。微信更多地被公众视作沟通工具与娱乐工具,主要满足公众交往、休闲需求,而并非主要满足政治信息与知识需求。公共利益实现框架对公众的阅读数有较强的积极影响(回归系数为0.50)。这说明政府在推送社会民生、经济类、政务通告类消息的过程中,如果能够强化"公共利益实现"框架,就能够引起大规模公众关注并产生影响力。点赞数也会相应增加,体现出公共利益实现的框架设定能够积极改善公众评价,提高公众对政府的拥护。模型1和模型2还显示,如果政府突出强调流行语—戏谑框架,公众阅读数、点赞数会显著增加(回归系数为0.57/0.50)。可见公众比较认可在政务微信中增加趣味性强、流行性强的框架建构,肯定政府使用生动、活泼话语风格传播政治信息的方式。其余框架在三个模型中均不显著,说明无论是否使用这些框架,都未对政务微信的传播影响力产生直接影响。

表 3-9　微信传播影响力的泊松回归结果

自变量	阅读数（模型 1）	点赞数（模型 2）	留言数（模型 3）
图片数量	.01*	.01***	.02***
北京日报	.10	.24	.34
党建网微平台	.09	.32	-.37
原创	.50	.27	-.30
其他政务新媒体公号	-.04	-.07	-.75*
其他新媒体公号	.19	.08	-.15
新颖标题	.25	.30*	.90***
政治发展	-.53**	-.64**	-.25
思政学习—教育	-.24	.05	.29
社会典型规范	-.11	.06	.95
经济愿景	-.11	-.11	.22
公共利益实现	.50**	.45***	-.07
政府—公众	.16	-.06	.005
人情趣味	-.23	-.12	-.19
流行语—戏谑	.57**	.50***	-.17
likelihood	-132610.6	-1444.66	-398.32
Pseudo R^2	.3009	.1391	.1018

注：*** 代表 0.001 的显著水平，** 代表 0.01 的显著水平，* 代表 0.05 的显著水平。

五、政务短视频传播的视听图景

在后信息技术时代，视觉转向的趋势不可逆转，起着越来越重要的作用。[1] 政府利用短视频开展视觉传播是提高公关能力、改善传播效果的必由之路。政务短视频广泛利用文字、图片、声音、视频、影像进行传播，各类媒介形式出现了前所未有的聚合，符号愈加丰富，表现力更强，传播效果显著，推动了政府传播向视觉化趋势转向。本部分将以政务短视频的代表形式——政务

---

[1]　参见于晶：《政府新闻发布的视觉说服——基于新闻发布会、政务微博及其互动的分析》，南京师范大学出版社 2013 年版，第 115—122 页。

抖音为例,对其内容形构进行解析,以明确政府为适应视觉传播环境与用户的新变化而进行的内容调整与框架策略。

(一)内容分析研究设计

1. 数据来源与样本描述

为明确政务短视频的基本内容呈现,根据字节跳动官方微信公众号"北三环政能量"2018年5月到12月发布的政务抖音号排行榜,本书选取了10个每月上榜的知名账号进行内容分析。抽样时间为2019年8月10日至8月31日,共3周,账号涵盖政法、公安、文旅等各级部门,基本可呈现知名短视频账号的内容样貌。研究采用全样本数据,逐一下载10个账号发布的所有444个短视频。表3-10显示,在样本中,短视频发布最多的是"中国长安网"和"浙有正能量",分别为126个(28.4%)、95个(21.4%)。研究所用的分析单元为上述账号推送的单个短视频。样本中的政务抖音账号平均每日发布短视频21.1个,平均时长为25.18秒(SD = 19.839)。短视频点赞量中位数为3.25万次,最大值为480万次,最小值为0次;回复量中位数为155次,最大值为10000次,最小值为0次;转发量的中位数为92次,最大值为63000次,最小值为0次。可见短视频的传播范围、受欢迎程度与互动性不稳定,变动较大。

表3-10 政务抖音样本账号列表

序号	账号名称	认证机构	视频个数	百分比
1	浙有正能量	浙江经侦橙意平台	95	21.4%
2	共青团中央	共青团中央	38	8.6%
3	平安佳木斯	黑龙江省佳木斯市公安局	11	2.5%
4	中国长安网	中央政法委官方新闻网站	126	28.4%
5	国资小新	国务院国资委新闻中心	9	2.0%
6	海淀抖一抖	北京市海淀区政府	55	12.4%
7	好客山东	山东省文化和旅游厅	22	5.0%
8	中国消防	应急管理部消防救援局	26	5.9%
9	桃山网警	黑龙江省伊春市桃山林业公安局	50	11.3%
10	长沙发布	中共长沙市网信办	12	2.7%

2. 编码表确定

研究需对短视频的主题、风格、框架等要素进行编码（编码表见附录四）。首先随机抽取了 50 个短视频，采用归纳法确定编码表，共归纳出"时政热点、文化、形象塑造、职能职责、政策解读、知识传播、日常生活、情感人生、奇闻轶事、其他"等 10 个短视频主题；确定出"致敬、激情、温情、平铺直叙、互动、警示、搞笑、网红、强力、关键时刻"等 10 种风格，随后又随机选取了 30 个短视频对上述主题和风格的分类进行补充检验，达到分类饱和。

框架类目确定亦综合采用文献法与归纳法。恩特曼（Entman）总结了新闻通用框架包括"定义、因果解释、道德判断与解决方案"[1]。斯密特克与瓦尔肯堡（Semetko & Valkenburg）认为欧洲政治议题报道常用五种框架：冲突框架、人情味框架、经济后果框架、道德判断框架、责任归因框架。[2] 本福德（Benford）补充了共同/集体利益框架、科学化/理性化框架、个人与国家框架、困难行业框架、扶持行动框架、胎儿生命框架、妇女权利框架、移民自治框架、难民保护框架等。[3] 研究逐一对 50 个短视频进行判断，确定上述框架是否适用，结果直接保留了解决方案、冲突、人情味等框架，分别用于描述对事件做出行动、观念、决策等方面的回应，解决这个问题或解决其中的某一部分问题；对事件或问题的不同立场与态度，包括事实冲突与态度冲突；对事件或人物进行详细刻画，重视细节与情感。有学者使用政府—公众框架和流行语—戏谑框架分析政务微信的内容建构，值得借鉴，分别定义为凸显政府与公众之间基于公共事务、公共政策的各类互动关系及在叙事中使用轻快、幽默的表述并采用网络流行语及戏谑语气。[4] 此外，研究还归纳出正能量框架，即呈现主流意识

---

① Entman, R. M., "Framing: Toward Clarification of a Fractured Paradigm", *Journal of communication*, 1993,43(4):51-58.

② Cf.Semetko, H. A., & Valkenburg, P. M., "Framing European Politics: A Content Analysis of Press and Television News", *Journal of communication*, 2000,50(2):93-109.

③ Cf.Benford, R. D., "An Insider's Critique of the Social Movement Framing Perspective", *Sociological Inquiry*, 1997,67(4):409-430.

④ 参见贾哲敏、顾晓宇:《政务微信传播的框架建构与影响》,《北京航空航天大学学报》(社会科学版)2018 年第 1 期。

形态和积极向上的社会主义价值观;网红—吸引框架,即使用剧本与演员表演以提升受欢迎度;政府—政治框架,即涉及国家与政党时政事务或观念的界定与讨论。

此外,编码表还包括日期、是否使用配图、文字、表情包、音乐,以及视频时长、使用音乐的背景基调、拍摄形式等等。

3. 编码、信度与分析工具

数据编码由两位编码者共同完成(编码过程见附录四)。首先记录短视频的日期、时长、音乐和拍摄形式等等,其次判定主题与风格。每个短视频只有一个主题,如果涉及多项主题,则由编码员独立判断主要属于哪个主题,使用某种主题则编码为1。短视频不一定只有一种风格,故而无论采用几种主要风格,都进行相应编码,即短视频中包括某种风格就编码为1。两位编码者对主题判定的斯科特系数 Scott's Pi 为 0.87,风格判定的平均值为 0.81,信度较好。编码员需要独立观看短视频,判定是否明显使用了8项框架,如果显著使用则编码为1,没有使用则为0。在框架编码中,斯科特系数 Scott's Pi 最高的为人情味框架(0.95)、正能量框架(0.91),最低为政府—公众框架(0.77),其余均在0.80以上,符合信度要求。研究使用 SPSS 20.0 进行描述性统计、列联表及相关分析。

(二)政务短视频基本视听要素的呈现

1. 政务短视频中的图文要素

表 3-11 显示,在 444 个短视频样本中,共有 128 个短视频(28.8%)运用了各类配图,包括流程图、气泡图、动画图、图片或照片等。近 1/3 的短视频(131 个,29.5%)利用了 emoji 表情包、自制表情包或者合成表情包,可见表情包是短视频中十分流行的视觉符号。共有 73.6% 的短视频(327 个)中使用了文字,形式上包括各类黑体字、艺术字、横幅字或悬挂字,功能上涵盖了标题文字、内容说明文字、补充文字等等,可见文字能够有效帮助短视频清晰表意,明确内涵。共 420 个短视频(94.6%)使用了背景音乐,这是因为抖音原本是作为"创意音乐互动社区"而获得用户喜爱的,故而背景音乐的采纳相当普遍。

表 3-11 政务短视频基本要素的使用

基本要素	频数	百分比
配图	128	28.8%
表情包	131	29.5%
文字	327	73.6%
背景乐	420	94.6%

2. 政务短视频的时长分布

图 3-8 显示了政务短视频的时长分布。抖音平台在初期仅对用户开放 15 秒权限,后延长至 1 分钟,随后又对特定账号开放超过 1 分钟的权限。样本中短视频时长最多集中在 16 — 30 秒(236 个,53.2%),其次是 1 — 15 秒(126 个,28.4%),31 — 60 秒的短视频共 53 个(11.9%)。而超过 1 分钟的短视频数量较少,时长在 1 分钟到 2 分钟的短视频共有 27 个,占 6.1%,而超过 2 分钟的仅有 2 个,占 0.4%。由此可见,政务短视频总体上遵循"短"的理念,讲求在较短时间内完整地表述自身,1 分钟以上的长"短视频"并非主要趋势。

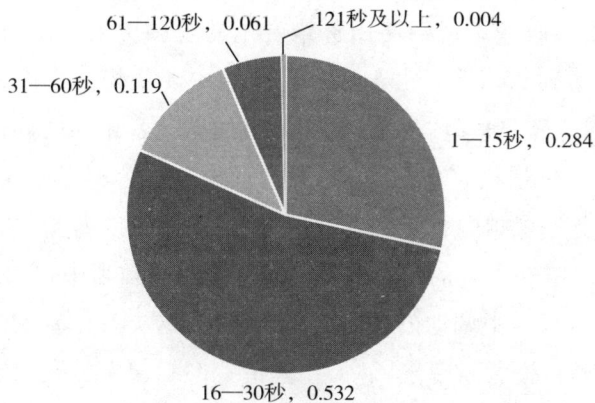

图 3-8 政务短视频的时长分布

3. 政务短视频的拍摄形式

如图 3-9 所示,政务短视频最常用的拍摄形式为真实记录(42.3%),其次为剪辑拼接(36.7%)。两项拍摄技术均从传统新闻、电影电视的表现技术发展而来,容易接受也便于使用,因此占比超过七成。直播和剧本这两种对短视频来说形式较新、成本较低、互动性强的拍摄手法占比不高,分别为 8.3%、8.1%,可推断两种缘起于民间的短视频拍摄方式尚未占据主导地位,政务短视频目前更倾向于使用剪辑拼接、实景拍摄等"大制作"策略。

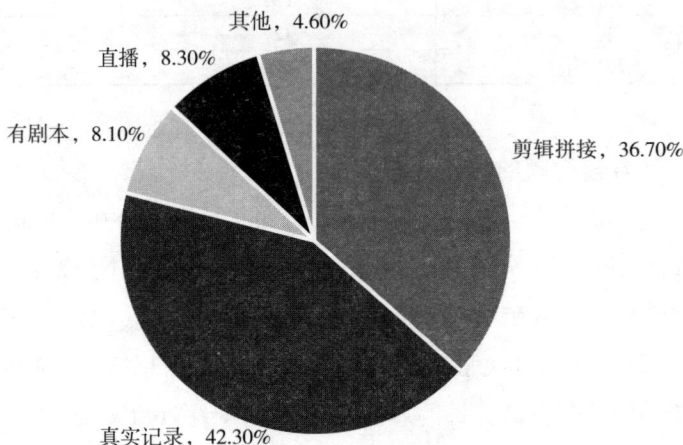

其他,4.60%
直播,8.30%
有剧本,8.10%
剪辑拼接,36.70%
真实记录,42.30%

图 3-9 政务短视频的拍摄形式

4. 政务短视频的背景音乐基调

图 3-10 展现了政务短视频使用背景音乐的基调类型。音乐基调为"严肃"的占比最多,达到 35.6%。由于政务短视频中涉及较多国家、政府、军队形象类的主题,因此需要豪迈、激昂、气势磅礴的背景音乐与之相匹配。其次使用较多的是"适宜"风格(25.5%),即背景音乐与内容契合度较高,正确而恰当地体现了政务短视频内容所表现的场景、情境和事件内涵。"通用"风格为一般性的配乐,缺少明确的内容指向,在政务短视频当中仅仅做"背景音乐"而存在,难以从音乐中调动公众的情绪与情感,这类音乐基调的使用也有一定比例(15.1%)。而背景音乐风格为"温情"和"搞笑"的所占比例较低,分别为 8.6%、7.7%,可知这两类音乐风格在政务短视频中使用不多,与之匹配的内容数量有限。

(三)政务短视频的主题与风格利用

1. 政务短视频的主题分布

研究还就政务短视频的主题进行了统计分析。如图 3-11 所示,政务短

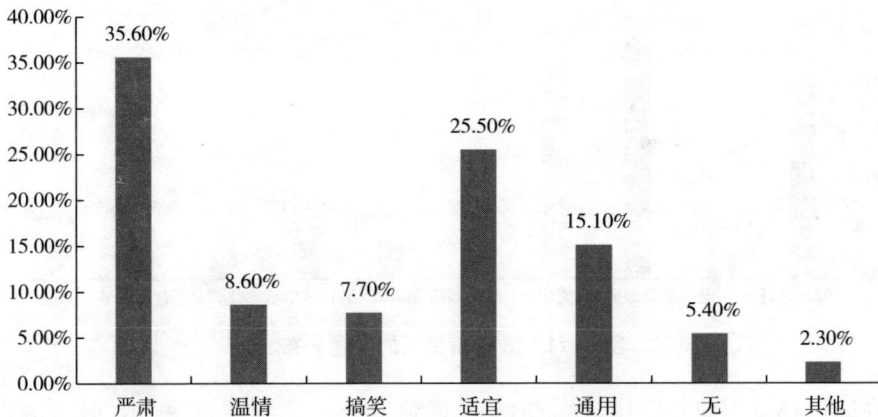

图 3-10　政务短视频的背景音乐基调

视频发布最多的主题是形象塑造(27.5%)与职能职责(22.7%),两项占比总和超过半数。形象塑造主题广泛展示了国家、军队、政府、城市、职业及公民模范形象;而职能职责则从细微之处展现各级政府在社会治理中允公允能、承担责任、勇往直前的行动与品质,是政务短视频的主要主题类型。排在第三位的是时政热点(21.2%),说明政务短视频也可以进行重大新闻、时政议题的传播,成为传统电视新闻的有力补充。

情感类主题的政务短视频也有一定数量:日常生活(5.4%)、情感人生(5.0%)和奇闻轶事(5.4%),但每一类占比都偏低,说明表现个体情绪、感想、生活、细节、幽默趣闻的情感类主题虽然的确会涉及,但并非政务短视频主要的话题类型,这也恰好回应了"温情"和"搞笑"类的背景音乐基调使用较少的事实。现阶段,政务短视频对于知识传播(4.1%)、文化(2.7%)和政策解读(2.0%)三类主题发布偏少,未来均可作为政务短视频大力发展的内容主题领域。

2. 政务短视频的风格利用

政务短视频通过剧本、影像、图片、文字、表情包、配乐的选用构成了不同类型的脚本风格。图 3-12 统计了政务短视频常用的脚本风格。其中"致敬"风格(49.8%)运用最多,说明大量的政务短视频表现了崇高、壮丽、充满敬意的内容与场景。其次最为常见的风格是"警示"(28.8%),体现了政务短视频

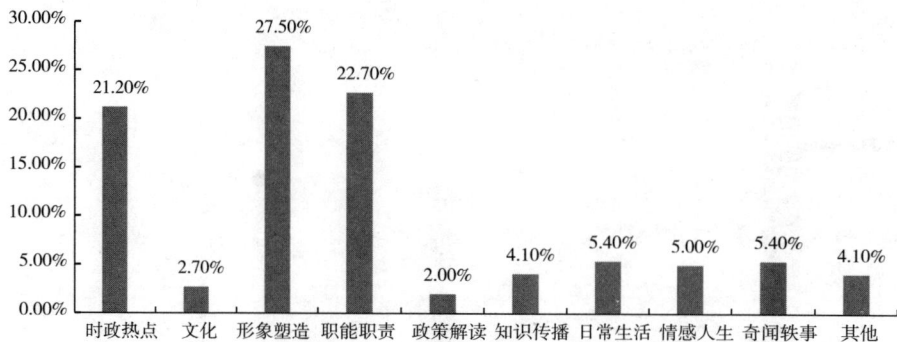

图 3-11　政务短视频的主题分布

旨在通过视觉画面在法律、社会治安等领域对公众起到威慑、提示、教育的作用。三种与情绪有关的风格即激情(27.7%)、温情(23.4%)与平铺直叙(24.5%)的建构比例基本持平,匹配不同的主题与偏好。戏剧风格使用也较多(22.1%),说明政务短视频在策划、内容和风格方面经历尝试和突破。互动(21.2%)与关键时刻(20.5%)比较适用于政策解读、职能职责类主题,而使用较少的风格为搞笑(9.9%)和强力(12.6%)。

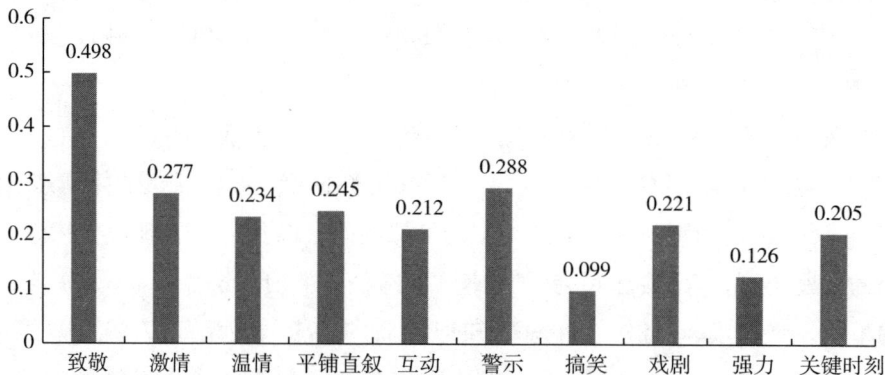

图 3-12　政务短视频的风格

(四)政务短视频的框架策略

1. 政务短视频的框架使用

如图 3-13 所示,政府积极运用各类框架"表述其自身"。使用最多的是人情味框架(84.5%),体现政务短视频重视细节刻画与情感表达。其次是正能量框架(62.6%),可见政府将短视频视作提供正面价值观和主流意识形态的视觉工具。再次是冲突(27.7%)与解决方案(25.9%),这两类框架的特点是有利于政府全方位展示政府行为、过程与后果。网红—吸引框架(23.9%)运用比重也较大,并辅以使用流行语框架(14.4%),说明政府有意引入新的框架形式,加入流行元素,贴近大众。政治—政府框架(15.1%)使用较少,说明政府发布重大时政新闻并非倾向于使用短视频。

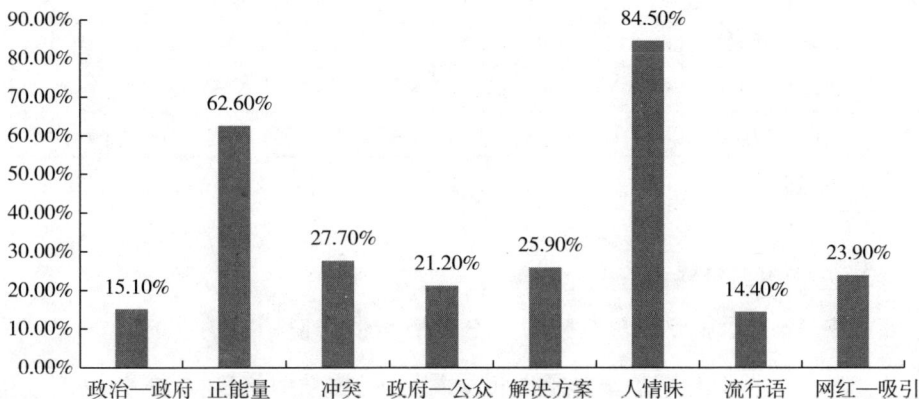

图 3-13　政务短视频的框架使用

2. 不同主题使用框架的差异性分析

表 3-12 显示了不同主题下 8 种框架的使用差异。政治—政府框架集中出现在时政热点主题中(50%),在日常化和温情化的主题中没有出现。正能量框架则在形象塑造(84.7%)、职能职责(83.2%)、情感人生(77.3%)三类主题中出现最多,可见无论是国家还是个人,宏观还是微观层面,政务短视频都非常重视这一框架的建构。冲突框架更多出现在时政热点(76.4%)、奇闻轶事(58.3%)和政策解读(55.6%)中,以突出事实、强化观念、增强趣味。人情味框架频繁出现在各个主题之中,而流行语则更多地出现于政策解读(44.4%)和奇闻轶事(87.5%)。网红—吸引框架不仅在文化(83.3%)、知识传播(66.7%)等等主题中频繁出现,在时政热点(19.1%)、形象塑造(18.9%)和职能职责(10.9%)中也有一定数量的使用。

表3-12　政务短视频主题与框架使用的列联表分析

框架/主题	时政热点	文化	形象塑造	职能职责	政策解读	知识传播	日常生活	情感人生	奇闻轶事	卡方值
政治—政府	55(50%)	1(8.3%)	9(8.1%)	1(1.0%)	1(11.1%)	0(0%)	0(0%)	0(0%)	0(0%)	143.009***
正能量	57(51.8%)	4(33.3%)	94(84.7%)	84(83.2%)	1(11.1%)	4(22.2%)	9(39.1%)	17(77.3%)	3(12.5%)	11.454***
冲突	84(76.4%)	0(0%)	2(1.8%)	11(10.9%)	5(55.6%)	1(5.6%)	4(17.4%)	0(0%)	14(58.3%)	216.127***
政府—公众	8(7.3%)	1(8.3%)	2(1.8%)	50(49.5%)	9(100%)	4(22.2%)	2(8.7%)	1(4.5%)	12(50%)	140.492***
解决方案	8(7.3%)	1(8.3%)	3(2.7%)	65(64.4%)	8(88.9%)	3(16.7%)	4(17.4%)	2(9.1%)	15(62.5%)	173.126***
人情味	66(60%)	8(66.7%)	106(95.5%)	95(94.1%)	8(88.9%)	17(94.4%)	19(82.6%)	22(100%)	24(100%)	82.261***
流行语	18(16.4%)	3(25%)	3(2.7%)	5(5%)	4(44.4%)	5(27.8%)	2(8.7%)	0(0%)	21(87.5%)	139.075***
网红—吸引	21(19.1%)	10(83.3%)	21(18.9%)	11(10.9%)	3(33.3%)	12(66.7%)	7(30.4%)	2(9.1%)	16(66.7%)	81.593***

注：*** 代表0.001的显著水平，** 代表0.01的显著水平，* 代表0.05的显著水平。

3. 基于不同风格的框架建构策略

表3-13显示了政务短视频的脚本风格与框架使用相关性的 Cramer's V 系数。政治—政府与激情呈显著正相关关系(.119)，而与致敬(-.231)、温情(-.159)及互动(-.111)呈负相关关系，可窥见框架与风格的内在一致性。正能量与致敬(.620)、激情(.364)和温情(.284)显著正相关，与致敬框架的相关性极强，与平铺直叙(-.543)、警示(-.351)及戏剧(-.251)等风格负相关。如果政府选用冲突框架，那么在风格上更可能使用平铺直叙(.313)、警示(.617)和关键时刻(.135)，使用戏剧、温情和互动等风格较少。政府—公众与解决方案框架都与温情(.104/.195)、警示(.145/.134)、搞笑(.142/.148)、强力(.268/.364)、关键时刻(.256/.426)正相关，与互动负相关(-.134/-.168)，可推测政务短视频不强调互动风格，且采用风格较为多元但不适用于激情(-.272/-.309)。人情味与流行语框架呈现出相反的特点。人情味框架较多运用于致敬(.278)和温情(.193)，而这两种风格与流行语的关系都是负向的(-.334/-.182)。流行语框架还较多地出现在警示风格(.305)并较少出现在激情风格中(-.154)。

网红—吸引框架仅与戏剧风格高度正相关(.925)，且与温情风格负相关(-.123)，未在其他框架出现显著性。

表 3-13　政务短视频框架与风格相关关系（Cramer's V 系数）

框架\脚本	致敬	激情	温情	平铺直叙	互动	警示	搞笑	戏剧	强力	关键时刻
政治—政府	-.231 **	.119 *	-.159 **	.037	-.111 *	.301	-.077	-.034	.010	.035
正能量	.620 **	.364 **	.284 **	-.543 **	.059	-.351 **	-.336 **	-.251 **	.055	.046
冲突	-.465 **	-.080	-.295 **	.313 **	-.210 **	.617 **	.064	-.099 *	-.084	.135 **
政府—公众	-.042	-.272 **	.104 *	.012	-.134 **	.145 **	.142 **	-.076	.268 **	.256 **
解决方案	.028	-.309 **	.195 **	.033	-.168 **	.134 **	.148 **	-.129 **	.364 **	.426 **
人情味	.278 **	.015	.193 **	.101 *	.101	-.249 **	.059	.048	.088	.018
流行语	-.344 **	-.154 **	-.182 **	.007	.007	.305 **	.551	.307 **	-.021	-.081
网红—吸引	-.314 **	-.040	-.123 **	-.032	-.032	-.007	.362	.925 **	-.006	-.193

注：*** 代表 0.001 的显著水平，** 代表 0.01 的显著水平，* 代表 0.05 的显著水平。

六、政务新媒体内容传播的结构与机制解析

通过对北京市政务微博、政务微信、政务短视频的内容分析，研究发现了政务新媒体内容传播存在六项核心结构与机制：类型化与差异化、核心职能——多元议题内容联动、功能的结构性转向、公共性—流行性双重框架并行结构、视觉传播的正能量美学、复杂—新兴混合框架利用结构。这有力地推动了政务新媒体内容传播的有序开展，并在互联网场域中发挥重要作用。

（一）政务微博内容的类型化与差异化结构

利用大数据研究，从议题内容方面对北京市政务微博群集进行的概览显示：政务微博内部内容结构呈现出类型化与差异化并存的特点。整体而言，政务微博的议题选择的类型化趋势是"政治经济类宏观议题与民生社会类微观议题并行发展"。可见，各级各类政务微博认真实践政治传播者的角色，以政治传播为己任，确保政治类议题内容丰富、权威精准、高屋建瓴。民生类议题的数量有持续上升趋势，成为未来的传播重点，这表明政务微博不仅是各类与公众利益密切相关的公共政策的传播、解析平台，也在引导着官方话语关注民

生类议题的社会讨论。类型化内容结构在相当长的时期内都将存在。

差异化结构则体现在多个方面。在运营微博时，各级政府及机构在议题选择方面有着比较明确的侧重点，体现不同层级政府的职能定位，这是差异化的基本来源之一。市级政府政务微博更多关注本市经济战略与核心困境（北京的交通拥堵问题），区县级政府政务微博偏重关注具体的政策领域（如教育、医疗等），基层政府政务微博则把民生议题视为重点。这也明确了政府政务微博的议题呈现应与层级划分、权责结构保持一致。不同职能的政府运营微博也提倡差异化和个性化。如有些部门风格比较严肃，微博多发布领导人动态或新闻事件；而有的部门更偏向于原创与政府职能相关的趣味性微博，体现政府行动细节或人员风貌。政务微博的议题偏好也带有明显的区域性差异，受到本区地理人文环境、经济发展水平、城市化进程、历史文化要素的影响，也在管辖空间的层面体现出"核心区域管理职能"的落实。如经济强区更侧重于经济类型的微博发布，环境资源丰富的区域更重视环境信息，旧城改造集中的旧城区则对城建、市政等类型的议题发布较多。

（二）政务微博"核心职能—多元议题"内容联动机制

政务微博的内容传播存在"核心职能—多元议题"内容联动机制。如前所述，虽然政务微博在内容发布中呈现出差异化趋势，但并没有因部门职能不同而相互割裂。整体而言，政务微博的内容传播处于"议题联动"状态，呈现出核心职能—多元议题结构。即政务微博主要发布本部门职能范围内的微博内容，同时又广泛关注以民生、教育、环境、医疗、交通、安全、经济等多元议题，在微博中积极转发、扩散、评论和传播，以形成"政务微博矩阵传播"优势。

这一结构的作用机制表现在两个层面：一是政务微博对政府部门职能的充分开发，做好核心职能的发布，力求微博工作能够匹配政府和公众对政府信息传播的需求，认真规范地履行信息和新闻推送，日常政务传播工作做细、做好，立足职能，不断开发议题，信息发布频率、质量都有所保障。二是强化对政务新媒体矩阵的认知与利用。不同类别的政务微博同在政务新媒体矩阵之中，而政务新媒体矩阵又是网络传播舆论场域的重要组成部分。在核心职能议题之外，政务微博之间的相互转发、扩散是政务微博矩阵争夺网络话语空间、发挥协同传播效应的重要方式。对于用户较少、运营质量一般的政务微博,可以通过@头部大号、重要账号的方式来提升自身的影响力;对于内容严重不足、运力有限的政务微博,适当采用转发、评论等"多元议题"策略可丰富传播内容、维系账户活力;在危机舆情中,政务微博矩阵的协同助力可增强政府声音,引导舆论。

(三)政务微博议题传播功能的结构性转向

目前阶段,北京市的数据分析结果表明,政务微博最为重视的功能是以公共服务为基础的通知通告、政务服务功能,以及以信息传播为基础的"政府新闻与信息公开"功能,其中不断加强政务服务功能已成为重要趋势,在未来还将继续发展,怡情励志功能与生活指南功能在政务微博功能版图之中也具有重要地位,而以互动为基础的意见征求功能、回应公众功能发展持续缓慢。

政务微博的功能发挥也因政府特征的不同而存在差异。政府层级优势表现得较为明显。区县级政府、市级政府都非常重视公共服务功能,在通知通告和政务服务两个层面都积极探索并不断试新,而基层政府则存在公共服务功能发挥不足的问题,尤其是政务服务发展比较滞后。在区域特征层面,市中心区域西城、东城、海淀、朝阳的政务微博都较好地发挥了各类功能,其中西城区政务微博最为重视信息传播类功能,朝阳区政府则充分发挥了微博的政务服务功能。远郊区县政务微博各类功能虽然整体低于中心区政府,但发展迅速、紧跟步伐,尤其是在政务服务方面表现不俗。不同类型的职能部门侧重的政务微博功能则比较松散,基本特征是线下提供公共服务较多的部门,线上政务微博的通知通告功能和政务服务功能发挥得就较为充分。服务型政府要求强化政府公共服务职能并创新行政体制和管理方式。[1] 无论何种层级的政府都应当聚焦于通过微博提供更好的在线服务与创新性服务。[2] 随着公众对微博

---

[1]　参见《十八大报告解读:如何建设人民满意的服务型政府》,http://www.gov.cn/jrzg/2013-01/23/content_2318122.htm,2013年1月23日。

[2]　Cf.Criado,J. I. ,Ssandoval-Almazan,R. ,& Gil-Garcia,J. R. ,"Government Innovation through Social Media",*Government information Quarterly*,2013,3(4):319-326.

信息服务和政务服务两大领域的需求越来越多,政府应不断发展这种公众喜欢并日常使用的方式,推动政务微博功能转型。

(四)政务微信"公共性—流行性"双重框架并行结构

政务微信发布的是经过政府深度加工的信息与政策文本,相比政务微博更加全面、综合。[①] 与以往针对政务微信的内容研究有所不同,本研究发现了复杂信息环境中"北京发布"政务微信的内容现状与框架策略。总体而言,政府在运营、推送政务微信文本的过程中存在着积极的框架建构过程,主要凸显与强调公共性和流行性两类框架,形成双重框架并行结构。

公共性强的框架,包括政府—公众框架、公共利益实现框架,不仅出现总量最多,还频繁出现在民生、经济、通告服务等各类主题文本中。强调公共性框架是政府最为重要的传播策略,这种建构有利于全面展示政府促进经济发展、改善公共福利、发展民生、保障权利等政策出发点,以及政府服务公众、开放透明、促进公平、互动协作的价值准则。这也恰好符合了框架效应发生的重要前提,即"如果框架强调了议题的某一方面,而这一方面恰好是公众所看重的"[②]。公共性框架内涵的利益实现、经济互惠、权利实现、透明政府等都是公众感知政府、评价政府时最为看重的,回归结果也证明了这一框架最能提高公众的阅读与点赞,可见其强化了公众对政府工作的认可,催生了认同并改善了信任。政府—公众框架虽然使用最多,但回归结果显示,单独使用不能增加政务微信影响力。因此,政府需要在使用这一框架时,更多地融入公共利益实现框架,将通告服务议题中的某些侧面,如公共服务改进、政府公共价值观、政策公共性等加以凸显。另外,虽然政务微信发布政治类主题比例最高,但文本之中使用政治发展这一框架对政务微信的阅读数与点赞数具有负向影响,这提示政府应当在政治类议题内容发布的框架设定方面增加智慧,如改变框架建构思路,增加公共性框架的使用,由倾向于宏观解释政治逻辑与经济愿景,转

---

① 参见龚花萍、刘帅:《基于微信平台的政务信息公开新模式》,《现代情报》2014 年第4 期。

② Nelson,T. E.,Oxley,Z. M.,& Clawson,R. A.,"Toward a Psychology of Framing Effects", *Political Behavior*,1997,19(3):221-246.

向侧重强调政策、制度对增进公共利益的意义与作用,来实现传播影响力的提高。

另一类策略是使用流行性框架,即流行语框架与人情趣味框架,主要呈现在生活、文化类主题中,但是在严肃的政治类、民生类、通告服务类主题中也出现较多。流行性框架基于语言文本的叙事转变以及编排组织的形式变化,如采用流行语,采用文艺性强、幽默的图文形构与话语。政府已经意识到,在复杂微信信息环境中,政务微信的内容传播面临来自各类媒体、自媒体、意见领袖的竞争,适当调整严肃政治话语传播方式,增加流行性框架,有时可以更好地传递政府信息与政治观念。回归结果也显示,使用流行语框架,能够非常显著地提高公众对政务微信的阅读数与点赞数,进一步凸显了这一框架策略在提高影响力方面的有效性。政治话语是政治信息的符号载体,深刻地制约和影响着政治交流及其他政治活动。[1] 微信政治时代,政府政治话语体系的适度调整尤为重要,流行语框架以公众需求为中心,贴近日常生活,明快的风格、新颖的表达、丰富的比喻能够显著强化某些态度与观点,容易加深公众对内容的印象,唤醒公众的支持与积极情感,有效地连接了政治话语与网络流行话语。政府可以更加注重这种框架的作用与影响力,在不同主题的框架建构过程中找到合适的使用方式。比较有效的方法之一是在文本中增加图片供给并强调标题创新,同时进一步向自媒体学习文本编排技术。

(五)政务短视频视觉传播的"正能量美学"

研究首先勾勒出政务短视频的基本视听图景:具有稳定的内容供应,短视频时长普遍集中于30秒之内,较长的短视频并非流行之趋势;主要采用真实记录和剪辑拼接两种拍摄形式,"新闻影视专业制作"与"用户生产内容"的拍摄手法交替使用;普遍使用表情包、文字与背景音乐配合视觉传播,使得视觉内容更加清晰、明确、简洁、生动;遵循抖音"创意音乐舞动平台"的基本定位,广泛使用各类原创、片段、合成的背景音乐,以匹配短视频的内容主题风格,

---

① 参见张诗蒂:《政治话语变迁——兼论当今传播领域里的"大政治与小话语"》,《云南行政学院学报》2010年第2期。

"严肃"和"适宜"两种基调的音乐使用较多,积极调动了观众的情绪情感,增强短视频作品的表现力和感染力。

总体而言,政务短视频的内容结构呈现出明显的"正能量"美学风格。其一,政务短视频主要建构形象塑造和职能职责两类内容主题,体现政务短视频传播的基本点——利用视觉符号的集成优势,在宏观与微观层面广泛提供国家与政府积极、正面的形象与视角,传递政府理念、意图与意识形态,促进国家形象、政府形象传播的常态化。其二,在政务短视频内容结构中确定了"正能量"为审美主线,综合调用各类文字、图片、音乐、表情等符号,突出构建致敬、激情、关键时刻、强力等风格,将"正能量"落实到每一帧画面、每一组文字、每一个情节和每一段旋律之中。其三,注重奇观美学与正能量美学的融合,打造丰富、激情、崇高、庄严的场景,使用"大画面"和"大制作",在塑造国家形象、军队形象等方面着力表现恢宏壮丽、排山倒海的气势,使得政务短视频富有震撼力、感染力和凝聚力,不断强化公众的观看感受,促成政府传播精品化。其四,"正能量美学"还体现在细微之处,在政务短视频中塑造温情风格,描述情感人生,体现民生关怀与人间百态,力求生动真实、打动人心。

(六)政务短视频"复杂—新兴"混合框架利用结构

有文献曾指出社会化媒体时代碎片化信息生产带来了新奇的、反框架的图景,[1]或认为各种结构要素重新建构的"超文本"并非为产生框架效果影响公众认知而存在,只是为了满足用户需求。[2] 但本书并未支持上述结论,而是发现了政府构建短视频存在自觉而显著的框架建构,存在"复杂—新兴"混合框架利用结构。"复杂"指政府积极且有创造性地使用了政治类、新闻性和公共性框架。

其一,政府非常主动地使用政治类框架(如政府—政治与正能量)。尤其是正能量框架被普遍采纳并广泛出现于所有类型的主题中。但值得注意的是具体策略发生了变化,从重视事实通告、事件宣传转向重视意识与精神的潜移

---

① 参见祁雪莲、金振剑:《浅谈"反框架"视域下新媒体短视频的传播发展——以抖音短视频 APP 为例》,《中国传媒科技》2018 年第 7 期。

② 参见邓秀军、申莉:《反转的是信息而不是新闻——框架理论视阈下微信公众号推文的文本结构与内容属性分析》,《现代传播》(中国传媒大学学报)2017 年第 1 期。

默化。政治类框架更适用于长度中等、真实再现的短视频,配合激情与致敬风格,根据主题需要展现温情。且并未明显突出娱乐化的去政治效果(体现在正能量框架采纳越多,戏剧风格与搞笑风格采纳越少),可见政府构建政治类框架倾向于保守。其二,新闻性框架(如冲突与人情味)在政务短视频中也被广泛采用。人情味是使用最多的框架,不仅出现在日常生活、情感人生等软性主题中,在形象塑造、职能职责、政策解读中也有极高的使用比例,可见个体视角、细节描述、情感故事更易打动人心,也是政务短视频制造爆款,赢得广泛传播的法宝。政务短视频的内容建构也遵循新闻价值,体现在广泛使用冲突框架,包括事实冲突和态度冲突,涵盖时政、公共、生活等主题,且与警示、关键时刻等风格相匹配。其三,政务短视频在多方面考虑使用了公共性框架(如政府—公众与解决方案)。一方面,公共性框架的确出现在职能职责和政策解读两大主题中,可见政务短视频也承担着一定的信息发布、社会沟通、政府行动通报等功能,但所占整体比例不高,这与政务微信主要使用公共性框架显著不同。另一方面,公共性框架在温情、警示、搞笑、强力、关键时刻等风格中均有体现,说明较政治性框架使用更为多元、轻松、灵活、丰富,具有较大的创作发挥空间,可做政府传播内容创新的突破口。

　　"新兴"主要指政务短视频引入了新框架——"网红—吸引",以区别于其他各类政务新媒体,因而在内容建构方面最具特色、最有潜力。"网红—吸引"最接近抖音中用户生产的视频内容。通过编排动作、快人快语、配合音乐舞蹈的方式传播政治新闻,也使用演员表演,培育和塑造政府"网红",相比其他框架设定更富于戏剧化和喜剧效果。此类框架缘起于民间文化,政府为提高政务短视频趣味性、吸引公众注意力而将其收编,成为主流框架的一部分。尤其是在时政热点、形象塑造和职能职责三类主题中的应用,为政府议题呈现提供了新的表现方式和表达方式,改善了政府传播的刻板印象,为政府话语在短视频时代的突破提供了可能。广泛使用"网红—吸引"框架也是政府扩大用户规模、提高政务短视频吸引力、提高用户卷入度的关键策略。

第四章　政务新媒体的公众
使用与影响因素

早在 2014 年,政务微博拥有的"粉丝总量"就超过 43.9 亿人,平均每个政务微信账号关注人数超过 3.6 万,人均关注政务微博 3.2 个。① 可见用户已经非常积极、主动地接触、体验并使用政务新媒体。使用政务新媒体也是公众适应数字政治生活的必经之路。公众对政务新媒体的使用是检验政务新媒体建设的重要指标。只有进一步了解公众对政务新媒体的使用情况与偏好,才能精准定位,采用恰当方式提供服务。本章将聚焦政务新媒体的用户,通过问卷调查对其使用现状、特征与差异进行分析,还将解析公众采纳政务新媒体新技术的影响因素。结论有助于政务新媒体运营部门熟悉用户需求,了解用户采纳规律,以制定具有针对性的政务新媒体用户扩张和发展策略。

一、问卷调查数据来源

本章使用两套问卷调查数据来分析北京市与全国政务新媒体用户的概貌、特征与差异以及政务新媒体采纳的影响因素。

---

① 参见《中国政务微博账号近 28 万,粉丝量总计 43.9 亿人次》,https://tech.sina.com.cn/i/2015-09-28/doc-ifxiehns3507585.shtml,2015 年 9 月 28 日。

（一）北京市政府新媒体传播与效果调查问卷

2015 年,研究对北京市政务新媒体用户进行了问卷调查(附录一)。使用网络固定样本问卷调查法搜集数据,委托专业调查公司"问卷星"执行。该公司在公共调查领域有着丰富经验,拥有 260 万个固定样本,已完成超过 7000 个专业调查。调查时间为 2015 年 11 月。受访者收到含有问卷的链接网址,被要求独立、完整地填答所有问题,公司会对符合要求并认真作答的受访者给予奖励。问卷填答时间与用户的 IP 地址都会被记录,以保障样本的精确性。根据研究要求,所有用户的 IP 地址均需在北京市 16 区县的范围内,IP 地址不在北京的用户和填答时间过短的用户将被视作无效问卷剔除。经过数据清洗,研究共获得有效样本 1042 个。为了分析北京市政务新媒体的用户行为特征,以及不同人口社会经济特征的用户使用新媒体存在何种差异,同时研究哪些因素影响公众采纳并使用政务新媒体,主要设计的问题类别包括:人口与社会经济、政务新媒体一般性使用、新媒体一般性使用、政务新媒体功能性使用、政治心理类问题、政治效果与政治影响类问题、用户使用意愿测量、使用政务新媒体的动机与评价。

（二）2015 年中国城市治理调查问卷

本研究还有部分问题使用"2015 年中国城市治理调查"问卷(附录二)。该调查由清华大学数据治理研究中心在 2015 年 6—8 月实施[1],抽样方法为"GPS 辅助的区域抽样",有效解决了传统户籍抽样难以覆盖流动人口等问题。方式为访问员入户调查。从此调查共覆盖 24 个省级单位,50 个市级单位,抽取样本 5525 个,完成样本 3513 个,其中网民 2114 个,有效完成率为 63.6%。其中,政务新媒体使用者样本为 322 个。调查专门设计了"互联网与新媒体"系列问题,着重了解公众接触网络、使用政务新媒体的情况以及公众的政治信任、态度、行为。主要设计问题包括人口与社会经济、互联网与新媒体使用、政务新媒体与电子政府使用、公众采纳偏好、政策发布媒体偏好、政治

---

[1] 本部分问卷问题来自清华大学数据治理研究中心"2015 年中国城市治理调查"。

信任与政府满意度、政治与社会影响、议程偏好等。

二、政务新媒体公众使用概貌

（一）整体情况

图 4-1 显示了被调查的北京市社会公众选择使用三种政务新媒体以及电子政府网站的情况。公众经常接触并使用最多的政务新媒体为政务微信，占 27.4%（选择经常使用、频繁使用的比例总和，下同），高于使用传统的政府网站（20.7%），其次为政务 APP（19.1%），公众接触最少的政务新媒体为政务微博（12.9%）。总体呈现出政务微信最为流行、政务 APP 风头正劲、政务微博稳定发展放缓、政府网站地位依然重要的特点。

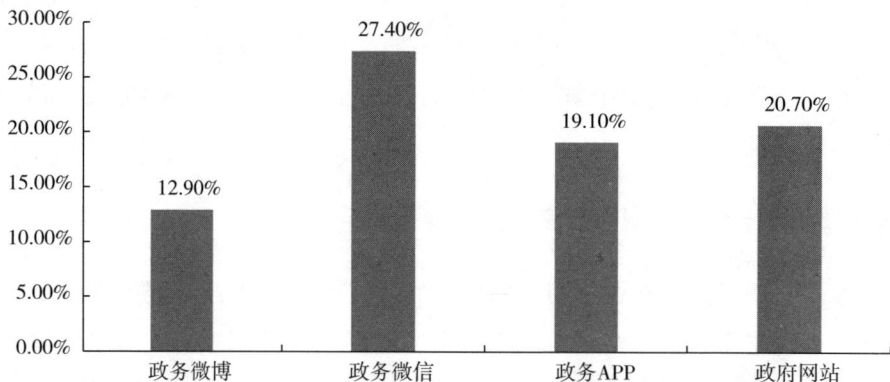

图 4-1　公众使用政务新媒体的基本情况

（二）功能性使用

1. 公众使用政务新媒体的主要功能类型

北京市数据显示了公众使用政务新媒体的主要功能类型（图 4-2）。信息发布是政务新媒体重点建设的功能，也是社会公众接触、使用政府新媒体工具的首要目的。共有 51.9% 的公众使用信息发布功能，其中，25.6% 的公众偏好使用政务微博，而 26.3% 的公众则偏好从政务微信获得政府信息，二者比例基本持平。可见公众对政务新媒体的信息依赖程度较高。公众也十分重视使用政务新媒体的其他功能。如图 4-2 所示,两项"参与"功能也颇受公众喜爱,使用政务新媒体参与讨论的公众比例为 28%,曾经在个人的微信或朋友圈对政务新媒体信息进行过互动和转发的比例为 26.1%。公共服务功能(如微信的市政支付)也有较高的使用比例(25.8%)。随着政务微信程序的不断完善,越来越多的公众选择通过政务微信完成缴费、申请、预约、信息采集等公共行政事项,可见完善公共服务功能是未来政务微信发展的趋势。使用最少的是监督举报,仅为 18.5%。监督举报功能的使用情况与政府回应效率及公众的参与效能感有关。政务微信目前在一定程度上存在回应缓慢、敷衍等问题,导致监督举报功能使用不足。

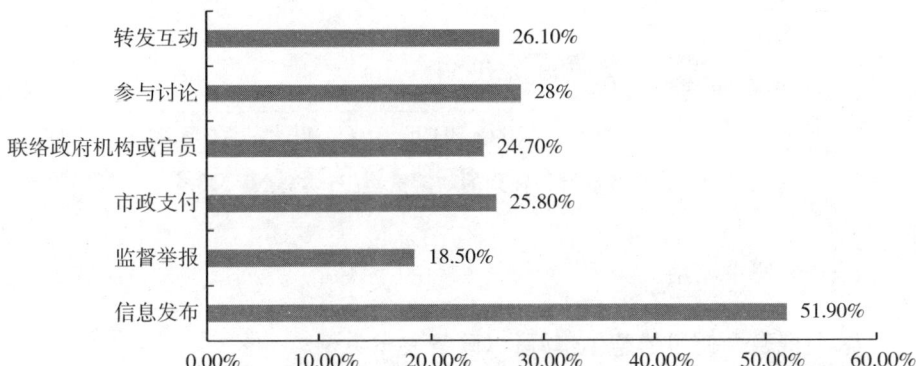

图 4-2　公众使用政务新媒体的功能类型

2. 公众使用电子政府网站的主要功能类型

全国性问卷数据还统计了公众偏好使用电子政府网站的主要功能类型。样本中共有 323 人经常登陆并使用政府网站,结果如图 4-3 所示,使用最多的功能为关注部门动态(公示/通知等),为 59.8%,其次是查询政策法规/机构/领导信息,为 55.7%。这说明公众使用政府网站主要出自于对政务信息的需求。提供丰富、及时、全面、深入的政务信息,包括各类政策、法规、通知、公告、年鉴数据、领导信息、机构组成与变动等等,是政府网站建设的首要任务。通过政府网络使用政务服务功能的用户占 22.3%。这是由于政府网站集中提供种类众多的诸如申请/审批/认证等服务,是电子化办公的体现,也是数字化政务的建设成果。公众可以从"网上政务"中得到便利、高效、优质的政府服务,但网上政务目前也在不断被基于手机 APP 或政务微信的移动程序所替代。数据还显示,使用较少的是领导信箱/意见反馈/网络举报等互动功能,为 10.5%。这与目前公众使用政府网站的主要动机是获取信息而不是申诉有关,也与政府网站回应能力不足、互动效率偏低的现状有关。

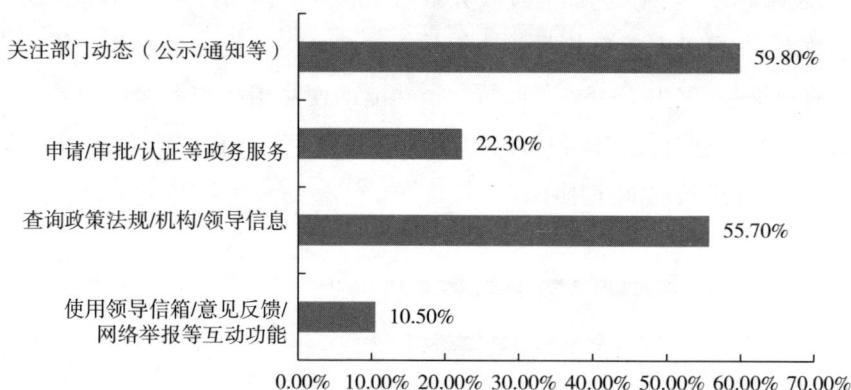

图 4-3　公众政府网站使用的功能类型(样本总数=323 个)

(三)偏好性使用

1. 公众媒介使用的整体偏好:以政策发布为例

全国性调查问卷中,问及公众"如果推行一项新政策,通过哪种方式发布消息最为有效",以分析公众对于新政发布的媒体使用偏好。全国性的数据显示(图 4-4),83.3%的公众认为通过电视发布新政最为有效,这说明在当时环境中,虽然互联网与移动媒体获得了长足发展,但电视依然是公众最认可、最常用与最期待的发布新政媒介。在网络媒体领域,最受公众欢迎的网络媒体是微博微信(49.8%),这与近年社交媒体用户急剧增长以及用户的微博微信依赖有关。其次是政府网站,有 35.6%的公众认为自己会倾向于通过政府网站查询并了解新政。这说明新政策的发布不仅需要在媒体传播,也需要在有关部门的网站上做出详细的政策梳理与解读,以满足公众相关的政策信息、政策知识需求。比例最低的网络媒体是传统的门户/媒体网站。仅有 29.7%的公众选择采用门户/媒体网站获知政策信息。这说明了传统门户/媒体网站在移动媒体时代的衰落,大量用户被移动媒体和社交媒体分流,也说明门户/媒体网站在传播政策信息过程中存在不足,已不是用户最喜爱使用的媒体。研究还表明,在全国范围内,受各地经济发展水平、媒介技术推广水平不均衡的影响,依然有相当数量的用户偏好采用传统媒体获知政策信息,如有48.8%的用户选择通过报纸,以及27.8%的用户选择通过广播。这提示政府应注意用户媒介使用的现实情况,重视全国性用户中存在的多元性与差异性。政策信息传播体系的构建不仅需要考虑移动传播和网络传播,还应继续加强传统媒体传播渠道的建设。结论还显示,有19.6%的用户认为短信传播政策也有一定效用;同时,有13.9%的公众选择通过户外广告牌的形式得知政策信息。

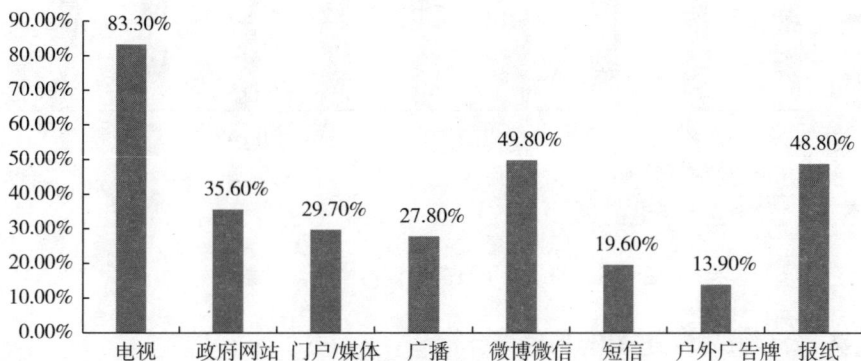

图4-4 公众对政策发布的媒体类型偏好

2. 公众使用政务新媒体的信息偏好

研究还分析了北京市公众更偏好政务新媒体提供的哪一类信息(图4-5)。以政务微信为例,在北京市政府官方公众号提供的各类信息中,公众最喜欢的是"专家学者观点"的推送(71.2%),其次是历史故事(68.8%),再次是时政分析或时评(61.3%)、政治趣闻(58.3%),公众喜好程度最低的是便民提醒(39.6%)、时政新闻(41.8%)与生活资讯(48.2%)。这说明公众并非偏好从政务微信中获得一般性的政务信息和便民提醒,而是更喜欢通过政务微信阅读深度的政治类分析、评论与趣闻轶事,尤其是专家学者观点。这提示政府重新思考政务微信的内容定位,在发布日常政务信息之外,可以在内容设定上多侧重深度政治信息分析和政策解读,多提供政治或历史类的评论或趣闻。在政治态度、文化、意识形态等方面起到潜移默化的影响作用。这恰好能够与政务微博在信息发布上互补。微博推送即时、快速、便捷、低成本、多频次的政务消息,微信则负责政务信息的深度开发。值得注意的是,偏好通过政务微信使用政府公共服务的公众比例为 50.6%,说明还有部分公众尚未完全接受并体验过政务微信提供的政府公共服务,在这一领域政务微信还需进一步考虑如何建设以匹配公众的政务需求。

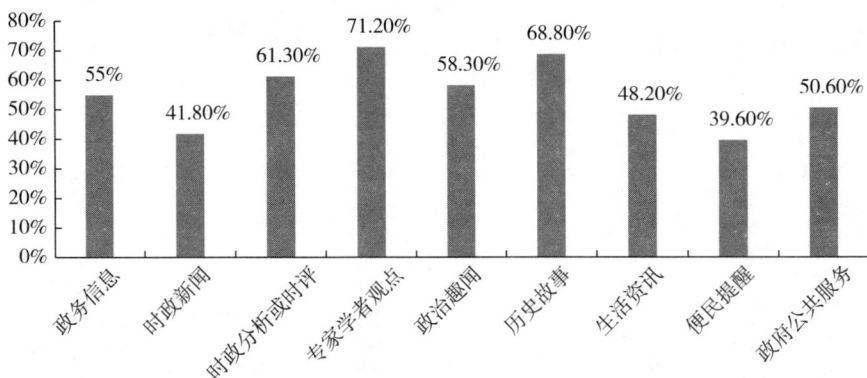

图 4-5　公众使用政务微信的信息偏好类型

3. 公众使用政务 APP 的偏好分析

研究还分析了北京用户使用政务手机 APP(比如"北京 110、公交指南、违章查询、政务通")的感受。图 4-6 的数据显示,仅有 20.5% 的用户经常使用政务 APP,而有 18.7% 的用户从未听说过政务 APP,同时还有 28.8% 的用户虽然听说过但从未使用过任何政务 APP,这说明政务 APP 在城市居民中的普及率还不算很高,需要政府通过各种方式进一步在公众中推广使用。

对于政务 APP 用户而言,有 29% 的用户认为政务 APP 可以感受到更多的便利性,有 28.7% 的用户表明自己在生活中会依赖特定的政务 APP,且有 26.1% 的用户表明手机中有不同类型的政务 APP。这说明政务 APP 确实已经拥有一批忠诚用户,习惯于使用政务 APP 来处理日常生活中的政务需求。一定程度上可说明,政务 APP 作为新技术和新应用,在创新扩散的过程中存在相当数量的早期采纳者,他们是信息富有者、技术熟练者,具有较强的采纳意愿。政府应充分重视这批用户，不断提高政务 APP 的服务质量和用户体验，提高早期采纳者的满意度，才能提高用户黏性，提高使用卷入度和用户忠诚度。此外，政府还应培养此类早期用户成为创新扩散过程中的意见领袖。目前，认为自己会主动向他人推荐政务 APP 的比例还不高，仅有16%，说明早期采纳者通过积极的人际传播向晚期采纳者推荐使用政务 APP 的现象不够明显。所以，发挥早期采纳者意见领袖口碑传播的作用与效果，向更多的人群推荐、扩散政务 APP，应当成为政务 APP 增加用户规模、进一步发展的有效策略之一。

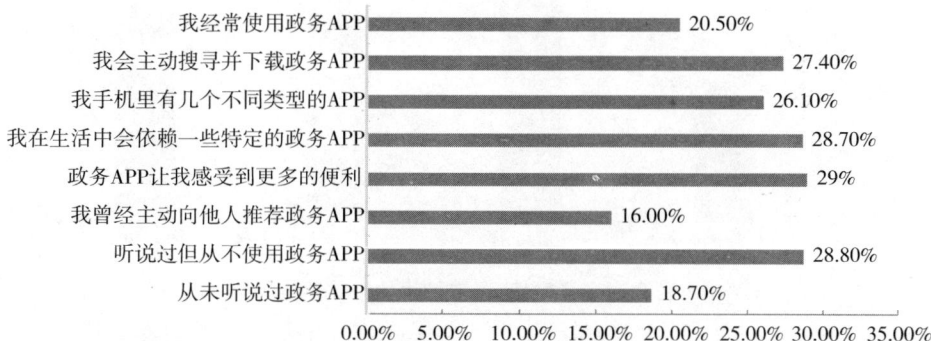

图 4-6　公众对政务 APP 的使用偏好

（四）使用评价

1. 公众对使用"政务微博/微信"的整体评价

图 4-7 显示了全国性数据中用户对"政务微博/微信"时政消息发布的整体评价。结论认为，公众认为政务微博/微信的"内容更为翔实"比例最高（40%），这说明公众较为认可政务新媒体信息综合发布的水平与效果。其次是认为政务微博/微信具有更高的权威度（35.9%）。可见在公众心目中，政务新媒体与传统主流媒体类似，具有权威性。信息源、信息内容都较为可靠，可信度较高。再次，公众认为，通过政务微博/微信可以"与政府互动更为直接"（33.7%）。与传统的政治参与或官民互动途径相比，公众认为使用政务新媒体可以更加便利、容易地接近政府，更方便快捷地表达意见或诉求。政务

新媒体使得公众与政府的"连通性"增强,这也是公众对政务新媒体发展的重要期待。"比新闻好看"一项所获比例较低(16.8%),一方面说明在新闻价值、新闻呈现、内容精彩程度等方面,政务微博/微信与媒体新闻还存在差距。这提示政务新媒体在内容、形式、话语、策略、专业性等方面还需要向媒体学习,进一步改进。但另一方面也可以反衬出政务新媒体现阶段的发展重点是重视信息的权威、翔实公开,而非趣味性。

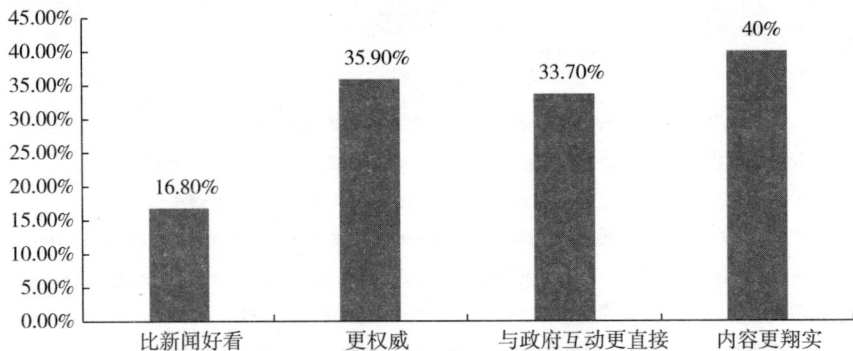

图 4-7 公众对政务微博/微信使用的整体评价(M=315)

2. 公众对政务微博与政务微信媒介可信度的感知与差异

媒介可信度(media credibility)是公众对媒体作为传播者可信度的标准或判断。[1] 研究还对政务微博与政务微信两种不同渠道的媒介可信度进行了分析。对于政务微博而言,权威公正是公众评价最高的可信维度(M=3.61),其次是及时性维度(M=3.59)。对于政务微信而言,公众认为在信息准确可靠方面(M=3.62)最具有可信度,其次是权威公正性维度(M=3.60)。

通过配对样本 T 检验发现(表4-1),公众对政务微博与政务微信的媒介可信度感知存在一定差异性。在五项信息可信度属性中,政务微博与政务微信在信息准确可靠方面存在显著差异,公众认为政务微信的信息更为准确可靠(M=3.62;T=2.99)。这可能与政务微信的推送形式和内容形式有关。通常而言,相比政务微博突出短小、快速、精干,政务微信往往能

---

[1] Cf. O'Keefe, D. J., *Persuasion: Theory and Research*, Newbury Park: CA: Sage. 1990: 130-131.

够更为深入地剖析政务信息,提供较为精准而详细的解读,能够强化公众对其发布信息准确可靠的感知。此外,公众认为与政务微信相比,政务微博内容的趣味性更强(M=3.11;T=-3.95),说明政务微博在逐年探索适宜微博传播轻松、活泼、亲民的政治话语受到公众的认可。趣味性这一特质也极大地提高了政务微博的媒介可信度。表4-1还显示,在权威公正、及时性和深刻性三个媒介可信性维度,政务微博与政务微信没有表现出显著差异。

表4-1　政务微博与政务微信的可信度均值与T检验结果

	政务微博	政务微信	T-score
	均值	均值	T 值
信息准确可靠	3.57(.85)	3.62(.86)	2.99**
权威公正	3.61(.96)	3.60(.93)	.205
即时发布、及时更新	3.59(.96)	3.57(.95)	.925
有深度、见解独到	3.40(.96)	3.40(.97)	.179
趣味性强	3.11(1.03)	3.20(1.92)	-3.95***

注:*** 代表0.001的显著水平,** 代表0.01的显著水平。

3. 公众对电子政府网站使用的评价

问卷中,研究还统计了公众使用电子政府网站过程中所形成的评价。图4-8显示,作为最早发展也是最为成熟的电子政府工具,公众对政府网站使用的评价整体良好。有51.5%的用户认为通过政府网站可以找到自己所需要的信息与服务,说明超过半数的用户认可电子政府网站的功能性服务。另外,有41.2%的用户比较认可电子政务的便捷性、低成本与效率,认可找到自己所需服务的速度、形式令人满意。这肯定了目前电子政府在近用性、易用性方面做出的努力。公众评价比较低的是电子政府的互动性,仅有34.7%的用户认为通过电子政府网站能够加强与政府的互动,这与经验一致,目前的政府网站在互动性方面还有待加强。

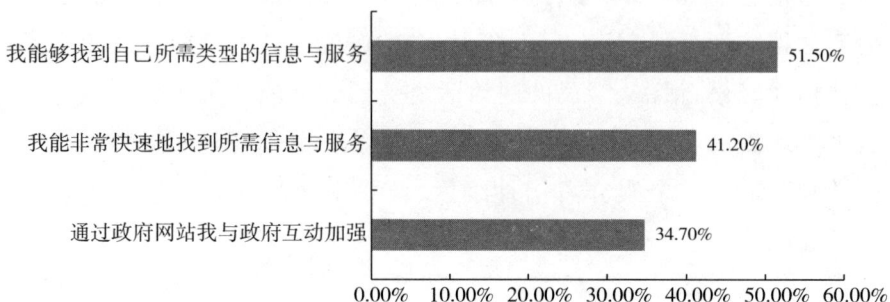

图 4-8　公众政府网站使用评价

（五）使用意愿

研究还分析了公众继续使用政务新媒体的总体意愿,结论如图 4-9所示。有 48.5% 的公众比较认同和非常认同自己在未来还会使用北京市政务新媒体,这在一定程度上能够说明,已经在使用政务新媒体的公众对政务新媒体的认可程度和持续使用意愿较强。而有 39.1% 的公众比较同意和非常同意使用政务新媒体已成为自己的习惯,习惯性使用是保证并提升未来使用意愿的关键,这在一定程度上说明了政务新媒体的用户渗透在未来还有发展潜力。有 37.5% 的用户比较认同和非常认同自己会向其他用户推荐政务新媒体,这在一定程度上能够预期政务新媒体用户规模将会持续增长。

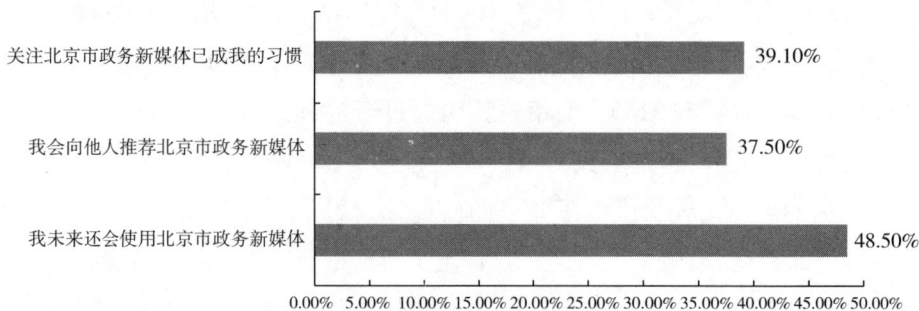

图 4-9　政务新媒体的使用意愿

三、政务新媒体用户深描

（一）政务新媒体用户特征

根据 2015 年"北京市政务新媒体使用调查"，北京市政务新媒体用户中，男性样本用户占 49.6%，女性样本用户占 50.4%。年龄范围在 18—69 岁，年龄最为集中在 18—39 岁，占 87.9%，平均年龄为 30 岁，58.7% 的用户具有本科学历，72.8% 的用户具有本科及以上学历，55.9% 的用户拥有北京市城镇户口，收入感知的均值为 M=5.06（SD=1.857），说明政务新媒体用户家庭收入感知略高于平均水平，整体属于较高收入阶层。

2015 年"城市治理政治调查"中共有 322 个样本为政务新媒体用户。经过筛选分析后可知，在全国范围内，该样本政务新媒体用户中男性占比 62.4%，女性占比 37.6%。年龄范围在 21—69 岁，其中年龄最为集中的在 21—29 岁（28.9%）与 30—39 岁（26.1%），平均年龄为 38.6 岁。学历最为集中的是本科学历，共有 39.1% 的用户具有本科学历，大学本科及以上学历的总百分比为 45.5%。另外，拥有大专学历的人为 17.1%，拥有高中学历的人为 16.8%，拥有初中及以下学历的用户有 12.4%。73.9% 的用户拥有城镇户口，其中 64.6% 的用户拥有居住地当地的本市城镇户口，而 9.3% 的用户拥有外地城镇户口。2014 年样本家庭总收入区间在 7200—700000 元之间，均值为 97986.92 元（SD=91612.2,），中位数为 80000 元。而整套数据的家庭收入区间为 2500—800000 元，均值为 72848.11（SD=78024.78），中位数为 60000元，可说明全国范围内政务新媒体用户人群的收入水平要显著高于非用户的收入水平。

经过比较可知，全国范围内男性政务新媒体用户的比例要高于北京市男性用户的比例，而北京市女性用户的比例则远高于全国女性用户的比例。在年龄分布上，北京市数据与全国数据呈现出一致的趋势：政务新媒体用户具有年轻化与中间化的特点，18—39 岁的青年/中青年群体是用户主力。相比全国用户，北京市用户显得更为年轻，平均年龄仅为 30 岁，而全国用户的平均年龄为 38.6 岁。这与北京市聚集了更多的高校学生以及吸引年轻人的新兴产业从业者有关（如互联网行业、投资、共享经济、文创行业等）。在学历方面，北京市高学历用户所占比重远高于全国，尤其是拥有本科、硕士、博士学历的用户比例高达 72.8%。全国用户的平均学历则较多集中在本科、高中、大专三个层面，这与我国的国情相符，北京市相比全国具有更多高学历人才。两套数据显示的北京市户口与本地城镇户口的比重较为相似，可见主要的政务新媒体用户为所在地当地的城市居民，地域性也较为突出。在收入指标上，虽然两套数据所采用的测量指标不同，但可以明确，无论北京市还是全国范围内的政务新媒体用户均属于收入较高的阶层。尤其是全国范围内，政务新媒体用户收入的中位数较全体样本中位数高出 20000 元，均值亦高出 25138.81 元，远高于非用户的收入水平。至此，可以总结出政务新媒体用户的主要人口社会特征为：高学历、年轻化、高收入的本地户籍城市居民，属于社会的中间阶层。

（二）不同类型政务新媒体公众使用差异分析

虽然中国互联网发展研究中心、国家行政学院电子政务研究中心等机构每年都会发布政务新媒体用户报告，但并未详细考虑用户人群在使用不同政务新媒体时的差异性。已有研究表明，不同人口特征（主要包括性别、年龄、教育程度、收入）的用户在使用电子政府、政务新媒体的过程中存在显著的差异。有结论认为，性别变量虽然不能影响公众对电子政府、政务新媒体的使用，但在使用目的与功能方面，男性用户与女性用户呈现出显著差异。[1] 朱旭峰等在对电子政府用户的调查中，发现男性更偏重法律法规方面的信息，女性更偏重获得生活类信息。[2] 年龄变量也呈现出较为显著的差异性，如莫西等（Murthy）发现年龄差异决定了美国主要城市人群使用社交媒体的程度。总体

---

[1]　Cf. US Bureau of the Census. , "Home Computers and Internet Use in the United States Current Population Reports Special Studies", http://www.census.gov/prod/2001 pubs/p23-207.pdf, 2007/6/20.

[2]　参见朱旭峰、黄珊：《电子政务、市民特征与用户信息行为——基于天津市市民调查的实证研究》，《公共管理学报》2008 年第 5 期。

而言,年轻用户更容易使用新媒体。[1] 王芳和张璐阳发现在 15 — 25 岁与
26 — 35 岁两个年龄段,中国用户对政务微信的使用会出现高峰,此后随着年
龄增长,使用逐渐减少。[2] 数字鸿沟的研究认为不同教育程度与收入水平的
用户在使用新媒介的过程中会呈现出显著差异。通常而言,教育水平高、收入
高的用户会更积极、频繁地使用新媒介。[3] 北京户口变量也值得关注。因为
是否拥有北京户口,一定程度上决定了用户是否需要以市民身份办理北京市
社保、证照、出入境、医疗等公共业务。此外,政治知识和政治兴趣程度的不同
也有可能导致使用政治类媒介的情况存在差异。基于此,研究利用北京市数
据,通过单因素方差分析(ANOVA)解析不同人口特征的城市人群使用三种政
务新媒体(政务微博、政务微信、政务 APP)是否存在显著差异。

1. 不同类型政务新媒体使用均值

研究首先对各个变量的均值进行了统计分析(人口统计变量结果见用户
特征的分析),结果如表 4-2 所示。公众使用电子政府的均值为 M = 2.55,
SD = 1.208。三种政务新媒体的使用均值分别为政务微博 M = 2.47,SD =
1.247;政务微信 M = 2.71,SD = 1.237;政务 APPM = 2.27,SD = 1.233,可见目
前所有线上政府工具中,政务微信是公众接触最多、使用最多的政务新媒体,
其次为电子政府、政务微博、政务 APP。一般性社交媒体使用变量中,使用微
博的均值为 M = 3.39,SD = 1.333;使用微信的均值为 M = 4.37,SD = 1.237。
可见微信使用已经远多于微博使用,这印证了微信是中国用户日常使用最多
的社交媒体,但也可知微博依然长期保有较大数量的用户。研究还对公众的
政治兴趣与政治知识水平进行了测量,样本公众中,政治兴趣的均值为 M =
5.90;SD = 2.420;政治知识的均值为 M = 5.82,SD = 2.243,均高于平均水平。
这说明了政务新媒体的用户在社会生活中是"政治积极者",普遍具有相对较

---

[1]　Cf.Jang J I,Choi Y,Lee Y H,et al. ,"Exploring the Digital Divide Internet Connectedness and Age",*Communication Research*, 2001,28(4):536-562.

[2]　参见王芳、张璐阳:《中国政务微信的功能定位及公众利用情况调查研究》,《电子政务》2014 年第 10 期。

[3]　参见韦路、张明新:《第三道数字鸿沟:互联网上的知识沟》,《新闻传播与研究》2006 年第 4 期。

高的政治兴趣与知识水平。

表4-2　不同类型政务新媒体使用的变量均值与标准差

变量	均值（Mean）	标准差（SD）
电子政府使用	2.55	1.208
政务微博使用	2.47	1.247
政务微信使用	2.71	1.237
政务 APP 使用	2.27	1.233
微博使用	3.39	1.333
微信使用	4.37	1.237
政治兴趣	5.90	2.420
政治知识	5.82	2.243

2. 不同类型政务新媒体使用差异（ANOVA）分析

单因素方差分析（ANOVA）结果显示了不同人口特征的城市人群使用三种政务新媒体（政务微博、政务微信、政务 APP）的诸多显著差异（表4-3）。结论显示：男性用户只在使用政务 APP 一项中显著高于女性，而在政务微博与政务微信的使用中性别变量均无显著差异。由于政务 APP 是目前最新、最前沿的政务工具，男性使用高于女性使用的结论可在一定程度上体现出男性对政务新工具的试新意愿更强、行动更快。年龄不同的群组对三种政务新媒体的使用都存在显著差异。年龄在 30—39 岁和 20—29 岁的人群使用政务微博最多，远远高于年龄在 19 岁以下的群组以及 40—49 岁、50—59 岁的年龄组，而年龄在 60 岁以上的公众使用政务微博则又开始增加。对于政务微信和政务 APP 的使用，年龄差异则体现出显著的"倒 U 型"特征，即 30—39 岁的人群使用最多，而年轻群组与中年、老年群组明显降低。学历较高和收入较高的人群比学历较低、收入较低的人群更多使用政务微博、政务微信与政务 APP。户籍变量也存在显著差异，拥有北京户籍的人群在三种政务新媒体的使用上也显著高于非北京户籍的人群。可推测，具有户口的北京居民更需要通过政务新媒体办理公共业务，接受公共服务。

表4-3 还显示了不同新媒体使用习惯的用户在采用政务新媒体方面的

差异。如果用户日常使用微博较多,那么他们使用政务微博、政务微信、政务
APP 也会略多,而日常使用微信较多或非常频繁的用户群组,则明显减少了
三种政务新媒体的使用,这也从侧面说明用户使用微信多偏重个体化、个性化
而非政治性、公共性需求。同样,如果用户认为自己对政治比较有兴趣,或是
具有较为丰富的政治知识,那么他们使用政务微博、政务微信、政务 APP 也会
较多。

表4-3　人口社会经济变量与政务新媒体的方差分析

变量 （显著性）	政务微博		政务微信		政务 APP	
	均值	F 值	均值	F 值	均值	F 值
性别		.348		.552		3.970*
男	2.49(1.28)		2.74(1.24)		2.35(1.26)	
女	2.45(1.21)		2.68(1.23)		2.20(1.21)	
年龄段		13.071***		11.318***		18.295***
19 岁以下	1.95(.892)		2.18(1.13)		1.60(.83)	
20—29 岁	2.42(1.21)		2.61(1.22)		2.19(1.22)	
30—39 岁	2.81(1.34)		3.05(1.25)		2.67(1.28)	
40—49 岁	2.11(1.08)		2.60(1.10)		2.04(.99)	
50—59 岁	1.76(.912)		2.24(.988)		1.59(.83)	
60—69 岁	2.0(.816)		2.00(1.41)		1.0(.00)	
户籍		60.556***		55.261***		60.024***
京籍	2.73(1.33)		2.96(1.25)		2.53(1.31)	
非京籍	2.14(1.05)		2.40(1.14)		1.95(1.04)	
教育程度		13.634***		10.118***		5.166**
初中及以下	1.40(.87)		1.76(1.05)		1.56(1.00)	
高中/中专	1.89(.98)		2.37(1.22)		1.99(1.21)	
本科/大专	2.52(1.26)		2.71(1.24)		2.29(1.23)	
硕士及以上	2.67(1.18)		3.02(1.17)		2.44(1.23)	
收入		84.130***		59.940***		98.391***
低收入	1.77(.899)		2.09(1.13)		1.61(.901)	
中等收入	2.53(1.23)		2.77(1.20)		2.30(1.20)	

续表

变量 （显著性）	政务微博		政务微信		政务APP	
	均值	F 值	均值	F 值	均值	F 值
高收入	3.59(1.12)		3.63(1.06)		3.56(1.05)	
微博使用		111.75***		41.552***		46.100***
几乎不	1.15(.48)		1.80(1.96)		1.37(.81)	
较少	1.68(.76)		2.20(1.09)		1.71(.85)	
一般	2.36(1.03)		2.66(1.12)		2.19(1.08)	
较多	2.87(1.03)		3.07(1.17)		2.61(1.19)	
很频繁	3.20(1.34)		3.08(1.23)		2.72(1.28)	
微信使用		7.282***		10.132***		8.627***
几乎不	1.50(.98)		1.25(.74)		1.63(1.25)	
较少	2.38(1.01)		2.50(.93)		2.63(1.35)	
一般	2.74(1.35)		2.91(1.30)		2.50(1.33)	
较多	2.65(1.27)		2.82(1.20)		2.54(1.32)	
很频繁	2.38(1.21)		2.69(1.23)		2.21(1.24)	
政治兴趣		118.302***		101.18***		123.940***
不感兴趣	1.76(.98)		1.96(1.05)		1.57(.85)	
一般	2.27(1.97)		2.57(1.11)		2.05(1.04)	
感兴趣	3.22(1.29)		3.37(1.21)		3.03(1.33)	
政治知识		122.551***		105.111***		129.221***
程度较差	1.70(.92)		1.96(1.06)		1.54(.86)	
一般	2.31(1.09)		2.57(1.12)		2.09(1.06)	
程度较高	3.32(1.29)		3.49(1.19)		3.15(1.23)	

注：*** 代表 0.001 的显著水平，** 代表 0.01 的显著水平，* 代表 0.05 的显著水平。

四、政务新媒体公众使用的影响因素

（一）相关文献探讨

学界已经尝试探索公众使用互联网、政务新媒体、采纳新技术的影响因素。第一类为人口社会经济变量的影响。性别通常被发现不能显著影响公众对新媒介的使用情况。[①]　年龄变量通常呈现出较为显著的影响。江等（Jang）认为年轻用户更容易使用新媒介，而老年用户不仅会减少使用，使用的目的与功能领域也会更窄。[②]　威腾德尔博（Wittendorp）的研究发现年轻人更容易使用电子政府网站以获得信息并取得公共服务。[③]　有学者研究政务微信使用公众的特征时发现，16—25 岁与 26—35 岁的受访者在采纳政务微信时会出现峰值，而在 35 岁以上的受访者使用意愿则会明显下降。[④]　教育程度与收入两个社会经济变量通常对新媒介的采纳有着积极的预测，如韦路等验证了较高教育程度的用户对互联网的政治使用更多，[⑤]卢春天等也得出了教育程度较高、收入较高的群体接触并使用新媒介越多的结论。[⑥]

新技术接受模型从技术工具属性出发，认为感知有用性与易用性是决定个人采用某种信息技术的关键，而对技术采用过程的其他影响因素，如技术使用习惯、认知、心理等关注不足。有研究认为人们的互联网使用取决于网络使用技能和自我效能感，[⑦]韦路等的研究则提出网络经历、网络知识、效能感三个层面都能够影响公众的网络使用意向。[⑧]　沿着这一思路推断，公众是否使

---

①　Cf. US Bureau of the Census. , "Home Computers and Internet Use in the United States Current Population Reports Special Studies", http://www. census. gov/prod/2001 pubs/p23-207. pdf, 2007/6/20.

②　Cf. Jang J I, Choi Y, Lee Y H, et al. , "Exploring the Digital Divide Internet Connectedness and Age", *Communication Research*, 2001, 28(4):536-562.

③　Cf. Wittendorp, R. (2017), *Modeling the Use of E-government Services: The Role of Internet Skills, Support Sources, Gender, Age, Education, Internet Experience, Employment Rate and Income*, Master's thesis, University of Twente.

④　参见王芳、张璐阳:《中国政务微信的功能定位及公众利用情况调查研究》,《电子政务》2014 年第 10 期。

⑤　参见韦路、张明新:《第三道数字鸿沟:互联网上的知识沟》,《新闻传播与研究》2006 年第 4 期。

⑥　参见卢春天、权小娟:《媒介使用对政府信任的影响——基于 CGSS2010 数据的实证研究》,《国际新闻界》2015 年第 5 期。

⑦　Cf. Livingstone, S. , & Helsper, E. , "Gradations in Digital Inclusion: Children, Young people and the Digital Divide", *New Media & Society*, 2007, 9(4):671-696.

⑧　参见韦路、张明新:《第三道数字鸿沟:互联网上的知识沟》,《新闻传播与研究》2006 年第 4 期。

用政务新媒体,可能与其新媒体使用经历、政治知识程度、政治心理等因素有关。张明新等认为公众对网络的使用愈多,则会愈发依赖网络作为满足自己需求的媒介。① 周沛等认为公众利用互联网从事各种网上活动的信心(即网络自我效能感)会对公众使用政务新媒体产生积极的影响。② 也有学者认为公众对政务新媒体的持续使用意愿由对政务新媒体的满意度决定,且受到媒介沉浸性变量的调节。③ 传播学者研究社会化媒体的具体使用类型(如新闻性使用)与政治行为的关系时,倾向于加入社会化媒体的一般性使用作为控制变量或自变量。④ 由此可见,公众对政务新媒体的使用,可能会受到其新媒体使用习惯与经历的影响。

由于政务新媒体属于政治类信息技术应用,网络效能感的影响应考虑使用者的政治心理特征。新技术的使用效果在具有不同政治心理特征的人群间是存在显著差异的,⑤而这种效果的根本原因通常是信息流与心理特征所产生的"共鸣"。⑥ 政治兴趣是十分重要的政治心理指标,被认为贯穿公民参与政治系统的全过程,⑦且被证实积极地促进公众参与意向,⑧因而也可能对公众接触并使用政务新媒体产生影响。政治知识既是公众所掌握的理解政治的

---

① 参见张明新、曾宪明:《网络使用、网络依赖与网络信息可信度之相关性研究》,《湖北大学学报》(哲学社会科学版)2007 年第 3 期。

② 参见周沛、马静、徐晓林:《移动电子政务公众采纳影响因素的实证研究》,《图书情报工作》2012 年第 5 期。

③ Cf.Guo,J. ,Liu,Z. ,& Liu,Y. ,"Key Success Factors for the Launch of Government Social Media Platform: Identifying the Formation Mechanism of Continuance Intention",*Computers in Human Behavior*,2016,55:750−763.

④ Cf.Gil de Zúñiga, H. , Jung, N. , & Valenzuela, S. , "Social Media Use for News and Individuals'Social Capital,Civic Engagement and Political Participation",*Journal of Computer-Mediated Communication*,2012,17(3):319−336.

⑤ Cf.Xenos,M. ,&Moy,P. ,"Direct and Differential Effect of the Internet on Political and Civic Engagement",*Journal of Communication*,2007,57(4): 704−718.

⑥ 参见游淳惠、徐煜:《互联网使用与政治参与关系的再审视:基于 2012 年台湾地区 TCS 数据的实证分析》,《国际新闻界》2015 年第 8 期。

⑦ 参见[美]加布里埃尔·A.阿尔蒙德、西德尼·维巴:《公民文化——五个国家的政治态度和民主制》,人民出版社 2014 年版,第 17 页。

⑧ 参见周葆华、陆晔:《从媒介使用到媒介参与:中国公众媒介素养的基本现状》,《新闻大学》2008 年第 4 期。

客观资源,也与政治心理有关,政治知识的差异(如知识沟的存在)影响着公众的政治行为,拥有更多政治知识的人会更倾向于参与公共事务,[1]而知识程度也是影响公众接受和使用网络的重要变量。[2] 引申到政治新技术领域,政府网站相比其他网站更具有神秘性,有学者证明了访问政府网站的用户会被期望为更加富有知识。[3]

(二)变量、测量与方法

在上述文献的支持下,问卷中主要设计了如下变量,操作和测量如下:

政务媒介使用变量:测量的问题为"在日常生活中,您接触和使用政务微博/政务微信/政务 APP 符合下列哪个选项",选项为 1 到 5 打分,1 为"几乎不",5 为"很频繁"。

新媒体一般性使用变量:测量的问题为"在日常生活中,您接触和使用微博/微信符合下列哪种情况",选项为 1 到 5 打分,1 为"几乎不",5 为"很频繁"。

政治心理类变量:包括政治兴趣与政治知识两项。测量的问题分别为"您认为自己是否对政治感兴趣"(选项为 1 到 10 打分,1 为"极为不感兴趣",10 为"极为感兴趣")与"您认为自己的政治知识水平如何"(选项为 1 到 10 打分,1 为最低水平,10 为最高水平)。

"人口与社会经济特征"变量包括性别(男性为 1、女性为 0)、户籍(拥有北京户口为 1,没有北京户籍为 0)、年龄(连续变量)、教育程度(初中及以下为 1,高中/中专为 2,本科/大专为 3,硕士研究生及以上为 4)、收入(测量问题为"与一般家庭相比,您感觉您的家庭总体收入在北京市处于什么水平",选项为 1 到 10 打分,1 为最低水平,10 为最高水平。为了分析方便,将选择 1—3 的群体归入低收入组,选择 4—7 的群体归入中等收入组,选择 8—10 的群

---

① 参见张明新:《互联网时代中国公众的政治参与:检验政治知识的影响》,《中国地质大学学报》(社会科学版)2011 年第 6 期。

② 参见黄艾华:《网络传播加剧知识沟扩散》,《北京广播学院学报》2002 年第 4 期。

③ Cf. Thomas, J. C. , & Streib, G. , "E-Democracy, E-Commerce, and E-Research: Examining the Electronic Ties between Citizens and Governments", *Administration & Society*, 2005, 37: 259–280.

体归入高收入组）。

研究将变量逐一纳入 OLS 多元线性回归模型进行探讨,进而探讨人口社会经济变量、政治心理变量、一般性媒介使用与其他类型的政务新媒体使用是否能够积极影响政务新媒体的使用与采纳。

（三）回归模型的建构与分析

表4-4 的回归分析结果显示,在政务微博的最终模型中(模型3),人口社会经济变量只有收入显著正向影响公众对政务微博的使用。年龄变量在模型1中有微弱的显著性,而在加入媒介变量之后显著性即消失,说明年龄对于政务微博的影响受到日常新媒体接触习惯的调节;同理,户籍、教育程度变量受到政治兴趣与政治知识的影响,这说明高学历用户只有在增加政治兴趣或政治知识的前提下,才可能增加对政务微博的使用。模型3 还显示新媒体变量对政务微博有非常显著的影响,但方向不一致。公众使用微博越多,对政务微博的使用就会越多,而如果公众使用微信越多,那么使用政务微博就越少,但如果公众接触政务微信和政务 APP 比较多,则会显著增加对政务微博的使用。对政治越感兴趣的用户更有可能使用政务微博,而拥有政治知识的多少与是否使用政务微博无显著因果关系。从整体模型可看出,三类变量共解释因变量变异度的 67.2%,其中“新媒介使用”的解释度是最高的(45.6%),政治类变量解释度偏低。

模型6 显示,人口社会经济变量、政治兴趣的多少与政治知识的多寡对公众政务微信的使用没有显著影响,只有新媒介使用变量是主要的影响因素,解释了整体模型的 41.6%。其中,微博使用对政务微信使用呈现削弱式影响,即公众使用微博越多,接触政务微信就越少,而微信使用的增多则会明显增加政务微信的使用。如果公众本身就是其他两种政务新媒体的忠诚用户,那么也会显著增加公众对政务微信的使用。

模型9 显示,人口社会经济变量对政务 APP 的使用影响较为显著(解释整体模型的 22.3%)。教育程度对政务 APP 的使用呈现出负向影响,对比模型7 和模型8 可以看出。虽然在模型7 中教育变量并不显著,但在加入新媒介使用习惯与政治心理变量后,负向显著性不断增强,这说明媒体使用习惯不同,政治知识偏少,会明显减少高学历人群使用政务 APP 的可能性。收入的高低对政务 APP 使用的影响显著,高收入群体更为倾向使用政务 APP,而性别、户籍并非是真正影响政务 APP 使用的因素。在媒介变量中,微博使用对政务 APP 使用无显著影响,而微信使用则对政务 APP 使用存在负向影响,即公众更多地使用微信,那么会减少政务 APP 的使用。与模型 3 及模型 6 一致的是,政务微信与政务微博的使用都对政务 APP 有显著的正向影响。政治知识越多的人,越容易使用政务 APP,而是否对政治感兴趣则没有影响。

表4-4　三种政务新媒体使用影响因素的回归分析

变量	政务微博			政务微信			政务 APP		
	模型 1	模型 2	模型 3	模型 4	模型 5	模型 6	模型 7	模型 8	模型 9
男性	.025	.007	−.002	.026	−.010	−.017	.063 **	.041 *	.029
京籍	.094 **	.034 *	.029	.091	.013	.006	.087 **	.019	.008
教育	.097 **	.034 *	.205	.096	.037 *	.025	.022	−.039 *	−.056 **
收入	.396 ***	.064 **	.053 **	.329 ***	.001	−.008	.482 ***	.148 ***	.130 ***
年龄	−.055 *	−.018	−.021	.012	.036 *	.032	−.014	.002	−.005
微博使用		.293 ***	.289 ***		−.060 **	−.062 **		.016	.012
微信使用		−.065 ***	−.066 ***		.107 **	.107 ***		−.097 ***	−.094 ***
政务微信		.332 ***	.321 ***					.377 ***	.357 ***
政务微博					.423 ***	.411 ***		.381 ***	.359 ***
政务 APP		.328 ***	.312 ***		.413 ***	.397 ***			
政治兴趣			.062 **			.494			.048
政治知识			.012			.119			.070 **
调整后的 R 平方	.212	.669	.672	.163	.579	.581	.219	.616	.623
R 平方变更	.216	.456	.004	.167	.416	.003	.223	.396	.008

注:*** 代表 0.001 的显著水平,** 代表 0.01 的显著水平,* 代表 0.05 的显著水平。

五、促进政务新媒体发展的用户策略

综上分析可知,我国使用政务新媒体的用户已具有相当规模。用户形成了一定的政务新媒体采纳与使用习惯,并将在未来继续扩大政务新媒体的使用。在纷繁复杂的移动互联网信息时代,政务新媒体若要保有庞大的用户规模并不断扩大影响力,就需要尊重新技术采纳规律,采取有效措施扩展新用户,提高用户黏度并改善用户体验。

(一)以满足用户需求为基础的综合发展策略

两套问卷的数据展示了政务新媒体作为政府传播工具与治理工具为公众所普遍使用的基本样貌。结论认为,政务新媒体的发展应当充分重视用户策略,首先应当明确并尊重用户需求,积极改进,致力于提供能够满足公众需求的政务新媒体功能与产品,才能提高公众使用意愿并形成使用习惯。总体而言,信息获取是公众使用政务新媒体最常使用的功能,这也是未来政务新媒体需要持续发展的重点功能。公共服务类功能的发展是服务型政府转型的重要表现,而申诉类功能目前的应用尚不充分,可考虑进一步简化申诉类功能的使用步骤并提高效率。

通过对公众需求、使用偏好的评价分析可知,在国家大政方针政策发布的过程中,政务微博/微信应发挥重要作用,且需要与传统媒体配合传播,形成线上、线下多元化的拟态环境。且要注意政务网站中的信息发布向政务微博/微信移动端迁移。在内容建设方面也要提倡政府信息供给与公众需求相匹配。如在政务微信中多提供政务专家与政策制定者权威而深度的分析文章,或提供趣味性高、观点性强的政治、历史、文化分析,吸引公众驻足。政务微博则应进一步向网络平台的公众流行语学习,采用公众喜爱、易于接受的传播方式,以获得更多的关注度。满足公众信息需求的关键目标之一,在于利用政务微博和政务微信的传播特征提高政务新媒体权威公正、准确可靠和及时性的媒介可信度。媒介可信度的改进和塑造,也是满足公众信息需求的必然要求。研究还发现,公众采纳政务新媒体新技术的意愿总体上保持在较高水平。虽然用户采纳政务微博、政务微信、政务APP 的速度和接受度快慢不一,但未来三种政务新媒体用户规模的发展空间潜力巨大。

（二）用户群体细分、精准定位策略

通过用户差异与政务新媒体使用影响因素的分析，可以发现用户的人群特征、采纳规律。分析结果显示，不同的年龄与性别人群在使用不同政务新媒体方面虽然存在差异，但却并非政务新媒体使用的有效预测变量。比较重要的人口变量是收入，能够显著积极影响政务微博、政务 APP 的使用，收入越高的用户使用政务微博和政务 APP 越多，但对政务微信无影响。户籍、年龄、教育程度等变量的作用多在加入媒介变量、政治变量之后显著性消失。只有教育程度对政务 APP 的负向影响仍然显著，教育程度在本科/大专的人群使用 APP 最多，学历更高的人群反而减少使用。政治类变量对政务新媒体使用的影响比较微弱，这体现在回归模型中 R 平方变更值仅为 4%、3%、8%，对整体模型解释的贡献度偏低。其中，政治兴趣正向影响政务微博的使用，可能是因为用户自身对政治比较感兴趣，所以在复杂舆论场中比较关注政治类微博，因而也关注了大量政府官方微博。政治知识则能够正向影响政务 APP 的使用。政治知识越丰富的群体越容易使用政务 APP。这符合创新扩散理论，即新技术的扩展受到创新复杂性（新技术的难易程度）与兼容性（创新与人们价值观、经验以及潜在需求的一致性）的影响。政治知识较多的人利用政治类新技术的经验比较丰富，比较容易接受政治技术创新，因此容易成为政务 APP 的早期使用者。这提醒政府可根据上述因素对政务新媒体采纳和使用的影响作用机制对人群进行细分，进而锁定目标人群，采用不同策略。

具体而言，吸引高收入阶层用户，可以直接带来政务微博和政务 APP 用户的增长。重点吸引收入稳定、本科学历为主的各年龄段社会中间阶层，可同时提高各类政务新媒体的用户规模。发展 60 岁以上、生活富裕、受过一定教育的中老年用户是具有可行性的，尤其是推广政务微博，政务微信和政务 APP 也可以尝试。此外，政务新媒体可以通过内容建设与话语变革，努力发展成为公众信任的政治信息源、意见集散地、新气象与新风貌聚合的新平台，这是培养并提高公众政治兴趣，提供和传播政治知识的重要渠道和有效方法。研究表明，政务新媒体用户的政治兴趣和政治知识水平普遍较高。对政治更感兴趣和更高的政治知识水平都能显著增加公众对政务新媒体的使用，且会

增加政务新媒体的使用广度与深度。因此,依据公众的政治兴趣和政治知识水平细分用户并满足其需求,能够成为培育政务新媒体优质用户、整体提高政务新媒体运营水平的有效解决之道。

(三)把握"同质增长、异质削减、关联促进"的用户规模扩散规律

通过上述方差分析与回归模型,研究发现了影响政务新媒体使用最为重要的因素是公众对于新媒介的一般性使用习惯以及使用其他类别政务新媒体的情况。因此,研究提出政务新媒体用户规模增长和扩散总体上呈现出"同质增长、异质削减、关联促进"的规律。

"同质增长"指同种应用的一般性使用与政务性使用呈同向增长的状态,即用户使用微博越多,则使用政务微博也会越多;使用微信越多,那么也会相应增加政务微信的使用。这恰好回应了政务新媒体的发展趋势,是伴随微博与微信的用户基数增长而蓬勃发展的,也暗示了政务新媒体的进一步渗透需要尊重并理解用户日常媒介使用习惯,充分发展用户使用最多、最频繁的媒介是根本之道。"异质削减"的现象也比较明显,如用户更多使用微信,就会减少政务微博的使用,而更多使用微博,也同样会减少接触政务微信,这是由于微博与微信的传播情境不同,公众的关注时间有限且偏好不同,存在"替代关系"。对于最新的政务新媒体形式政务 APP,虽然没有受到微博使用的影响,但如果使用微信偏多,则会减少对政务 APP 的使用,这可能是由于同为手机应用,且两者功能在一定程度上重合(信息发布和市政缴费等公共服务)。因此,用户会更多选择微信而减少使用政务 APP,这也启示了政务 APP 的设计应与微信有更明确的区分。结论还表明,如果公众习惯于使用任何一种政务新媒体,那么也会显著增加对其他两种政务新媒体的使用,因此让公众接受并习惯使用任意一种政务新媒体,通过连带效应而扩展其他类型的政务新媒体使用应是政务新媒体用户发展战略的重点。

这种用户增长规律对政府进一步推广政务新媒体有重要启示。首先,应充分重视公众的新媒体使用习惯,把握互联网应用的发展浪潮与趋势。相当长一段时期内,微博与微信还将会是我国用户最重要的社交媒体工具,应当进一步强化这两种政务新媒体平台的发展。但也要有前沿目光,抓住移动互联

网新应用的发展风潮布局政务新媒体。如重点发展政务短视频,诸如抖音、快手等,借助短视频用户的飞速增长,迅速发展新的政务新媒体平台试新者。其次,"异质削减"规律尤其提示政府需要对政务新媒体的功能加以区分,功能重合容易导致政务新媒体之间"相互替代"而减少使用。最后,要明确公众的政务新媒体使用习惯,深入挖掘用户行为,加强用户行为的研究。通过培养公众对一种政务工具的依赖,产生涟漪效应,借助"关联促进"规律,丰富公众使用政务新媒体的种类,以全面推动政务微博、政务微信、政务 APP 以及其他类别政务新媒体工具的全面联动发展。在目前的媒介环境中,由于公众对微信的依赖性和卷入度较强,因此可以大力推动公众使用政务微信,借此在全政务新媒体平台起到较好的推进、推广、扩散作用。短视频平台对用户存在沉浸式"深度卷入"的吸引力,政府也可以通过短视频培养一批用户对政务短视频的依赖性,再利用关联促进规律实现全政务新媒体类型使用的增长。亦可尝试通过推动政务 APP 来培养公众使用政务新媒体的习惯。例如,在出入境、教育、经营、行政审批等领域发展并推广简洁、便利、快速的政务 APP,提升用户满意度,提高用户黏性,进而有利于推动公众形成使用各类政务新媒体的习惯,从而整体增加用户规模。

第五章 政务新媒体的传播
效果与影响研究

现代信息通信技术(ICT)的创新扩散正在改造政府流程,提升政府绩效,重构治理体系,[1]也蕴含着改变民众的政治态度、政治心理与政治行为的潜能。政府大力发展政务新媒体在上述两个层面上的效果值得期待。换言之,只有明确政务新媒体的传播效果与影响,才能从根本上明确政务新媒体发展现状和发展目的。政务新媒体是公众感知政府,体验政府进而产生评价的主要途径,也是公众通过政治接触而改变自身政治态度和行为的主要介质。本章将利用调查问卷所获得的数据,借助回归分析模型,从政府满意度、心理与行为影响、政治影响三个层面,考察政务新媒体传播的宏观效果机制与微观影响机制。

一、数据、框架、变量与测量

本章使用 2015 年北京市政府新媒体传播与效果调查(问卷 1)、2015 中国城市治理调查(问卷 2)两套数据研究政务新媒体传播效果与影响。研究主要使用多元阶层回归模型,分析政务新媒体使用对政治知识与兴趣、政府满意度、政治参与、政治信任的影响。研究框架、自变量与因变量如图 5-1 所示,

---

① Cf. Criado, J. I., Sandoval-Almazan, R. & Gil-Garcia, J. R., "Government Innovation Through Social Media", *Government information Quarterly*, 2013, 30(4): 319-326.

具体操作和测量如下：

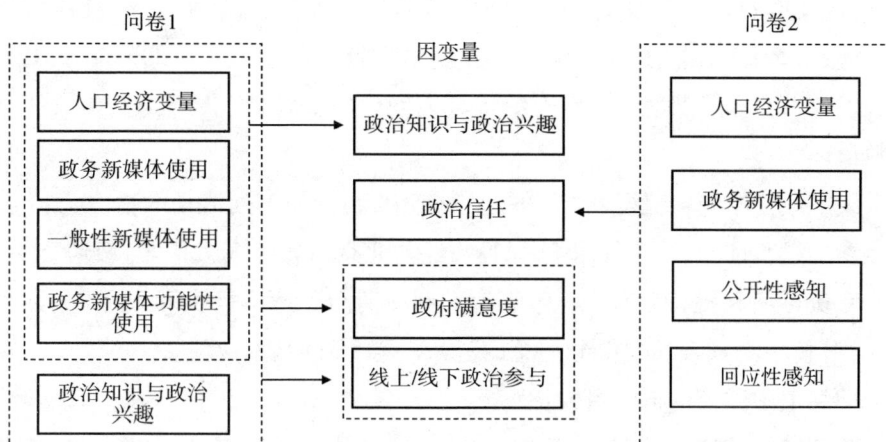

图 5-1　政务新媒体效果与影响研究框架

（一）北京市政务新媒体公众使用与影响调查（问卷 1）中的因变量与自变量

问卷 1 中涉及的因变量包括：

政治兴趣与政治知识：测量的问题分别为"您认为自己是否对政治感兴趣"（选项为 1 到 10 打分，1 为极为不感兴趣，10 为极为感兴趣）与"您认为政治知识的水平如何"（选项为 1 到 10 打分，1 为最低水平，10 为最高水平）。

政府满意度：使用单一问题"您在多大程度上同意下述说法'我对北京市政府的表现总体满意'"，选项为 1 到 5 打分，1 为完全不同意，5 为非常同意。

信息公开满意度：信息公开度的测量使用问题"您在多大程度上同意'北京市政府经常通过各种方式公布政务信息，包括财政收支、教育支出、公务消费等'"，选项为 1 到 5 打分，1 为完全不同意，5 为非常同意。

政府回应满意度：测量使用问题为"您认为政府在听取和您一样的公民对政府的意见方面做得如何"，选项为从 1 到 10 打分，1 为从不听取，10 为经常听取。

线上政治参与：测量问题为"过去一年中，我参加下列活动的情况为：a 我曾经在网络上与他人讨论北京市某些公共政策问题（如汽车摇号、小升初、单双号限行、计划生育等);b 我曾经通过网络向北京市各级政府提出有利于城市、社区发展的建议;c 我曾经通过北京市各级人大代表、政协委员、政府官员的微博、博客、微信与他们取得联系并提出建议"。选项为 1 到 5 打分,1 为"极少",5 为"非常频繁"。分析中将量表问题得分加总,获得线上参与的基本数值。

线下政治参与:测量问题为"过去一年中,我参加下列活动的情况为:a 我曾经参加过听证会、意见征求会;b 我曾经与北京市各级人大代表、政协委员、政府官员见面并提出建议"。选项为 1 到 5 打分,1 为"极少",5 为"非常频繁"。分析中将量表问题得分加总,获得线下参与的基本数值。

问卷 1 中涉及的自变量包括:

政务新媒体使用:该变量区分了公众对三种政务新媒体,分别是政务微博、政务微信、政务 APP 的使用情况。测量的问题为"在日常生活中,您接触和使用政务微博/政务微信/政务 APP 符合下列哪种情况"。选项为 1 到 5 打分,1 为"几乎不",5 为"很频繁"。

新媒体一般性使用:为了解公众对微博、微信一般性的接触与使用情况,测量的问题为"在日常生活中,您接触和使用微博/微信符合下列哪种情况?"选项为 1 到 5 打分,1 为"几乎不",5 为"很频繁"。

互联网使用:测量问题为"您在日常生活中会接触到下列各类网络媒体,您使用'网络'媒体的频繁程度符合下列哪种情况"。选项为 1 到 5 打分,1 为"几乎不",5 为"很频繁"。

社交媒体使用:采用间接测量法。如果公众填答自己采用了微博或微信,则被定义为"使用社交媒体,编码为 1";如果公众填答自己既不采用微博也不采用微信,则被定义为"不使用社交媒体,编码为 0"。

政务新媒体的功能性使用主要分为信息性使用、参与性使用和公共服务性使用三类。新闻/信息性使用:测量问题为"您通过下列方式获得北京市政新闻、政府消息、通知通告的频率是:a、北京市各级政府及其机构的官方微博;b、北京市各级政府及其机构的官方微信"。选项为 1 到 5 打分,1 为"几乎不",5 为"很频繁"。分析中将两项问题得分加总,获得信息性使用的基本数值。

参与性使用:测量问题为"在过去的几个月,您做以下事情的频率为:a、点赞、转发、回复北京市各级政府微博/微信的消息(如北京市微博微信发布厅、平安北京等);b、与他人分享、讨论在北京市政府微博、微信中看到的文章或观点(如北京市微博微信发布厅、平安北京等)"。选项为 1 到 5 打分,1 为"几乎不",5 为"很频繁"。分析中将两项问题得分加总,获得参与性使用的基本数值。

公共服务性使用:测量问题为"在过去的几个月,您做以下事情的频率为:使用微信支付等方式支付市政、罚款、申请等费用"。选项为 1 到 5 打分,1为"几乎不",5 为"很频繁"。

研究所使用的"人口与社会经济特征"变量包括:性别(男性赋值为 1,女性赋值为 0)、户籍(拥有北京户口赋值为 1,没有北京户籍赋值为 0)、年龄(计为连续变量)、教育程度(初中及以下为 1,高中/中专为 2,本科/大专为 3,硕士研究生及以上为 4)、收入(测量问题为"与一般家庭相比,您感觉您的家庭总体收入在北京市处于什么水平",选项为 1 到 10 打分,1 为"最低水平",10为"最高水平"。为了分析方便,将选择 1—3 的群体归入低收入组,选择 4—7 的群体归入中等收入组,选择 8—10 的群体归入高收入组)。

(二)2015 中国城市治理调查(问卷 2)中的因变量与自变量

问卷 2 中涉及的因变量包括:

中央政府政治信任:测量问题为"您对中央政府的信任程度如何",选项为从 1—4 打分,赋值 1 为"非常不满意",4 为"非常满意"。

地方政府政治信任:测量问题为"您对本市政府的信任程度如何",选项为从 1—4 打分,赋值 1 为"非常不满意",4 为"非常满意"。

问卷 2 中主要使用的自变量包括:

政务新媒体使用:测量问题为"您是否关注过各级党政部门开设的政务新媒体(微博/微信)",选项设计为虚拟变量,如果选择关注则赋值为 1,选择未关注赋值为 0。

公开性感知:主要测量公众使用互联网、政务新媒体过程中对政府信息公开性、开放性的感知程度。通过 2 个项目测量,问题为"您是否同意下列说法:网络让我及时获得公共事务信息;网络上的公共信息更丰富翔实",选项设计为虚拟变量,同意赋值为1,不同意赋值为0。

回应性感知:主要测量公众使用互联网、政务新媒体过程中对政府回应公民诉求和意见的感觉与评价。通过2个项目测量,问题为"您在多大程度同意下列政府回应公众网络诉求的说法:(1)通过网络反应的问题,政府回应更迅速;(2)通过网络反应的问题,政府更重视"。选项为1—4打分,赋值1为"非常不同意",4为"非常同意"。分析中将两项问题得分加总,获得回应性感知的基本数值。

问卷2所使用的人口经济变量如下:年龄(测量问题为"您是哪年出生的?",受访者直接填写年份后转化为具体的年龄数值);性别(虚拟变量,男性变量赋值为1,女性为0)、教育程度(1为小学以下,2为小学,3为初中,4为高中,5为职高/中专,6为大专,7为大学,8为硕士,9为博士);居住地(测量问题为"您现在的户口属于下列哪一种?"1本市农业户口;2本市非农户口;3外地农业户口;4外地非农户口。其中本市/外地非农户口编码为"居住在城市",赋值为1;本市/外地农业户口编码为居住在农村,赋值为0);就业情况(测量问题为"您现在的工作状况是否符合下列情况:工作(含务农),尚未退休",选择符合的编码为"就业",赋值为1;不符合的为"未就业",赋值为0)。收入(测量问题为:2014年,您家全年的总收入是多少元? 包括所有的工资、奖金、临时工作收入、父母支付的抚养费、儿女支付的赡养费、亲友馈赠、各种投资收益,以及其他所得。受访者直接填入收入总数作为连续变量)。

二、政务新媒体使用对公众政治兴趣、政治知识的影响

(一)相关文献探讨

学者们对探析媒体使用与政治兴趣之间的关系一直很感兴趣。多数学者认为,媒体在塑造政治兴趣、改变政治行为方面确实存在重要的影响。例如,公众对政党的偏好、对公共事务的兴趣、对政治参与的热情都与其媒体接触与使用情况紧密相关。公众通过媒体,观看电视和阅读报纸中的政治领导人新

闻,可以了解政治领导人的选举策略与政治主张,增强对政治的兴趣。[1] 而这一过程也可以进一步强化公众的政治兴趣,例如公众主动增强了对该政治领导人新闻的观看,产生认同,能够改变或巩固自身的政治倾向。[2] 因此,媒体被看作政治兴趣形成的重要来源。使用与满足理论也认同这一影响过程。公众的需求获得满足,是公众选择使用媒体最基本的动机。[3] 公众坚持使用某种媒体,正是由于需求的满足而对媒体产生期待,又导致了公众使用媒体行为的改变或其他类型的政治结果。[4] 政治兴趣的满足正是这一需求满足过程中最重要的组成部分。可见媒体使用在公众政治兴趣形成中的作用与意义。

通常而言,媒体使用会进一步维系或影响政治兴趣。[5] 有学者研究了不同媒体在提高政治兴趣方面的差异性。如霍兰德尔(Hollander)认为无论是一般性使用还是深度关注,电视在预测政治兴趣方面都要远远高于报纸。[6] 诺里斯(Norris)则发现了公众观看政治类的电视节目,会更进一步促进他们对"电视政治"的依赖,政治兴趣将会有显著改变。[7] 同样的结果也适用于互联网,有研究认为互联网尤其是线上新闻的使用,由于其能够持续的吸引公众的注意力,因而能够对公众的政治兴趣水平产生实质的影响。同时,由于网络在线新闻简便易用,具有足够的参与性,且具有巨大的信息量,因此能够有效

---

① Cf.Mossberger,K. ,Tolbert,C. J. ,& McNeal,R. S. ,*Digital citizenship*:*The Internet*,*society*,*and participation*,MIt Press,2007.

② Cf. Shah, D.V. , & Scheufele, D. A. , "Explicating Opinion Leadership:Nonpolitical Dispositions,Information Consumption,and Civic Participation",*Political Communication*,2006,23(1):1–22.

③ Cf.Rubin, A. "The uses-and-gratifications perspective of media effects", In. J Bryant & D. Zillman(Eds.),"Media effects:Advances in Theory and Research",Mahwah,NJ:Erlbaum,2002:525–548.

④ Cf.Blumler,J. G. ,& Katz,E. ,"The Uses of Mass Communications:Current Perspectives on Gratifications Research",*American Journal of Sociology*, 1974,3(6):318.

⑤ Cf. Norris, P. , *Digital divide*:*Civic Engagement*, *Information Poverty*, *and the Internet Worldwide*. Cambridge,England:Cambridge University Press,2001.

⑥ Cf.Hollander,B. A. , "Media Use and Political Involvement". In R. W. Preiss(Ed.),*Mass Media Effects Research*:*Advances through Meta-analysis*,Mahwah,NJ:Erlbaum:(2007).377–390.

⑦ Cf.Norris,P. , "A Virtuous Circle:Political Communications in Postindustrial Societies",Cambridge,England:Cambridge University Press,2000.

地刺激公众萌发政治兴趣。[1] 政务微博提供大量政治类信息,也提供公众深入了解政治观念、主动搜索政治信息的途径,可以预期其对公众的政治兴趣存在积极影响。诺里斯(Norris)提出,媒体使用能够进一步深化公众的某些行为(如对政治感兴趣,或强化政治态度),形成一种良性循环(virtuous circle)。公众使用政务新媒体的信息获取、政治参与或公共服务等功能的过程亦有可能促进这种良性循环的形成,对政治兴趣起到深化作用。也有来自中国的研究表明,微博的使用,尤其是作为替代信息源和政治参与平台的功能性使用,能够明显提升中国公众的政治兴趣。[2]

政治知识被认为是在长期记忆中所存储的关于政治事实的信息及其广度,[3]政治知识丰富的公众具有更多的政治兴趣并热衷于参加政治活动。政治知识可以通过之前所受到的教育获得。[4] 此外,政治知识还可以来源于人们之间关于政治的讨论,[5]也可以通过使用媒体,如阅读报纸、观看电视以提高政治知识水平。[6] 许多学者研究了互联网使用与政治知识的关系。积极者认为网络使用可以有效提高公众的政治知识水平,原因是公众不仅能够通过网络获得海量信息,还能够随时随地进行网络搜索,以精准而高效地获得政治知识。[7] 张明新认为:通过互联网,公众可以更便捷地进行政治信息的分享和讨论,理论上,公众得以轻易地获得各种政治知识,特别是在传统媒体受到严

① Cf.Boulianne,S. ,"Stimulating or Reinforcing Political Interest: Using Panel Data to Examine Reciprocal Effects between News Media and Political Interest,"*Political Communication*,2011,28(2), 147-162.

② Cf.Wang,H. ,& Shi,F. ,"Weibo Use and Political Participation: The Mechanism Explaining the Positive Effect of Weibo Use on Online Political Participation among College Students in Contemporary China",*Information Communication & Society*,2017,21(4): 1-15.

③ Cf.Delli Carpini, M. X. , & Keeter, S. , "What Americans Know about Politics and Why it Matters",New Haven,CT: Yale University Press,1996.

④ Cf.Nie, N. H. , Junn, J. , & Stehlik-Barry, K. , "Education and Democratic Citizenship in America",Chicago: University of Chicago Press,1996.

⑤ Cf.Delli Carpini, M. X. , & Keeter, S. , "What Americans Know about Politics and Why it Matters",New Haven,CT: Yale University Press,1996.

⑥ Cf.Scheufele, D. A. ,& Nisbet,M. C. ,"Being a Citizen Online: New Opportunities and Dead Ends",*Harvard International Journal of Press/Politics*,2002,7(3): 55-75.

⑦ Cf.Kenski, K. & Stroud, N. J. , "Connections between Internet Use and Political Efficacy, Knowledge,and Participation",*Journal of Broadcasting & Electronic Media*,2006,50(2): 173-192.

格管制的国家,互联网可能对公众政治知识的获取具有更积极的效应。[1] 还有研究认为社交媒体对政治知识的影响要远远大于在线新闻网站,[2]因为社交媒体能够更充分、更丰富、更及时地向公众传递政治类信息,且公众能够更加主动的接触政治知识。即使社交媒体的碎片化特点容易分散公众注意,但也有研究证明,即使简单的浏览或搜索,也有益于改善政治知识水平。[3] 因此,从信息和参与功能两方面来推断政务新媒体,可推测其对政治知识也具有积极作用。虽然少有研究提出过使用公共服务是否有利于提高政治知识水平的质疑,但从经验来说,一般使用政府新技术和新媒介的群体通常具有较高的知识水平。

基于上述文献探讨,本节提出如下主要研究问题:

RQ1:使用政务新媒体,包括政务微博、政务微信、政务 APP 三种不同类型的政务新媒体,是否能够有效提高公众的政治兴趣水平? RQ2:使用政务新媒体的主要功能,包括信息功能、参与功能和公共服务功能,是否能够积极促进公众政治兴趣的提高?

RQ3:使用政务新媒体,包括政务微博、政务微信、政务 APP 三种不同类型的政务新媒体,是否能够有效提高公众的政治知识水平? RQ4:使用政务新媒体的主要功能,包括信息性功能、参与性功能和公共服务性功能是否能够积极促进公众政治知识水平的提高?

(二)回归结果分析

研究使用 OLS 多元线性回归建立因果模型。表 5-1 中,模型 2 显示了政治兴趣的主要影响因素(所有变量共解释因变量变异度的 31.4%)。在政务新媒体使用变量中,政务微博与政务 APP 的结果为显著,说明公众使用这两

---

[1]　参见张明新:《互联网时代中国公众的政治参与:检验政治知识的影响》,《中国地质大学学报》(社会科学版)2011 年第 6 期。

[2]　Cf.Dimitrova,D. V. ,Shehata,A. ,Strömbäck,J. ,& Nord,L. W. ,"The effects of digital Media on Political Knowledge and Participation in Election Campaigns:Evidence from Panel Data ", *Communication research*,2014,41(1):95-118.

[3]　Cf. Noveck , B. S. , " Paradoxical Partners:Electronic Communication and Electronic Democracy". *Democratization*,2000,7(1):18-35.

类政务新媒体越多,则会越发增加对政治与公共事务的兴趣。其中,政务
APP 的使用则更为有效的提升政治兴趣(回归系数为 .128)。在三项功能变
量中(共解释模型的 1.7%),可知仅有参与功能的使用(回归系数为 .173)能
够显著积极影响公众的政治兴趣,而信息功能与公共服务功能的使用均不能
对政治兴趣产生显著影响。这说明,只有公众积极使用政务新媒体提供的在
线表达、转发、回复、互动等功能,才能提高其政治兴趣,而仅仅对新闻和信息
进行简单地搜索或浏览,改变政治兴趣就显得较为困难。

对比模型 1 与模型 2 可知,政务微信使用在模型 1 中显著,加入功能性使
用变量后显著性消失。说明对于政务微信而言,一般性的接触或关注政务微
信并非能够影响公众政治兴趣,只有对其功能加以使用,才能够对政治兴趣产
生影响。同时,在加入功能变量后,政务微博与政务 APP 虽然在模型 2 中依
然显著,但回归系数有所减小(.151/.094;.183/.128)。这说明虽然政务微
博与政务 APP 的一般性使用虽然可以提高政治兴趣,但其影响效果的程度也
受到功能性使用的调节。因此,需要重点区分哪些功能性影响对提高政治兴
趣更为重要。此外,模型 2 还显示了互联网的一般性使用能够提升政治兴趣,
而手机的一般性使用与政治兴趣无直接的因果关系。人口变量也是影响政治
兴趣较为重要的变量(模型 2)。样本中男性(回归系数为 .115)、拥有北京户
籍的用户(回归系数为 .053)、教育程度高(回归系数为 .073)、收入较高
(.105)的人群普遍政治兴趣较高。可见政治兴趣存在程度性差异的原因之
一是公众成长经历、教育程度、职业地位的不同。

模型 4 显示了政治知识的主要影响因素(所有变量共解释因变量变异度
的 36%)。在政务新媒体使用变量中,政务微博与政务 APP 对政治知识水平
有积极影响(回归系数为 .103;.147)。说明接触政务微博与政务 APP 越多
的公众越具有丰富的政治知识。功能性使用变量对模型的整体贡献度为
1.1%(模型 4)。信息功能和参与功能对提高政治知识水平影响显著(回归系
数为 .119/.123)。这说明无论公众利用政务新媒体进行一般性的浏览、搜索
政治信息,还是积极参与政治信息观的转发和评论,都能够显著提高其政治知
识水平。参与功能的回归系数较高体现出这一变量的解释力更强。如果公众
多使用参与功能,意味着公众有可能主动搜集更多的信息、形成相对成熟的观

点或采实质性的政治参与行动,这些都有助于积累政治知识,提升政治知识的运用能力和整体水平。而公共服务功能则对政治知识的提升无显著影响。

对比模型3与模型4可知,政务微信的一般性使用在模型3中具有微弱的显著性,在加入功能变量后消失。说明政务微信对政治知识影响的因果关系受到功能性变量的调节。一般性接触和使用微信并非提高政治知识的关键性因素。同时,政务微博与政务APP的回归系数也有所减弱(回归系数.147/.103;.197/.147),也凸显了功能性变量的调节作用。在很多情况下,只有深入使用政务新媒体的信息功能与参与功能,才能够有效提高公众的政治知识水平,完善政治知识结构。此外,模型4还显示了互联网使用能够提升政治知识(回归系数为.103),而手机使用与政治知识水平无因果关系,这可能因为公众使用手机更多的进行娱乐与社交,而非搜索信息或学习。各类人口变量都能够对政治知识产生积极的影响,其中男性(回归系数为.073)、北京户籍(回归系数为.110)、教育程度高(回归系数为.159)、收入高(回归系数为.098)、年长(回归系数为.055)的人群政治知识水平会较高。其中教育程度回归系数最高,说明教育程度是形成和发展政治知识水平的重要来源。对比模型3和4可以发现,加入功能变量后,教育程度与年龄两个变量的回归系数显著增高(.115/.159;.048/.055),这说明功能性变量强化了教育与年龄对政治知识的影响强度,明确了教育程度高、年长的人群更容易通过政务新媒体信息功能与参与功能的使用提升自己的政治知识水平。

表5-1　政治兴趣与政治知识影响因素回归模型

变量	政治兴趣		政治知识	
	模型 1	模型 2	模型 3	模型 4
男性	.109***	.115***	.072**	.073**
京籍	.062*	.053*	.117***	.110***
教育	.067*	.073*	.115***	.159***
收入	.116***	.105***	.110***	.098**
年龄	.022	.029	.048+	.055*
互联网使用	.147***	.133***	.113***	.103***

续表

变量	政治兴趣		政治知识	
	模型 1	模型 2	模型 3	模型 4
手机使用	$-.024$	$-.037$	$-.022$	$-.032$
政务微博	$.151^{***}$	$.094^{*}$	$.147^{***}$	$.103^{*}$
政务微信	$.074^{+}$	$.017$	$.075^{+}$	$.030$
政务 APP	$.183^{***}$	$.128^{***}$	$.197^{***}$	$.147^{**}$
信息性功能		$.049$		$.119^{**}$
参与性功能		$.173^{***}$		$.123^{**}$
公共服务性功能		$.004$		$.035$
调整后的 R 平方	$.299$	$.314$	$.351$	$.360$
R 平方变更	$.096$	$.017$	$.102$	$.011$

注: *** 代表 0.001 的显著水平, ** 代表 0.01 的显著水平, * 代表 0.05 的显著水平。

(三)结论与讨论

从上述结论中,可以认为使用政务新媒体在提高公众政治兴趣和政治知识方面存在着积极作用。尤其是政务微博和政务 APP 的使用,能够显著提高公众的政治兴趣与政治知识。可见,政务微博与政务 APP 提供的大量政治类信息,内容和形式也比较有趣,因此容易激发公众的政治兴趣。政务 APP 在政务新媒体中起着政府"信息库"、"资料库"的作用,能够满足公众的知识需求,因此更能帮助公众积累有关的政治知识。这一结论回应了使用与满足理论,解释了公众使用政务新媒体的动机是为了满足并提高其政治兴趣和政治知识。[1] 也提示政府可以通过大力推广政务微博和政务 APP 的方式提升全民的政治兴趣与政治知识。亦可说明,在政务微博和政务 APP 的用户中存在大量政治兴趣较高、政治知识水平较高的群体。

---

[1]　Cf.Rubin, A. "The uses-and-gratifications perspective of media effects", In. J Bryant & D. Zillman(Eds.), *Media effects*: *Advances in Theory and Research*, Mahwah, NJ: Erlbaum, 2002: 525-548.

　　回归模型发现了功能性使用,尤其是参与功能的使用,能够同时大幅提高公众的政治兴趣与政治知识水平,是预测性很强的变量。政务新媒体参与功能的基础是信息分享、持久关注、协商讨论与行为互动,其深度远高于搜索、浏览等信息接触行为。这与勃连尼(Boulianne)等人的研究结果一致,当公众积极利用在线新闻的参与属性时,能够更容易刺激公众产生政治兴趣。[①] 对政务新媒体的参与性使用,也是公众参与政治、学习和掌握参与公共事务基本政治知识的途径与桥梁。这回应了尼诺斯(Norris)提出的良性循环理论,使用政务新媒体,深化了公众对政治的兴趣,提高了他们的政治知识水平,则公众会更加依赖使用政务媒体来理解政治、关注政治。结论还显示了仅仅使用信息功能无法提高公众的政治兴趣,只能够对政治知识形成有效的积累。这也部分回应了诺维克(Noveck)提出的大多数信息浏览或搜索行为都对政治知识有益。因此,政府可尝试利用这一结论,适当使用碎片化策略进行政治知识的传播,如选择浮窗、动画、嵌入等方式,或在零碎时间、混合页面中传播政治知识。而是否采纳公共服务则对个人层面的政治兴趣和政治知识没有显著影响。

　　结论发现虽然政务微信利用最为普遍,用户也最多,但一般性使用政务微信目前无法对政治兴趣与政治知识产生影响。这可能与政务微信的传播特征有关,一方面,政务微信主要通过个人圈层扩散,“信息茧房”的存在使得大量群体可能无法接触到政务微信的内容发布;另一方面,政务微信以深度长文为主,既不利于公众感受到轻松、有趣而提高兴趣,也不利于公众通过“浏览和搜索”等方式快速获取并积累政治信息和知识。但如果政务微信的参与功能被用户重视并利用,那么可以通过参与和互动的积极效应加以改善。人口社会经济变量在改善政治兴趣和政治知识方面也十分重要,尤其是教育水平。重视并发展教育,包括学校教育与自我教育,是提升公民政治兴趣与提高公民政治知识水平的关键策略。

---

① Boulianne,S.,"Stimulating or Reinforcing Political Interest: Using Panel Data to Examine Reciprocal Effects between News Media and Political Interest,"*Political Communication*,2011,28(2),147-162.

三、政务新媒体使用对政府满意度的影响

（一）相关文献探讨

政务新媒体是联结公众与政府的桥梁。公众通过政务新媒体感知政府，体验政务新媒体在推动政府信息公开、提供公共服务、改善社会沟通等方面的作用，从而产生对政府满意度的评价。提升公众对政府的满意度，也是政府大力发展政务新媒体的基本动因。针对新媒体是否能够影响公众对政府评价的研究集中在政府公信力层面，如马得勇等认为新媒体在政府的回应性和透明性两个方面对地方政府的公信力产生影响。[①] 周红等认为新媒体可以帮助公众监督政府及官员，实现反腐和网络互动，在提高政府服务效率和质量方面发挥优势，提升政府公信力。[②] 而探析政务新媒体对政府满意度的影响的研究尚属比较新的议题。

满意是一种心理状态，是在比较期望与感知现实状况后对某一产品或服务形成的高兴或失望的感觉状态；满意度则是指在接受产品或服务后期望值与实际感受值比较的实际程度。[③] 20 世纪 70 年代起，"顾客满意度"被应用于电子政府绩效评估中。瑞典模型提出了满意度的两个变量——"预期质量"与"感知价值"，即用户由先前经历与知识形成的设想，以及亲身体验之后的评价与判断，因而公众的政府满意度即公众对于政府行为与提供服务的预判，以及对政府行为与提供服务是否满足其需求的评价。政府满意度还包含内在的维度。信息公开与政府回应性是政府满意度中非常重要的维度，信息

---

① 参见马得勇、孙梦欣：《新媒体时代政府公信力的决定因素——透明性、回应性抑或公关技巧》，《公共管理学报》2014 年第 1 期。

② 参见周红、赵娜：《新媒体环境下地方政府公信力的提升策略研究》，《电化教育研究》2012 年第 1 期。

③ 参见杨秀丹、刘立静、王勃侠：《基于公众满意度的电子政务信息服务研究》，《情报科学》2008 年第 9 期。

公开公众满意度就是公众对政府信息公开的总体感受和主观评价。[1] 回应性即政府行为符合公民意见的程度。[2] 其满意度体现在公众诉求输入政府且政府做出回应性之后公众的评价。

在政府满意度的影响因素研究中,公众对政府的期望与政府绩效的实际感知之间的差距被认为对政府满意度有显著影响。[3] 具体到政务新媒体而言,公众是否能够持续使用一种政务新媒体,或主动增加使用政务新媒体的种类,从某种程度体现了公众对政务新媒体的期望与政务新媒体绩效评价之间的关系,因而有可能影响公众对政府满意度的判断。在信息维度,有研究认为,政府信息公开的内容质量与平台性能会影响到公众对政府信息公开程度的感知。[4] 而公众对于电子政务信息内容需求的满足是决定公众满意度的关键。[5] 在回应维度,公众使用政务新媒体表达诉求,其主要期望在于获得政府回应,而政府对不同议题以及不同诉求表达方式的回应性也存在差异,政府更容易回复强势诉求主体和复杂性议题。[6] 由此带来公众使用政务新媒体的不同体验,从而影响政府满意度。

基于上述文献讨论,本节提出如下研究问题:RQ1:政务新媒体的使用,包括政务微博、政务微信、政务 APP,如何影响公众的政府满意度? RQ2:政务新媒体的使用,包括政务微博、政务微信、政务 APP,如何影响公众对政府信息公开的满意度? RQ3:政务新媒体的使用,包括政务微博、政务微信、政务 APP,如何影响公众对政府回应的满意度?

---

① 参见朱红灿、张冬梅:《政府信息公开公众满意度测评指标体系的构建》,《情报科学》2014 年第 4 期。

② Cf. Roberts, A. & Kim, B. Y. , "Policy Responsiveness in Post-communist Europe: Public Preferences and Economic Reforms", *British Journal of Political Science*, 2011, 41(4):819–839.

③ Cf. Van Ryzin, G. , "Testing the Expectancy Disconfirmation Model of Citizen Satisfaction with Local Government", *Journal of Public Administration Research and Theory*, 2006, 16(4): 599–611.

④ 参见寿志勤、郭亚光、陈正光、高勋炳:《基于 SEM 的政府网站信息公开服务公众满意度评估模型实证研究》,《情报科学》2013 年第 4 期。

⑤ 参见邵伟波、魏丹、刘磊:《基于 KANO 模型的政府信息公开的公众需求研究》,《图书情报工作》2013 年第 7 期。

⑥ 参见孟天广、李锋:《网络空间的政治互动:公民诉求与政府回应性——基于全国性网络问政平台的大数据分析》,《清华大学学报》(哲学社会科学版)2015 年第 3 期。

(二)回归结果分析

经过 OLS 多元线性回归分析,研究建立了政府满意度模型(见表 5-2)。整体满意度模型中,所有变量共解释因变量变异度的 12.9%,政务新媒体使用变量共解释模型的 3.2%。模型 2 显示,政务新媒体使用变量中仅有政务微信一项显著(回归系数.145),即用户使用政务微信越多,越能够提高政府的整体满意度,而使用政务微博和政务 APP 对公众的整体满意度并无实际影响。对比模型 1 与模型 2 可知,收入与微博使用的回归系数在模型 2 中大幅下降(回归系数:.142/.089;.145/.070),说明收入高、频繁使用微博的公众虽然有较高的政府满意度,但一定程度上受到使用政务新媒体情况的调节。值得注意的是,一般性使用微博可以提升政府满意度(.070),但使用政务微博却对政府满意度无影响。可以推断,虽然微博从整体上为政府满意度的改善提供了条件,但政务微博在落实层面还存在明显不足。年龄变量则由不显著变为显著的负向影响(回归系数:-.049/-.051),说明了年龄影响政府满意度也是通过使用政务新媒体发生作用。年轻者的政府满意度较高,可能由于年轻者能够更积极、正确地使用政务新媒体,年长者的政府满意度相对偏低,可能由于年长者在使用政务新媒体方面存在困难,从而降低了满意度。政治兴趣变量与政治知识变量在模型 2 中都不显著,说明此模型中两项政治心理特征对政府满意度无影响。

模型 4 显示,政务新媒体使用变量解释了整体模型的 4.2%。政务微博与政务 APP 都能够积极影响公众对政府信息公开的满意度(回归系数为.151/.103),尤其是政务微博,可见政务微博在推动政务公开方面有着显著效果。政务微信的使用对信息公开的满意度并无影响,可能是由于公众对政务微信的期待更偏向于深度信息解读或官民互动而非信息发布。值得注意的是,一般性接触和使用微博与微信,都不能提高公众对政府信息公开的满意度,可能是由于微博与微信的信息量庞大且更新迅速,政务微博与政务微信的信息在到达公众之前就已淹没其中。模型 4 还显示了性别负向影响(回归系数为-.052)、收入正向影响政府信息公开满意(回归系数为.087),政治兴趣越高(回归系数为.077)、政治知识越多的用户(回归系数为.091),其信息公开满意度也越高。所有变量共解释了整体模型的20.2%。

模型6显示，政务新媒体使用变量解释了整体模型的6.1%。其中，政务微信、政务APP的使用都能够显著影响公众对政府回应性的感知，尤其是政务APP(回归系数为.202)。这可能是由于政务微信与政务APP比较适合公众与政府进行一对一沟通，缩短了公众与政府之间的距离，从而产生良好的回应感知。使用政务微博并未提升政府回应满意度，这也印证了政务微博存在回应滞后、互动不足的问题。与此同时，收入高的群体对政府回应更为满意(回归系数为.152)，而年龄则呈现相反的趋势(回归系数为-.060)。一般性微信使用会降低对政府回应的感知(回归系数为-.051)，而政治兴趣、政治知识变量均显著正向影响政府回应满意度，并受到政务新媒体使用变量的调节(回归系数为.188/.131;.223/.163)。所有变量共解释整体模型的40.2%。

表5-2　政务新媒体使用对政府满意度的影响

变量	整体满意度		信息公开满意度		政府回应满意度	
	模型1	模型2	模型3	模型4	模型5	模型6
男性	-.040	-.043	-.048*	-.052*	-.017	-.024
京籍	.008	-.006	.046	.030	.010	-.008
教育	-.023	-.022	-.032	-.030	.015	.023
收入	.142***	.089**	.153***	.087**	.233***	.152***
年龄	-.049	-.051*	-.035	-.035	-.058**	-.060**
微博使用	.145***	.070*	.133***	.030	.134***	.036
微信使用	-.019	-.005	-.032	-.005	-.081**	-.051*
政治兴趣	.114**	.073	.127**	.077*	.188***	.131**
政治知识	.054	.011	.138**	.091**	.223***	.163***
政务微博		.077		.151**		.064
政务微信		.145**		.062		.098**
政务APP		.070		.103**		.202***
调整后的R平方	.099	.129	.162	.202	.342	.402
R平方变更	.106	.032	.169	.042	.347	.061

注：*** 代表0.001的显著水平，** 代表0.01的显著水平，* 代表0.05的显著水平。

（三）结论与讨论

由回归模型可知,公众使用三种政务新媒体能够在不同层面提高对政府的满意度感知。总体而言,政务微信对提升满意度的作用最为明显,尤其能够提升整体满意度和回应满意度。这进一步说明了政务微信不仅具有传播优势,还能在回应公众、促进官民点对点沟通方面给公众较好的体验。政务微博的主要影响在于提升公众的信息公开满意度,说明政务微博作为"官方信息发布平台"相对比较成功。可以认为,政务微博打通了网络中的官方信息场域与民间信息场域,共同推动构建开放、平等的网络空间。公众只需简单的关注、浏览、搜索政务微博,即可感受到政府的信息公开、政策透明,从而改善其绩效评价。但由于政务微博存在回应迟缓、互动不足的问题,无法对回应满意度产生积极影响,亦无法提升公众的整体满意度。政务APP也能够显著提升信息公开满意度与回应满意度,尤其对回应满意度的提升作用十分显著。政务APP通过手机客户端提供便捷的行政服务,以解决公众的具体需求。而公众通常因明确的服务需求而主动下载政务APP,因此包涵了对政务APP更能回应其需求的认可。但由于政务APP尚属新生事物,还需要进一步推广、完善与改进,才能进一步对整体满意度的提升起到积极作用。

结论还表明,收入是改善政府满意度的重要人口经济特征变量。发展政务新媒体要重点布局高收入人群,积极改善高收入群体使用政务新媒体的体验和评价,才能整体提高满意度。政治知识与政治兴趣两类变量也具有重要的促进作用。这说明公众较高的政治素养、政治经验与政治水平能够对政府行为与提供的服务进行更为有效的预判和评价。因此,提升政治兴趣较高、知识水平较高的群体政府满意度的主要策略是,在信息公开和回应性两个层面上做细、做强,满足需求并提高质量。这也对政务新媒体的运营与未来发展提出了更高要求。此外,微博的一般性使用能够提升整体满意度,微信的一般性使用则会削弱回应满意度。这一现象也值得关注,这可能与微博的公共性与平台属性较强而微信的圈层化传播与社交娱乐属性较强有关,从而使得微博与微信用户群体对政治的关心程度和感知评价方式有所差异。但具体原因还需通过后续研究展开分析。

最后,从策略的角度看,政府应当进一步明确政务微博、政务微信、政务 APP 三种工具的定位。着重发展政务微博的信息功能,改善并强化在线互动与政府回应;大力推进各级政府尤其是基层政府的政务微信建设,发挥其整体满意度较高的优势,迅速成为政务新媒体矩阵联动、用户规模扩大"关联促进"规律的突破口;不断提升政务 APP 提供专业、快捷政务服务的能力,推动整体水平和服务质量的根本性改进。

四、政务新媒体使用对公众线上/线下政治参与的影响

(一)相关文献探讨

互联网等新媒体对政治参与的影响一直是学者们讨论的重要议题。乐观者认为网络极大地促进了政治信息的公开以及政治参与的发展,民主更加具有活力。[①] 大量实证研究已表明互联网对公民的政治参与有着显著的促进效应。[②] 如波拉特(Polat)认为互联网通过多种途径:更多的政治信息通道、便利的政治讨论、发展政治社交网络、为政治表达和参与提供更多的替代性方式等,使得政治参与生活重新振兴。[③] 而社交媒体、手机也被普遍认为具有政治影响,成为人们卷入公共事务、参与政治活动的重要方式。[④]

新媒体影响政治参与的具体机制仍需进一步研究。有学者认为对互联网、新媒体的一般性使用就能积极促进政治参与。[⑤] 但更多结论认为两者之

---

① 参见[英]约翰·基恩:《媒体与民主》,邬继红等译,社会科学文献出版社 2003 年版,第 3 页。

② Cf.Gibson, R. K., Lusoli, W., & Ward, S., "Online Participation in the UK: Testing A 'Contextualised' Model of Internet Effects", *The British Journal of Politics and International Relations*, 2005,7(4): 561-583.

③ Cf.Polat, R. K., "The Internet and Political Participation: Exploring the Explanatory Links", *European Journal of Communication*, 2005,20: 435-459.

④ 参见臧雷振:《新媒体信息传播对中国政治参与的影响——政治机会结构的分析视角》,《新闻与传播研究》2016 年第 2 期。

⑤ Cf. Tolbert, C. J., & McNeal, R. S., "Unraveling the Effects of the Internet on Political Participation?", *Political Research Quarterly*, 2003,56(2): 175-185.

间的关系较为复杂，一般性接触和使用互联网及新媒体并不一定带来政治参与的显著增加，或新媒体对政治参与有影响但是正面效果有限。① 更为显著的影响因素很可能是媒介特点、公众意图、功能偏好、使用动机、公众自身的政治素养等等。例如：有学者认为只有对互联网"集体性的介入"（包括利用互联网从事社交、通信和信息分享等）才会激发公众的网络政治参与，而"个体性介入"（如利用互联网进行娱乐等）则无法促进政治参与。② 也有学者认为尽管社交媒体发挥了重要作用，但仅仅是出于政治目的而使用社交媒体才能够改变其政治参与行动。③ 政务新媒体既遵循新媒体传播规律，又具有政治属性，公众使用政务新媒体的目的多半与政治事务或公共事务有关，因此可推断其能够对政治参与产生影响。

　　有学者从功能利用的角度解析社交媒体对线上、线下政治参与的影响，凸显对社交媒体不同性质的利用，尤其是信息获取、参与性使用和在线表达对社交媒体和政治参与关系的调节作用。政治参与至少有两个基础维度——搜寻信息和表达观点，④而社交媒体正是这两项功能的主要提供者。互联网因其便捷性与低成本而成为民众政治信息获取的重要渠道，从而促进了现代政治人的成长。⑤ 社交媒体和政务新媒体都有类似特点。Gil De Zuniga（2009）等人认为互联网不光提供政治信息，而且为政治参与提供了便利的途径，因而能对线下的政治参与活动起到积极促进作用，⑥其还发现了社交媒体（SNS）便

---

① 参见臧雷振：《新媒体信息传播对中国政治参与的影响——政治机会结构的分析视角》，《新闻与传播研究》2016年第2期。

② 参见孟天广、季程远：《重访数字民主：互联网介入与网络政治参与——基于列举实验的发现》，《清华大学学报》（哲学社会科学版）2016年第4期。

③ Cf. Kushin, M. J., & Yamamoto, M., "Did Social Media Really Matter? College Students'Use of Online Media and Political Decision Making in the 2008 Election", *Mass Communication and Society*, 2010, 13(5): 608-630.

④ Cf. Wang, S. I., "Political Use of the Internet, Political Attitudes and Political Participation", *Asian Journal of Communication*, 2007, 17(4):381-395.

⑤ Cf. Mossberger, K., Tolbert, C. J., & McNeal, R. S., "*Digital Citizenship*: *The Internet*, *Society*, *and Participation*", MIt Press, 2007: 85.

⑥ Cf. Gil De Zuniga, H., Puig-I-Abril, E. & Rojas, H., "Weblogs, Traditional Sources Online and Political Participation: An Assessment of How the Internet is Changing the Political Environment", *New Media & Society*, 2009, 11(4):553-574.

于公众对政治信息进行搜索、挖掘与整合,因此这种对社交媒体的新闻性与信息性使用能够同时对公众的线上、线下政治参与产生积极的影响。[1] 而唐和李(Tang & Lee)则认为社交媒体使政治信息实现了随时共享和更新,在分享信息的基础上甚至能直接进行动员,构成对政治参与的直接推动。[2] 公众通过社交媒体参与表达与交流,同样能够改变政治参与。如 Gil De Zuniga (2012)发现了公众通过在线的表达,能够调整其社会资本而改进政治参与现状。[3] 在中国语境中,公众通过微博微信所参加的政治表达能够积极改变公众的政治机会结构,[4]从而导致差异化的政治参与。且微博作为少数能够进行在线表达政治的渠道,也给政治参与带来了在网络空间中的挑战。[5] 学者虽鲜有将公共服务功能作为新媒体与政治参与之间的调节变量,但也认为公共服务功能使得政府与公众在信息层面的互通性得以加强,且使得公众在接触、联系政府方面获得了便利而高效的路径,[6]这意味着公众对参与公共生活和政治的意愿有可能提高。根据社交媒体研究文献所得出的结论,可预期政务新媒体对政治参与的影响可能存在,有可能是通过一般性使用,也有可能通过功能性使用调节。

综上所述,本节主要聚焦如下研究问题:RQ1:政务新媒体的一般性使用,主要是政务微博、政务微信,对公众线上、线下政治参与起到何种影响? RQ2:

---

[1]　Cf.Gil De Zuniga, H. , "Social Media Use for News and Individuals'Social Capital, Civic Engagement and Political Participation", *Journal of Computer - Mediated Communication*, 2012, 17 (3):319–336.

[2]　Cf.Tang, G. , & Lee, F. L. , "Facebook Use and Political Participation:The Impact of Exposure to Shared Political Information, Connections with Public Political Actors, and Network Structural Heterogeneity", *Social Science Computer Review*, 2013, 31(6):763–773.

[3]　Cf.Gil De Zuniga, H. , "Social Media Use for News and Individuals'Social Capital, Civic Engagement and Political Participation", *Journal of Computer - Mediated Communication*, 2012, 17 (3):319–336.

[4]　参见臧雷振:《新媒体信息传播对中国政治参与的影响——政治机会结构的分析视角》,《新闻与传播研究》2016 年第 2 期。

[5]　Cf.Chan, M. , Wu, X. , Hao, Y. , Xi, R. ¯, & Jin, T. , "Microblogging, Online Expression, and Political Efficacy among Young Chinese Citizens:the Moderating Role of Information and Entertainment Needs in the Use of Weibo", *Cyberpsychology Behavior & Social Networking*, 2012, 15(7):345–349.

[6]　Cf.Cohen, J. E. , "Citizen Satisfaction with Contacting Government on the Internet", *Information Polity*, 2006, 11(1): 51–65.

政务新媒体的功能性使用,包括信息性使用、参与性使用和公共服务性使用,对公众线上、线下政治参与起到何种影响? RQ3:政务新媒体与线上、线下政治参与关系是否受到功能性使用变量调节作用的影响? 调节变量如何发挥作用?

(二)回归结果分析

表 5-3 展示了多元线性回归分析的结果。模型 2 显示,所有变量共解释了整体效果影响模型的 68.8%($\Delta R^2 = .688$)。一般性政务微博的使用对在线政治参与有显著消极影响(回归系数为 $-.182$),共解释整体模型的 16.4%($\Delta R^2= .164$)。功能变量显示,参与性使用与服务性使用能够对线上政治参与产生积极影响(回归系数为 $.229;.122$),而信息性使用的结果不显著。这说明如果公众仅接触和使用政务新媒体信息功能,无法对其线上政治参与产生积极影响。对比模型 1 和模型 2 可知,加入功能性变量和调节变量之后,政务微博的回归系数减弱且方向发生了变化,而调节变量的加入也使得参与性与服务性功能的回归系数都有所减少,信息性使用的显著性消失。这显示了模型存在调节效应。从调节变量部分可以看出,政务微博与政治参与之间的显著性被信息性使用与服务性使用两个变量所调节(回归系数 $.211;.196$)。可见如果公众强化使用政务微博的信息功能或服务功能,则更愿意在线上参与政治。参与性使用没有调节作用,但独立作为积极影响线上政治参与的变量而存在。

模型 4 中,所有变量解释了因变量全部方差的 67.9%($\Delta R^2 = .679$)。一般性政务微信使用对在线参与产生的影响也是负向消极(回归系数 $.-109$),共解释模型的 9.7%($\Delta R^2 = .097$)。信息功能、参与功能、服务功能的回归系数均为显著($.187;.180;.138$),解释了整个模型的 18.0%,($\Delta R^2 = .180$),这说明政务新媒体这三项功能性使用均可独立地积极影响线上政治参与。对比模型 3 与模型 4 可知,加入调节变量后,政务微信的回归系数由不显著变为负向显著,显示了模型存在调节效应。从调节变量部分可以看出,政务微信与政治参与之间的显著性被参与性使用和服务性使用两个变量调节并强化(回归系数为 $.212;.167$)。可见公众如果更多使用参与性和服务性两个功能,线上参与的意愿会被进一步加强。而信息性使用没有对政务微信使用与线上政治参与之间的关系产生调节作用,但作为积极影响线上政治参与的独立变量而存在。

表5-3 中还显示,无论互联网的一般性使用还是社交媒体的一般性使用,均与线上政治参与无显著影响关系。在人口社会经济变量中,无论是对政务微博还是政务微信而言,性别(回归系数 .062; .069)、北京户口(回归系数 .065; .073)、收入(回归系数 .075; .087)均对线上政治参与有积极影响。同样,政治兴趣(回归系数 .047; .052)与政治知识(回归系数 .078; .088)也能够积极提高公众的在线政治参与。

表5-3　线上政治参与影响因素回归模型

变量	线上政治参与			
	模型 1	模型 2	模型 3	模型 4
人口变量与政治性因素				
男性	.068 ***	.062 **	.069 ***	.069 ***
京籍	.084 ***	.065 **	.086 ***	.073 ***
教育	.007	.013	.007	.012
收入	.076 ***	.075 ***	.084 ***	.087 ***
年龄	.000	.004	-.003	.000
政治兴趣	.047 +	.047 +	.052 *	.052 *
政治知识	.094 **	.078 **	.104 ***	.088 **
ΔR^2		.372		.372
媒介使用				
互联网使用	-.032	-.026	-.032	-.028
社交媒体使用	.003	.015	.020	.027
ΔR^2		.027		.027
政务新媒体使用				
政务微博	.118 ***	-.182 **		
政务微信			.018	-.109 ***
ΔR^2		.119		.097
政务新媒体的功能性使用				

变量	线上政治参与			
	模型 1	模型 2	模型 3	模型 4
信息性使用	.172***	.081	.212***	.187**
参与性使用	.289***	.229***	.303***	.180**
服务性使用	.237***	.122*	.246***	.138*
ΔR²		.164		.180
调节变量				
政务微博使用×信息性使用		.211*		
政务微博使用×参与性使用		.123		
政务微博使用×服务性使用		.196*		
政务微信使用×信息性使用				.050
政务微信使用×参与性使用				.212*
政务微信使用×服务性使用				.167+
ΔR²		.011		.007
Totaladjusted R²		.688		.679

注: *** 代表 0.001 的显著水平, ** 代表 0.01 的显著水平, * 代表 0.05 的显著水平。

表5-4 为线下政治参与影响的多元线性回归模型。在模型 2 中, 五类变量共解释了整个回归模型的 60%(ΔR^2=.600)。政务微博的使用是线下政治参与的显著负向预测因子(回归系数为-.301)。信息功能、参与功能、服务功能都对线下参与没有显著影响。调节变量共解释整体回归模型的 4.4%(ΔR^2=.044)。对比模型 1 和模型 2 可知, 加入功能性变量和调节变量之后, 政务微博的回归系数减弱且方向发生了变化, 功能性变量的显著性全部消失, 这显示了模型存在调节效应。政府微博的使用与线下政治参与之间的影响关系将通过调节变量加强, 包括信息使用、参与性使用和公共服务使用(回归系数分别为 .206; .321; .493), 由于服务性功能的系数较高(.493), 服务功能被

认为是强有力的调节变量。如果用户更倾向于使用微博的服务功能,那么微博使用者的线下政治参与将会更为积极。

与模型 2 类似,模型 4 首先显示了政务微信的使用显著削弱了线下政治参与(回归系数为 $-.394$),解释了整体模型的 10.8%($\Delta R^2 = .108$)。功能变量中,只有信息性使用显示出对线下政治参与的积极影响(回归系数为 $.153$),参与功能与服务功能均没有显著性。对比模型 3 与模型 4 可知,加入调节变量后,政务微信的回归系数减弱且方向发生了变化,说明了调节效应的存在。模型 4 显示,参与性和服务性使用均具有显著的调节效果(回归系数 $.362;.508$),即政务微信使用与线下政治的影响关系因公众使用的参与性和公共服务功能而强化。如果政务微信的使用者在参与和服务方面更为依赖政务微信,那么他们将更频繁地参与线下的政治和公共事务。由于公共服务的回归系数极高($.508$),与政务微博一致,公共服务功能被认为是最强有力的调节变量。调节变量共解释整体模型的 4.0%($\Delta R^2 = .040$)。信息性使用没有调节作用,说明强化使用政务微信的信息功能无法加强其线下参与。

此外,从模型 2 和模型 4 可以看出,无论对政务微博还是政务微信来说,人口社会经济变量是线下政治参与重要的预测因子,对整体模型贡献度为27.6%($\Delta R^2 = .276$)。对于政府微博用户(模型 2),性别和收入积极影响了线下政治参与(回归系数为 $.036;.084$),说明政务微博用户中男性与高收入群体的线下政治参与度较高。而北京户口、教育程度、年龄均对线下政治参与无显著影响。对于政务微信用户(模型 4),性别(回归系数 $.048$)、收入(回归系数 $.112$)、政治兴趣(回归系数 $.058$)和政治知识(回归系数 $.058$)都能够对用户的线下政治参与产生积极影响,说明微信用户中男性、高收入、具有较高政治兴趣和较高水平政治知识的群体更热衷于线下政治参与,而户口、教育程度、年龄变量则无显著影响。与表 5-3 的线上政治参与模型不同的是,对于政务微博模型而言,一般性互联网使用和移动社交媒体的使用都会对线下参与产生积极影响,而对于政务微信,一般性互联网使用和移动社交媒体的使用则会产生显著的消极影响。

表 5-4 线下政治参与影响因素回归模型

变量	线下政治参与			
	模型 1	模型 2	模型 3	模型 4
人口变量与政治性因素				
性别（男性）	.047*	.036+	.048*	.048*
北京户口	.031	−.007	.036	.007
教育程度	−.011	.001	−.011	.001
收入	.089	.084***	.107***	.112***
年龄	−.017	−.007	−.024	−.015
政治兴趣	.048	.046	.058+	.058+
政治知识	.074*	.042	.093**	.058+
ΔR^2		.276		.276
媒介使用				
互联网使用	−.113	0.099***	−.115***	−.107***
社交媒体使用	−.098	0.076**	−.059*	−.042+
ΔR^2		.008		.008
政务新媒体使用				
政务微博使用	.273***	−.301***		
政务微信使用			.081*	−.394***
ΔR^2		.171		.108
政务新媒体功能性使用				
信息性使用	.137***	.060	.211***	.153*
参与性使用	.158***	−.001	.182***	−.028
公共服务性使用	.261***	−.024	.279***	−.046
ΔR^2		.107		.142
调节变量				
政务微博使用×信息性使用		.206+		
政务微博使用×参与性使用		.321**		
政务微博使用×服务性使用		.493***		

续表

变量	线下政治参与			
	模型 1	模型 2	模型 3	模型 4
政务微信使用×信息性使用				.118
政务微信使用×参与性使用				.362 **
政务微信使用×服务性使用				.508 ***
ΔR^2		.044		.040
Totaladjusted R^2		.600		.567

注：*** 代表 0.001 的显著水平，** 代表 0.01 的显著水平，* 代表 0.05 的显著水平。

（三）结论与讨论

通过模型分析，发现了政务新媒体使用是如何影响公众的线上、线下政治参与的。总体而言，一般性接触和使用政务新媒体（包括政务微博与政务微信）都不能直接加强公众的线上、线下政治参与，反而起到削弱作用，真正发挥效应需要依靠功能性使用的调节。可见，公众对政务新媒体功能的使用和依赖是重要的政治参与影响来源，但也体现出不同的机制。服务性功能的调节作用最强。无论政务微博还是政务微信，频繁使用服务功能能够显著促进公众的线上、线下政治参与。这也可以说明政务新媒体和政府新技术工具提供公共服务的采纳者和拥护者，要比非采纳者、非拥护者更热衷于参加政治活动。服务功能对线下政治参与的调节促进作用更大。一方面，可能因为公众能够通过使用政务新媒体公共服务而增加与政府直接接触并获知更多政治参与的路径；另一方面，也可能由于公共服务功能改善了公众对于政府的感知与评价，从而改变了政治参与的意愿。

信息性功能只调节政务微博对线上/线下政治参与的影响，即公众更多使用政务微博的信息与新闻功能，则能够更多地参与政治。这与诸多学者的研究结论保持一致，如 Gil de Zuniga 在 2012 年就已发现社交媒体新闻性使用积极促进了线上与线下的政治参与。① 但信息性使用对政务微信模型无显著调节作用,这可能与两种媒介特性有关。政务微博是信息公共平台,更利于公众进行公开的信息检索、浏览、分享,而政务微信具有人际传播圈层化的特点,容易形成"信息茧房",不易向外形成信息动员。公众只有接触政务微博公共平台中丰富、及时的信息,才更有可能加入政治参与行动。② 参与性功能对政务微信线上/线下政治参与的影响都具有调节作用,而仅对政务微博的线下政治参与的影响有调节作用。政务微信、政务微博与政府官员有着更强的连通性,公众可以更加便利地"抵达政府"。一旦公众能够快速、高效地批评政府或向政府输入意见,公众的政治参与意愿就会有显著提升,能够为形成实质性的政治表达或集体参与行动提供了一定程度的可能性。③

由此可见,只有对政务微博和政务微信有较为深入的功能性使用,才能有效而有针对性地改进公众的线上/线下政治参与。一般性的政务新媒体接触,尤其是浅层次、娱乐性的接触则不利于公众形成对公共事务、政治过程参与的兴趣和行动,更容易推动公众"远离政治"。一般性的功能性接触只能比较有效地改进线上政治参与(只有信息性使用不能影响微博模型中的线上参与,其余都显著),而对线下政治参与的改进影响较小(只有信息性使用积极影响政务微信模型中的线下参与,其余都不显著)。可见,想要通过政务新媒体改变公众的政治行为,尤其是线下参与行为,需要一个培养用户深度理解、深度利用不同类型政务新媒体功能的过程。例如,引导公众分辨不同的功能定位而区别使用政务微博或政务微信;通过参与性或信息性使用形成某种政务新媒体的用户忠诚度;不断提高使用不同政务新媒体的技能技巧并不断尝试新的功能;充分挖掘并善于利用政务新媒体提供的参与工具、信息工具和服务工

---

① Cf.Gil De Zuniga, H. , " Social Media Use for News and Individuals'Social Capital, Civic Engagement and Political Participation" , *Journal of Computer - Mediated Communication*, 2012, 17 (3):319-336.

② Cf.Chan, M. , Wu, X. , Hao, Y. , Xi, R. , & Jin, T. , " Microblogging, Online Expression, and Political Efficacy among Young Chinese Citizens: The Moderating Role of Information and Entertainment Needs in the Use of Weibo" , *Cyberpsychology Behavior & Social Networking*, 2012, 15 (7):345-349.

③ 参见孟天广、季程远:《重访数字民主:互联网介入与网络政治参与——基于列举实验的发现》,《清华大学学报》(哲学社会科学版)2016 年第 4 期。

具;不断增加利用政务微博和政务微信线上、线下参与政治的经验等等。

此外,人口统计变量也是对线上、线下政治参与而言有效的预测因子。其中收入的影响较为明显,普遍的规律是收入越高的人群,线上、线下的政治参与积极性也越高。政治兴趣和政治知识对线上、线下政治参与也有着明显的促进作用(只有政务微博线下参与模型不显著,其余均有积极影响)。可见具有较高政治兴趣和政治知识水平的人,拥有更多与政府沟通或协商的技能与知识,更为热衷政治参与,而政务新媒体的使用恰好是提高政治兴趣和政治知识的路径之一。一般性互联网使用和移动社交媒体使用对线上政治参与无影响,而对线下政治参与则同时产生积极(政务微博)和消极影响(政务微信),这一复杂机制可在未来研究中依据"去政治化"效应进行进一步检验。①

五、政务新媒体使用对政治信任的影响

(一)相关文献探讨

互联网等新技术的创新扩散正在改造政府流程,②也在同步改变着公众的政治体验与感知,也蕴含着改善政治信任的可能性。建设政务新媒体的目标之一是提升政治信任。政治信任是公民对政府或政治系统运作产生出与其期待相一致的结果的信念或信心,③是人们对政治制度、政府绩效可信性的理性评估。④ 对于转型中国而言,较高的政治信任也意味着有效的公共政策、社会治理取得积极成果,是维系政治合法性的关键。⑤ 比较一致的结论是,我

① 参见孟天广、宁晶:《互联网"去政治化"的政治后果——基于广义倾向值匹配的实证研究》,《探索》2018 年第 3 期。

② Cf.Criado,J. I.,Sandoval-Almazan,R. & Gil Garcia,J. R.,"Government Innovation Through Social Media",*Government information Quarterly*,2013,30(4):319-326.

③ Cf.Miller,A. H.,"Political Issues and Trust in Government:1964-1970",*American Political Science Review*,1974.68(09):951-972.

④ Cf.Newton,K.,"Trust,Social Capital,Civial Society,and Democracy". *International Political Science Review*.2001,22(2):201-214.

⑤ Cf.Easton,D.,"*A Systems Analysis of Political Life*",New York:John Wiley and Sons,1965.

国中央政府与地方政府的信任水平存在差异,存在政府层级越低、信任越低的现象。① 可见,在新媒体时代,中央和地方政府的信任水平也应分开考量。

政治学者非常重视探析政治信任的影响机制,如制度路径,认为民主政治制度与政治信任密切相关;②还有文化路径,认为不同类型的政治文化与其国家的政治信任水平密切相关;③以及绩效路径认为政府治理绩效感知在预测政治信任中至关重要。④ 传播学者则提出了媒介路径,认为政治拟态环境由媒介信息环境塑造而成,公众接触和使用媒介,从中获得政治信息,产生对政府的认知与评价。如果公众多接触到积极信息,那么就会产生较高的政治信任水平;而如果接触到的都是负面信息和批评信息,那么就会产生较低的政治水平。政务新媒体在新时代积极参与拟态环境的塑造,提供的政治信息以积极、正面、拥护、赞扬为主,所以可推断如果公众经常接触政务新媒体信息,则会产生高水平的政治信任度。

绩效路径是本文展开分析的主要视角,分为两个层面,一是治理绩效,主要看重政府是否持续促进经济发展,有效提供公共产品与服务,减少腐败,维护社会有序运行;⑤二是政治绩效,包括在政府治理下的政治民主化、政治公平、政治透明度程度。⑥ 一个政府如果能够保持较高水平的治理绩效与政治绩效,就能够维系较高程度的政治信任,在绩效方面表现拙劣的政府不可能赢

①　参见孟天广:《转型期的中国政治信任:实证测量与全貌概览》,《华中师范大学学报》(人文社会科学版)2014 年第 2 期。

②　Cf.Wong,T. K. Y.,Wan,P. S.,& Hsiao,H. H. M.,"The Bases of Political Trust in Six Asian Societies:Institutional and Cultural Explanations Compared",*International Political Science Review*,2011,32(3):263-281.

③　Cf.Dimitrova-Grajzl,V.,& Simon,E.,"Political Trust and Historical Legacy:The Effect of Varieties of Socialism",*East European Politics and Societies*,2010,24(2):206-228.

④　Cf.Shi,T. J.,"Cultural Values and Political Trust:A Comparison of the People's Republic of China and Taiwan",*Comparative politics*,2001.33(4):401-419.

⑤　Cf.Norris,P.(Ed.).,"*Critical Citizens:Global Support for Democratic Government*". Oxford:Oxford University press,1999.

⑥　Cf.Kim,J. Y.,"Bowling Together"isn't a Cure-All:The Relationship Between Social Capital and Political Trust in South Korea",*International political Science Review*,2005,26(2):193-213.

得信任。[1]研究还显示,不仅政府提高绩效的直接行动能够改善政治信任,公众对于政府绩效的感知、态度与信念同样影响政治信任。[2]绩效感知即公众基于政府绩效行动而形成对政府的评价与判断,如果比较积极,则说明在开放性、回应性方面公众能够明显感知到政府绩效的改善,其政治信任水平将会提高。[3]

首先是公开性感知(Openness)。公开性要求从中央到地方的政府主动揭开面纱,通过便捷、近用的途径与方式公开政府信息,坦诚并可靠地讨论关于政治过程与政治决策的各类事务[4]并监督政府权力不被滥用。[5]社交媒体能够显著增加开放性,[6]体现在政府积极通过社交媒体发布更新信息,调节社会信息流动,参与社会舆情动员并扩大平等而广泛的政治参与机会。[7]开放性感知的增加已被学者发现可以显著提高公众的政治信任水平。[8]其次是回应性感知(Responsiveness)。回应性即政府行为符合公民意见的程度。[9]提高

---

[1]　Cf.Wang, Z. , "Before the Emergence of Critical Citizens: Economic Development and Political Trust in China", International *Review of Sciology*, 2005, 15(1): 155−171.

[2]　Cf.Welch, E. W. , Hinnant, C. C. , & Moon, M. J. , "Linking Citizen Satisfaction with E-government with Trust in Government", *Journal of public Administration Research and Theory*, 2005, 15(1): 37−58.

[3]　Cf.Thomas, J. C. , & Streib, G. , "The New Face of Government: Citizen-Initiated Contacts in the Era of E-government", *Journal of Public Administration Research and Theory*, 2003, 13(1): 83−103.

[4]　Cf.Bannister, F. & Connolly, R. , "Forward to the Past: Lessons for the Future of E-government from the Story So Far", *Information Polity*, 2012, 17: 221−226.

[5]　Cf.Harrison, T. M. , & Sayogo, D. S. 2013. Open Budgets and Open Government: Beyond Disclosure in Pursuit of Transparency. Participation and Accountability. Proceedings of the 14th Annual International Conference on Digital Government Research(pp. 235−244). New York, NY. USA: ACM.

[6]　Cf.Bertot, J. C. , Jaeger, P. T. , & Grimes, J. M. , "Promoting Transparency and Accountability through ICTs, Social Media and Collaborative E-government", *Transforming government: People Process and policy*, 2012, 6: 78−91.

[7]　Cf.Bertot, J. C. , Jaeger, P. T. , & Grimes, J. M. , "Promoting Transparency and Accountability through ICTs, Social Media and Collaborative E-government", *Transforming government: People Process and policy*, 2012, 6: 78−91.

[8]　Cf.Bertot, J. , Jaeger, P. T. , & Hansen, D. , "The Impact of Polices on Government Social Media Usage: Issues, Challenges, and Recommendations", *Government information quarterly*, 2012, 29(1): 30−40.

[9]　Cf.Roberts, A. & Kim, B. Y. , "Policy Responsiveness in Post-communist Europe: Public Preferences and Economic Reforms", *British Journal of Political Science*, 2011, 41(4): 819−839.

回应性也是政府施行善治,增加民众福祉的主要路径。① 回应性感知是对于政府和政府能否积极回应公民需求的感受与评价。公众对政府信任程度,并不一定直接产生于他们获得了什么来自政府的政策服务或者结果,而是基于是否能够在过程中感受到政府公平、开放、积极回应了公众。② 对电子政府的研究表明,公众对电子政府回应性的感知能够积极提高政治信任水平。③ 政府使用社会化媒体传播、构建政务新媒体体系的基本动因是增强回应性,并已经上升到战略高度。④ 因此,可以推断通过政务新媒体,公众可以更加容易地感受到政府对他们观点和意见的重视,主动增加政治信任。

基于上述文献探讨,本节主要的研究问题为 RQ1:政务新媒体的使用如何影响公众的中央/地方政治信任水平;RQ2:两项绩效感知变量,公开性感知和回应性感知,如何影响公众的中央/地方政治信任水平。

(二)回归结果分析

基于 2015 年全国性问卷调查数据,表 5-5 展示了中央政府与地方政府政治信任的影响因素多元回归模型。模型 2 显示,政务新媒体变量的回归系数不显著,说明政务新媒体的使用无法对中央政府政治信任水平产生显著影响。绩效感知变量中,回应性感知、开放性感知都对中央政府信任有积极影响,最重要的影响因素为回应性感知(回归系数为 .125),这与托尔伯特(Tolbert)和莫斯伯格(Mossberger)的研究一致,即公众越容易感受到中央政府的积极回应,就会越信任中央政府。同理,开放性感知也会提高其对中央政府的信任程度(回归系数为 .105)。这由中央政府的地位价值决定,中央政府被视为既代表政治正义,又代表社会公共利益。中央政府也是信息公开政策、网络信息

---

① 参见孟天广、杨明:《转型期中国县级政府的客观治理绩效与政治信任》,《社会经济体制比较》2012 年第 4 期。

② Cf.Donovan,T.,& Bowler,S.,Reforming the Republic: Democratic Institutions for the New America Upper Saddle River,NJ: Pearson/Prentice Hall,2004.

③ Cf.Tolbert,C.J.,& Mossberger,K.,"The Effects of E-government on Trust and Confidence in Government",*Public Administration Review*,2006,66(3): 354-369.

④ 参见《关于推动传统媒体和新兴媒体融合发展的指导意见》,http://www.gapp.gov.cn/news/1656/223719.shtml,2016 年 12 月 20 日。

管理政策的制定者、规划者、率先实施者与监督者。公众能够切身感受到中央政府在扩大政务信息开放性中的态度和作为，因此容易获得公众的认可与支持。在人口与社会经济变量中，年龄变量对中央政府政治信任有积极影响（回归系数为.095），说明年龄越长者越容易产生高水平的中央政府信任度。教育程度也呈现出较为微弱的负向显著性（-.076），说明教育程度较低的群体更容易信赖中央政府。

模型4显示了地方政府政治信任的影响因素，可知政务新媒体变量的回归系数不显著，这说明无论公众从地方政府建设的政务新媒体中获得怎样的信息与服务，都不能提高他们对地方政府的政治信任水平。有效的绩效变量是回应性感知。回应性感知能够显著提高公众对地方政府信任（回归系数为.141）。这与中央政府的情况一致。这是由于地方政府直接面对公众提出的各种诉求，负责提供解决方案，其回应速度和回应质量最能体现政府是否重视公民意见、是否有回应意愿与回应能力。如果公众能对地方政府回应感到满意，必然更加信任地方政府。开放性感知对地方政府的政治信任没有显著影响，说明即使地方政府比较重视信息发布与公开，也不能在短期内提高政治信任。可推测地方政府的信息公开水平还有待提高，或还需在不断扩大政治过程与公共服务的开放性过程中改善自身的行动与观念。在人口与社会经济变量中，仅仅性别一项具有显著性（回归系数为.141），说明男性较女性更加信任地方政府。其余变量均不能影响到地方政府的信任程度。

表5-5　政治信任影响因素回归模型

变量	中央政府政治信任		地方政府政治信任	
	模型 1	模型 2	模型 3	模型 4
年龄	.114*	.095*	.072	.045
男性	.047	.040	.151***	.141***
教育程度	-.083+	-.076+	-.054	-.046
来自城市	-.012	-.019	.008	-.005
就业情况	-.044	-.045	-.069	-.070

变量	中央政府政治信任		地方政府政治信任	
	模型 1	模型 2	模型 3	模型 4
收入	.053	.046	.045	.036
政务新媒体	.000	.001	-.032	-.030
公开性感知		.105**		.012
回应性感知		.125***		.188***
R-squared	.021	.037	.035	.069
R 平方调整值		.015		.034

注：*** 代表 0.001 的显著水平，** 代表 0.01 的显著水平，* 代表 0.05 的显著水平。

（三）结论与讨论

在互联网飞速发展进程中，中国信息传播生态、治理环境正经历激变，政府需明确政治信任场域发生的变化，采取有效行动维持并提高政治信任水平，发展政务新媒体正是题中之义。但是，从上述分析可知，一般性政务新媒体的使用无法直接影响政治信任，这与电子政府能够显著改善政治信任（Norris，2001）的结论不同。① 可推断政务新媒体建设虽然已取得重大成果，也聚集了数量庞大的用户，但仍然未在公众个体的政治信任、政治态度层面产生深远影响。这一定程度上体现出公众对政府在政务新媒体的体验、功能与绩效方面仍有较高期待，目前的运作与产出尚无法满足公众。可能的原因如公众虽然使用政务新媒体，但接触时长、频率不同，缺乏卷入度；公众在使用政务新媒体之外，还依赖其他政治类媒介获取政治信息；公众使用政务新媒体不同的功能也有可能会产生不同的信任；等等。这也是本章研究的不足，只考虑了政务新媒体的整体性使用，而未对其具体的应用情境、应用类型细分，留待进一步研究。

回归分析表明了网络治理空间中的政府绩效感知对政治信任存在显著的

① Cf.Norris, P. (Ed.). , *Critical Citizens：Global Support for Democratic Government*. Oxford：Oxford University press, 1999.

积极影响。无论中央政府还是地方政府,回应性感知最为重要,只有积极回应公众的政府才能获得政治信任。[1] 由于我国政治体制的特殊性,中央政府与地方政府回应公众的意图与目的有所不同。无论是日常政务、公共政策还是网络舆情,中央政府的回应效率和效能均较高。但想要保持较高的政治信任水平,尤其要提高地方政府回应公众的能力,让诉求在基层政府就能被重视并获得解决。作为在线政府的重要工具,政务新媒体应成为回应公众的重要平台而发挥作用。目前已可见各级政府开通政务新媒体"诉求—回应"通道,积极回应公众提出的公共诉求。公众对中央政府的开放性感知也能够对其政治信任水平产生积极影响,而对地方政府的开放性感知则无法影响地方政府的政治信任。这反映出地方政务在政务公开、信息公开方面可能仍存在不足,在公开范围、开放程度、公开绩效等方面无法满足公众需求,需要地方政府结和实际情况进一步扩大开放。此外,无论回应性感知还是开放性感知,都是公众在网络空间中使用政务新媒体所产生的整体感受、体验和评价。政府在网络空间中的各类观念、作为与行动都能对公众感知产生影响,因此政务新媒体应注重塑造网络传播中的整体形象,并充分发展各类功能。研究还体现出年长者以及教育程度较低者更加信任中央政府的趋势。对于如何提高年轻人与高学历者的政治信任水平值得政府关注。

最后,在提高与改善政治信任、实现国家网络治理战略的前提下,结论还映射出政务新媒体等在线政府形式的发展策略与导向,即巩固"政府开放"成果,进一步扩大信息公开,优化政府传播,全面推进政府回应性建设。具体而言:其一,各级政府应充分重视回应性,依据政务微博、微信的特点构建即时、分层、分类、分级、权责清晰的回应机制,丰富回应形式,调适回应话语,尤其强调提升地方政府的回应效率与效能。其二,继续扩大政务信息公开,尤其是地方政府的政务信息公开。在大数据时代,政府应转变思路,开阔视野。将信息公开全面升级为数据公开,探索有效、安全、丰富的数据公开途径与策略。其

---

[1]　Cf. Anderson, C. J. , Blais, A. , Bowler, S. , & Donovan, T. i Ola Listhaug. , *Losers' Consent: Elections and Democratic Legitimacy*, Oxford: Oxford University Press, 2005.

三,政务新媒体应持续供给结构化的政府正面信息,塑造政府形象、对冲网络偏激声音、输出政策成果与主流价值观,①以净化网络空间,实施在线政府信息治理,构建新时代网络信息新秩序。

---

① 参见祝华新:《把握网络舆情的政治传播主动权》,http://news. xinhuanet. com/info/2015-04/14/c_134148451. htm,2015 年 4 月 14 日。

第六章 政务新媒体运营案例研究

本章将聚焦运营先进的政务新媒体案例展开分析并进行比较研究。我国近年来涌现出各类政务新媒体运营和建设的优秀代表,成功经验在全国推广,形成模式化运作。美国是最开展政府社会化媒体利用与数字政府建设的国家。虽然政府体制、用户媒介习惯、政务新媒体的定位与内涵、媒介素养、社会文化与我国有所区别,但其在功能设计、运营维护方面的经验值得借鉴。本章选取的国内案例部分来自于"2017/2018 互联网治理创新十大案例"。该评选来自中山大学、复旦大学第三方研究机构,体现出中立与客观的评价态度。案例分析还根据政务新媒体运营的功能侧重进行了分类,即集成式政府移动门户、信息传播、政策传播、数字公共服务革新和公民意见响应平台建设。通过分析各个"头部"案例,能较为全面地展示优秀政务新媒体运营的全貌,而中美比较研究结论则能为我国政务新媒体开阔路径、整体优化提供思路。

一、集成式政府移动门户:以中国国务院客户端、 美国联邦应急管理署(FEMA)为例

(一)国务院客户端的功能与特征

2016 年,国务院办公厅推出移动客户端 APP"国务院"(图 6-1)。上线仅10 个月客户端累计下载量已经超过 2000 万,激活用户数超过 700 万。"国务院"APP 聚焦第一时间权威发布国务院重大决策部署和重要政策文件、国务

院领导同志重要会议、考察、出访活动等政务信息,并面向社会提供与政府业务相关的服务。2019年2月,"国务院"上线微信小程序,与中国政府网等平台账号连通。用户可以通过微信快速进入小程序,使用政务服务、投诉建议、政策查询等服务。"国务院"APP是我国政务新媒体建设的重要作品,具有代表性。

图6-1 国务院APP界面(1)

1. 功能分类

国务院APP提供安卓与IOS两种应用系统,用户在手机中下载安装后即可直接进入程序。"首页功能"提供国务院各类重大新闻入口,包括要闻、总理、政策、部门、地方、服务、数据、专题、图片、视频、音频、访谈等栏目,用户还可以根据需要自行添加督察、人事、解读等专题。除要闻和总理两大栏目置顶之外,用户可根据自己的兴趣爱好和阅读习惯对栏目出现的顺序进行排序,形成个性化议程。"国务院"APP信息功能还提供国务院主要领导同志重要会议、考察、出访活动的政务信息,并提供国务院组织机构介绍供用户参阅。

"服务"功能则是国务院APP的建设重点(图6-2),提供文件搜索、数据查询、投诉举报、我有建议等栏目。文件搜索可查询各类国务院文件,用户输入标题、正文、年份、公文种类、发文字号等信息进行检索,即可查阅浏览国务院公开文件。以 2018 年为例,共可检索到全年国务院发布的各类决议、决定、公告、通告、意见、通知、批复、函、纪要等文件共 202 份。数据查询提供国民经济主要指标的在线查询服务,包括 GDP、CPI、PPI、工业生产增长速度、固定资产投资、总人口、社会消费品零售总额、粮食产量等,不同指标能够查询到的年份和数据信息有所差异。以总人口数为例,可查询 2002—2012 年总人口、城镇人口、乡村人口、城镇人口占总人口比重等等。可见国务院 APP 已具备政务资料库的功能。

图 6-2　国务院 APP 界面(2)

投诉举报是"国务院"APP 的另一项重要功能,涉及督察、消费维权、信息通信、产品质量、旅游出行、教育科研、市场监管、知识产权、社会保障、环境保护、医疗卫生等领域。主要投诉举报方式有三种:"拨打热线"直接提供热线电话号码,用户可一键拨打;"登陆网站"提供不同投诉部门的官方网站,用户复制后可直接进入举报页面;"点击投诉"可以直接在"国务院"APP 上进行投诉,如涉企收费投诉、不合理价格举报、缺陷线索报告、侵权盗版举报等即可直接点击进入。以不合理价格举报为例,用户点击进入后,页面直接链接到 12358 网上价格举报页面,在阅读举报须知之后即可在举报页面写明被举报人的情况和举报事项,随后经过实名登记提交。用户可根据自动生成的举报编码和查询码进行进度查询。也有举报领域已与"国务院互联网+督察"小程序合并,如涉企收费投诉一项,点击进入后会自动跳转,用户可在"国务院互联网+督察"小程序的"我要留言"版块直接投诉。

此外,"国务院"APP 还提供各部委服务链接,方便用户"一键可达",能够查阅到各类政府信息,涵盖就业创业、税收财务、医疗卫生、教育科研、消费维权、政策服务等领域。以税收财务为例,提供了政府性基金和行政事业性收费查询、政府定价的经营服务性收费查询、办税地图、出口退税率查询、纳税信用A 级纳税人查询等领域的信息服务。

相比严肃的信息查询和投诉举报,"国务院"APP 的专题服务是一个轻松、活泼的服务栏目,意在体现亲民、便利。例如,国务院"Q&A"的"卖点"在于"专治政策不明白",主要使用轻松简洁的话语解读复杂、严肃的政策。2018 年 7 月国务院颁布《外商投资准入特别管理措施(负面清单)》,该专题就发布了文章《今天起,这些行业允许外资进入了! 都是因为它》进行了详细阐释。国务院"便利贴"栏目主要目的是"方便生活大小事儿",提供各类实用的便民资讯,如 2019 最新增值税税率表、开学必备、最新 30 家国家级旅游度假区、"五一"过节必备等。"国务院"APP"便利手册"倡导"个个都是实用派",向用户提供工作、出行、生活的实用信息,如开车手册、火灾自救手册、防灾手册等等。"下月那些事"则提供新规新政抢先知道的功能,在每月月末都会将下个月即将生效的新规整理发布,便于用户查看。还有"秒懂国务院"栏目,提供 60 秒的视频讲解政策,为用户提供全方位的政策解读。

2. 国务院客户端 APP 的主要特点

通过分析可知,"国务院"客户端 APP 还具有如下特点:(1)主要发挥三种功能:分别是发布党政新闻、大政方针政策;提供权威、便利的公共服务;改善投诉举报渠道,促进民间意见直通中央,这符合中央政府建设移动政务APP 的整体定位。(2)"国务院"客户端 APP 是各部委、各行政机构数字政务的总入口,用户不用关注多个部门 APP,只关注"国务院"一个,即可通达各个行政部门。(3)"国务院"APP 的联动性较好,体现在两方面:一是与"中国政府网"微信公号、"国务院互联网+督察"形成联动,尤其是投诉举报功能实现了一键连通,最大限度地为用户提供举报便利。这种联通模式也便于政府不同机构内部协调对公众的回应机制。二是与微博、微信等社交媒体的连通,主要体现在政务要闻和专题服务两个部分。用户可以直接将"国务院"APP 的信息发布、转发、分享在自己的朋友圈或微博,促进政务 APP 的信息直接进入互联网舆论场。(4)在风格上,"国务院"APP 兼具严肃与活泼,体现权威与亲民的双重风格。(5)在运营方面,"国务院"APP 以"产品"的思维开发设计,用新潮的、市场化的方式连接起了普通人和政府。①

(二)FEMA 的媒介传播体系

美国联邦紧急事务管理署(Federal Emergency Management Agency, FEMA)隶属于国土安全部,是国土安全部四个下属部门之一,主要职能是应对发生在美国各地的灾难事件,包括洪水、地震与飓风等自然灾害,也包括化学危险品泄露、爆炸、枪击、战争等社会灾难,在灾难预防预警、灾后重建与恢复方面也负有职责。

1. FEMA 网站的主要构架

为了适应新的应急管理任务,FEMA 建立了完善的政务新媒体体系,包括 FEMA. gov 官方网站、政务 APP 以及 facebook 与 twitter 等社交媒体账号。如 FEMA 网站主页提供英语和西班牙语两种版本。网站以介绍、说明、导语等方式帮助公众进入 FEMA 政府信息页面,核心是介绍功能、提供链接信息,起到信息中枢作用。如头条"洪水保险",网页提出问题"你是否知道超过 20% 的洪水保险案例都来自洪水高危地区以外"? 随后提供洪水信息网址 FloodSmart. Gov,公众可以点击进入查询详细信息。页面还提供如政府演讲、热带风暴专题、加州地震专题、志愿合作日、政府博客地址、播客地址、灾害救助系统、2018 灾后重建、交通信息等内容。网站主要功能可以在"导航(Navigation)"中查询,主要包括如下几种类别:

---

① 参见《高端了,国务院客户端,下载量超 2000 万,负责人说他们是在做产品》,https://mp. weixin. qq. com/s?＿biz＝MzkxNzAwMDkwNQ＝＝& mid＝2247507028& idx＝1& sn＝111c5f3f3b84534487ee757b485ea6d4&source＝41#wechat_redirect,2017 年 1 月 27 日。

一是机构与职能介绍,向公众介绍组织结构、职能、发展历史、分支机构、结构、权限等(About the Agency),还介绍了职能任务区域(Mission Area)、地域划分(如 Region I: CT,ME,MA,NH,RI,VT)等等。每种职能类别都提供了详细介绍,还提供链接供公众直接进入该机构子网站获得更多信息。政府内部的跨部门协作如联邦跨部门工作计划(Federal Interagency Operational Plans)也在网站中提供。

二是业务职能,即各种类型自然灾害的应对方案、预警体系与灾后重建步骤等。如国家备灾系统(National Preparedness system)、地震联络(FEMA Earthquake Contacts)、儿童与灾害(Children and Disasters)、气候变化(Climate Change)、火灾管理(Fire Management Assistance Grants)、飓风(Hurricanes)、化学储备应急备灾(Chemical Stockpile Emergency Preparedness Program)、洪水地图(Flood Hazard Mapping)、技术危害部门(Technological Hazards Division)、网络安全(Cybersecurity)、灾难应急沟通体系(Disaster Emergency Communications)等等。此外,还提供各级灾难应急分支机构的联系方式,各机构和系统的紧急沟通方式和途径、国家灾后重建框架(National Disaster Recovery Framework)、家园社区保护计划(Safer,Stronger,Protected Homes & Communities)等。

三是政府社会化媒体系统介绍。网站提供了邮件地址(Email Updates)、新闻发布(News Releases)以及 Mobile App 的下载地址,以及博客(Blog)和 Text message(由专属账号 43362 发送)的地址与账号。社交媒体账号系统(social media)还提供了所有由 FEMA 运行的社交媒体账号如官方英语 Twitter 账号@ Fema,首席行政官推特@ FEMA Pete,还有@ Readygov,以及 FEMA 在其他流行社交媒体所建立的官方账号如 FEMA on Facebook,FEMA on LinkedIn,FEMA on YouTube 等。

四是社会协作和志愿信息。包括:志愿者职责(Volunteer & Donate Responsibly)、保险计划(Protecting Your Businesses)、全社区合作计划(Whole Community,提供个人、社区、商业、教会、媒体、学校、各级政府之间的灾情应对协作计划)、公众辅助系统(Public Assistance: Local, State, Tribal and Non-Profit)、志愿者、教会与社区为基础的组织等(Voluntary, Faith-Based, &

Community-Based Organizations)。

五是政府提供各类灾情指南、资料、数据。如公众援助数据库(Public Assistance Appeals Database)、案例研究(Grant Case studies)、数据可视化(Data Visualization,提供如火灾、洪水等全国、各州灾害信息的可视化数据)、2018 灾后重建案例(Disaster Recovery Reform Act of 2018)等等

除信息发布外,FEMA 还提供多个公众灾害知识传播与科普互动平台,如 FEMA 备灾网站(FEMA Preparedness Portal)。该网站是一个在线的灾害预防社区,用户可以在注册后体验到应当如何防备灾害,以及在灾害中如何承担起帮助社区居民的责任。此网站旨在帮助公众知晓更多关于灾害预防的知识,积累应对灾害的技能与策略,主要栏目有通告(主要提供各类灾难的应对知识)、计划(针对个人和家庭的需求制订个性化的灾难防御计划)、行动(公众应当在灾难中如何行动,如成为志愿者、提供灾难应急课程、报警并实施救援行动、加入社区应急管理团队)等。该网站与 FEMA APP 联动,将"教育公众,提高技能、充分互动、社区服务"作为核心理念,提供各类信息与资讯服务。

2. FEMA 的社交媒体应用

FEMA 充分利用各类社交媒体提供灾难前、灾难中和灾难后的应急管理服务,并建立了官方社交媒体名录,以确保公众所接触的官方账号均是由 FEMA 提供。分析名录可知,FEMA 使用的社交媒体种类非常丰富,在 Facebook 上共有 FEMA、FEMA Español、Ready campaign、FEMA Puerto Rico、FEMA U. S. Virgin Islands、FEMA Harvey、Center for Domestic Preparedness、U. S. Fire Administration、Emergency Management Institute 等 9 个官方账号。在 Twitter 上,FEMA 开设了 FEMA Acting Administrator Pete Gaynor、Deputy Administrator Daniel Kaniewski、FEMA、FEMAespanol、PrepareAthon、Ready、CitizenCorp、Center for Domestic Preparedness、U. S. Fire Administration、Emergency Management Institute、Region1－10、Jessica Nalepa(FEMA 外事官、发言人)、Daniel Llargues(FEMA 西班牙语发言人)、National Watch Center 等 23 个官方账号。此外,FEMA 还同时在下列社交网站开设账号运营,包括 National Preparedness community、Thunderclap、Challenge. gov、IdeaScale、

GoogleBook。其中,IdeaScale 是由 FEMA 运行的在线社区,公众可以在注册后公开提供各种应急救灾的意见与建议,或者对其他朋友提供的应急救灾意见与建议进行评论和投票。IdeaScale 论坛是开放的空间,旨在提高公众参与度,调动公众积极性并提高救灾服务的互动性和满意度。GoogleBook 则是一个由 FEMA 运营的电子图书馆,向公众免费提供与救灾、备灾有关的信息、文章、书籍资料与指导手册。此外,FEMA 还对前任行政官、公共事务官的 Twitter 内容进行了整理,形成电子文档供网友查阅。以前任行政官@ Craig Fugate 为例,2016 年共发送 699 条 Twitter,包括了预告灾害信息、信息数据发布、提醒公众、灾害情况变化、推介政务 APP、推介政府官方活动、职位招聘等内容。此外,FEMA 还同时提供 Instagram、LinkedIn、YouTube 的政务社交媒体服务。

3. FEMA 客户端 APP 的聚合效应

FEMA 政务 APP 则提供 iOS 和 Android 两种系统的下载。FEMA APP 包括报警警告、备灾、资源、共享、支援、博客、设置、拨打 911 等内容(图 6-3)。报警警告(Alert)是一个实时预警系统。用户可以根据所处的地理位置和关注点自行设置 5 个城市,即可收到系统发来的实时警报。进入所选城市后,系统会请用户自主选择希望收到实时警报的灾害内容,主要以天气类灾害为主,有洪水、天气灾害(暴雪、冻雨等)、气象灾害(飓风、龙卷风)、地震、极端温度、雾霾等。系统对每项灾害的预警都给出了更为细致的划分。如极端温度一项中,又细分了极热预警、冰冻预警、极度冰冻预警、大风寒冷预警、大雾预警等。用户既可以选择全选或默认设置,也可以根据自己的需要挑选部分预警警报。除去天气类灾害预警外,FEMA APP 还提供了公共灾难预警类目供用户选择,如紧急疏散、儿童拐骗、城市暴乱、核电站危险、放射物泄露、本地危险预警等。例如在用户选择的城市中,纽约市布鲁克林区存在一个安珀警报(AMBER),在塔吉特(Target)市场区域发生儿童拐骗案件,那么 Alerts 系统之中案发时间、地点、儿童信息、车牌信息、车辆品牌和型号都十分清楚。

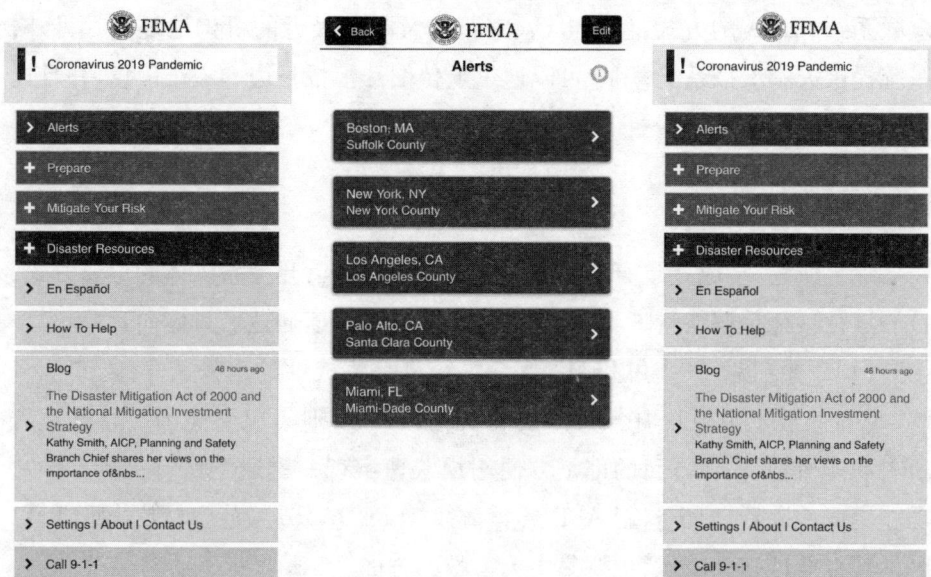

图 6-3 FEMA APP 界面

备灾（Prepare）主要向用户提供预防灾害、灾害发生前准备的知识与信息。在遇险安全提示类目中有 20 种灾害的避险方法和应对措施，还提供各种灾害科普知识、官方应对指南以及与该灾害相关的政府职能部门的网址链接。以地震灾害为例，用户点击进入地震页面后，可见由 FEMA 定制的信息，包括地震的破坏力、高危地区列表、地震来临时的避险方式、如何在地震中保持安全、地震前预警与准备、在地震发生后如何保护自己等内容，全部通过图片与文字结合的方式呈现。在辅助内容栏目里，还提供一系列有用的 PDF 文档和链接，如地震中如何保护儿童、地震信息表等，还有地震发生时的视频、美国地质灾害测量计划、美国红十字会、国家科学基金的链接。用户可以根据所在区域定制自己的灾难避险提醒列表，随时准备。此项目还提供"灾难见面地"功能，用户可以计划三个地点，以备灾难发生后与亲人与朋友团聚。

灾难资源（Disaster Resources）栏目针对灾难发生后的重建与发展，具有互动性质，旨在告知在应急管理方面有需求或愿意提供志愿服务的公众应如何联系到政府。公众可查询全美避难所的信息，在灾难发生中和发生后可利用这些场所，或前往避难所提供志愿服务。FEMA 鼓励公众成为志愿者或救援者，公众可以通过该 APP 提供的链接注册申请成为志愿者。系统还提供公众联系到 FEMA 的方式,包括电话、邮箱以及距离最近的机构地址等。另外,系统提供灾难汇报系统,用户可以通过上传图片汇报身边的灾难信息,并且提供地图定位。

(三)评述

综上所述,集成式政府移动门户是高层政府运营政务新媒体的主要方式,核心运营特征是职能清晰、功能集成、链接中枢、快速通达。具体而言:

(1)"国务院"APP 和 FEMA 媒介系统都是集成性的政务新媒体。"国务院"APP 集成了中国政府各大部委和机构,FEMA 则集成了美国应急管理署所有职能机构、团体。目的都是方便用户快速实现一键通达所有机构。但从功能集成性来看,"国务院"APP 要整体高于 FEMA,覆盖范围较广,而 FEMA 则体现专业性强的特点,主要集中灾害救助方面。

(2)在信息传播方面,中美政府都重视职能和权限的介绍与说明,重视政务公开,在数据和信息方面充分开放。"国务院"客户端在信息传播方面更重视各个机构重要新闻、通知公告、领导人动态的传播,FEMA 则更重视与其职能有关(灾难防御和应对)的信息发布和知识教育。两者都已呈现出政府信息资源库和内容资料库的趋势,"国务院"APP 目标实现的是国民经济重要信息资料库,而 FEMA 则在专业知识方面提供更多资料选择。

(3)两者都采用全媒体联动的运营策略,以 APP 或网站为核心,社交媒体、微博微信、视频等综合运用,最大限度地囊括各类网络用户。APP 和社交媒体都是政府大力推广的形式,两者既有重合,又有分工。总体而言,社交媒体主要强调公共关系而 APP 更多提供用户互动、传播教育方面的具体功能。

(4)"国务院"APP 客户端在传播手段、传播途径、传播话语的形式上丰富多彩,尤其打造亲民、生动的风格,而 FEMA 基本不提供新闻,也没有尝试通过改变语言风格和话语形式吸引民众。

(5)两者都重视政务新媒体的互动和通达功能,改变公众到政府之间的距离,改进公众与政府、公众与公众之间的互动。区别在于"国务院"APP 的互动主要体现在"举报投诉"和"建言献策"上,目标是促进普通民众向高层政府输入意见、与最高层政府机构及领导人展开互动。FEMA 虽然也提供民众直接与政府互动和对话的渠道,但主要倡导的互动方式在"社区"层面,希望通过社交媒体的努力促进本地化、社区化的民众间线下互动,而政府是社区互动中的成员、协同部门、合作者。

(6)虽然两国政务新媒体系统都以用户为导向而设计,但"国务院"APP在一定程度上欠缺对公众需求的深入分析和关注。这表现在"国务院"APP所提供的信息是"政府想要提供给公众的"。而FEMA则更加注重研究和分析在应急管理方面公众究竟需要怎样的信息和知识。因此,FEMA的使命是基于公众需求,充分提供有关灾难预警、防灾备灾、灾后援助的知识、帮助、服务,尤其重视公众的自我发展与完善,如大力提供灾害防治教育、救助培训、预警渠道和避灾方法等等。公众一旦有类似需求,就可以在FEMA的各类媒介体系中获得满足。这种匹配公众需求的思路以及重视公众教育和发展的行动视角是我国政府在运营政务新媒体过程中比较缺乏而应该借鉴的。

二、政府信息传播如何制胜：以中央政法委政务新媒体体系为例

中共中央政法委员会政务新媒体体系旗下拥有"中国长安网"综合网站、客户端APP、政务微博、抖音短视频、政务微信"中央政法委长安剑"、头条号等一系列传播账号,实现了政务新媒体的全媒体、全平台、全功能传播,是我国党政机关运用政务新媒体进行政治传播和政府传播的代表。"新媒体日益成为信息传播主要渠道和平台,要集中大力量,做强新媒体",中央政法委秘书长陈一新在"创新和加强新时代政法宣传舆论工作座谈会"上提出,要提升政法新媒体的"引关圈粉"能力,把更多网民变成"粉丝"。[①] 本节将重点分析中央政法委政务新媒体体系的传播特色和运营策略。

---

① 参见《抖音上的政府：向"网红"进军》,https://www.jiemian.com/article/2320502.html,2018年7月19日。

(一)以"中国长安网"网站和客户端为基础

2012 年 8 月 1 日,"中国长安网"PC 端网站正式开通,紧接着在 2015 年 9 月开通 APP 客户端,实现了网站、APP 客户端同步更新。中国长安网的手机 APP 客户端主要包括首页、政法系统和地方三个部分。首页新闻分为推荐、高层、人事、专题、锐评、文化等几个部分。"推荐"主推当日和近期的重点政法事件与新闻,以突发案件、重磅新闻首发为主,也包括其他几个栏目中受关注的热帖,都在推荐中进行推送。"高层"栏目则主要播发党和国家领导人、政法系统领导人的活动与新闻报道。"人事"栏目则推送全国各地政法系统人事变动与人事管理。"专题"则主要播出由中央政法委设置的"媒介事件",包括"辟谣平台"中的重要新闻、在江苏卫视、腾讯视频播出的"致敬中国英雄(政法委)"、纪念五四运动 100 周年、2019"两会"等事件,系统呈现了政法系统在该领域的作为与成就,起到政法系统政策解读、阐释事件以及提高政法形象的作用。"锐评"则选取重要的政法案件进行详细解读,向公众普法,也提供法治正能量。"文化"重点关注与政法系统有关的文化生活与文化作品,如《全国政法队伍 TED 演讲风采展示》《陕北说书助力扫黑除恶!最新版带唱词来啦!》等,用户可根据自己的阅读兴趣和习惯调整顺序或增减栏目,形成自己的阅读议程。政法系统栏目则以政法业务为分类依据,展示政法委、法院、检查、公安、司法、安全等部门的新闻与信息。"地方"可切换到全国各省的政法新闻,可以实现一键阅读。APP 中设计了搜索功能,用户可自行搜索感兴趣的新闻。

与 APP 相比,"中国长安网"PC 端网站的信息内容更加丰富(图 6-4)。改版后,中央政法委对于门户网站的定位从刚开始的信息公开,到"互联网+"政法信息服务综合平台,对于自我的功能定位愈加精细化,也更加注重契合公众需求。除与 APP 客户端一致的栏目外,PC 端网站还包括了要闻、综治、队建、热点、执法、忏悔、说案、庭审、域外、网群等栏目,涵盖了政法系统全业务新闻,如政法工作、综合治理、司法改革、法制建设、平安建设与队伍建设。除新闻信息功能外,还提供为民服务窗口,连接了法院信息系统,包括法院便民、执行信息公开、裁判文书、法信、信访、司法考试、民政、诉讼服务、审判案例、举报、普法、新用信息等入口。用户可以通过法律裁判文书网查询各类裁判文书,法信则提供一站式法律知识解决方案,诉讼服务则连接最高人民法院诉讼服务网,举报直通中纪委举报平台,实现了政法系统内部的协同。"中国长安网"还与党中央机构、中央政法部门等形成政府网站联动矩阵,也与全国各地政法委建立的网站形成"长安网群",还连通了各类重要新闻媒体和政法媒体,极大地促进政法新闻在各类媒体中的发布与传播。

"中国长安网"不仅是中国政法信息的发布平台、新闻池、数据资料库和政法文化集中地,也是政法业务的咨询平台和服务入口,强化了政法系统与民众之间的互动。"中国长安网"凭着迅速而稳健的发展步伐获评"2016 年度中国最具影响力政法网站",是国内政法信息传播体系建设的代表。

图 6-4 中国长安网界面(左:2019;右:2020)

(二)全平台政务新媒体建设

中央政法委在原有官方网站"中国长安网"的基础上,形成了以微博、微信、短视频为主的全方位政务新媒体平台,立体化整合运营,针对各平台的特征形成差异化定位、优势互补、资源互通,形成有效的政务新媒体传播体系。

1. 政务微博

以"中国长安网"为基础建立的政务微博是中央政法委政务新媒体体系中最为活跃的成员之一,在各大政务新媒体微博账号中具有代表性。"中国长安网"政务微博在政法系统中排名榜首,已有粉丝666万。迄今共发布微博28303条,视频391个。每日阅读数超过百万。以2019年8月2日为例,发微博数为21条,互动3.4万次。① 为了符合微博用户的阅读习惯和兴趣,与网站PC端的传播不同,"中国长安网"形成了独特的传播特点。

(1)议题精选,平台联动。政务微博选择的议题是当日中央政法委政务新媒体体系中最重要、最经典、最有趣的内容,既包括了"中国长安网"网站中的重大新闻和政法要闻,也包括微信中的优质评论与犀利观点,还包括抖音中的某些流行的视频脚本,力求及时权威、有趣可读、选题精良,能够引起社会关注。这种平台联动的内容供给方式,丰富了议题来源,保障了议题质量,最大程度地盘活了政务新媒体体系内部的内容资源,形成各媒介平台联动传播的优势。

(2)理解微博网民,采用微博传播方式。"中国长安网"微博不像网站文章那样正式而严肃,也不像微信评论文章那样采用"网红风格",而是扎根微博公共空间,深入体会微博话语特色。深入其文本,可发现"中国长安网"采用短小精简的行文布局方式,重大议题切中要害,权威可靠,日常传播则语态轻松活泼,平易近人,如微博朋友在身边闲聊、畅议。

(3)尊重微博传播规律。微博平台信息海量,零零碎碎的消息总是会被瞬间淹没。"中国长安网"采用滚动发布、多次更新、连续"出镜"的策略,将重要的议题拆分成多次发布,每次只发布一个主题、一个侧面或一个片段。这样,"中国长安网"能够保证在一日内多次更新,连续产生信息滚动效应,既保证了政务信息完整的发布,又保有流量,获得用户持续关注,不至于让重要信息快速消失。因此,每日20余次的更新几乎保证了每小时都有"中国长安网"消息被刷屏,极大地提高了政务新媒体信息到达用户的效率,也极大地提高了"中国长安网"的曝光率和知名度。

---

① 数据选择日期为2019年8月2日。

（4）尊重粉丝，积极互动。根据微博平台的留言功能设定，政务微博最易与网民进行沟通和互动。对于网民@或者留言转发，"中国长安网"都非常积极的予以回应，一日互动通常超过几万次。图6-5中，一条暂停赴台个人游的消息获得了2268次留言，获赞超过12.4万，获得转发386次。积极的回应更容易让网民对政务新媒体产生好感、信任和依赖，因此能够有效提升用户粘性，维系了"中国长安网"微博大量的忠实用户。

可见，"中国长安网"微博是中央政法委政务新媒体体系中的重要组成部分，是最前沿、最接近网络公共空间的话语工具，在网络空间起到内容中枢、传播阵地、回应前沿、舆论场域先锋的重要作用。"中国长安网"微博也是创造力极强、个性化得以鲜明体现的政府传播"试验田"。"中国长安网"微博还提供了与全国各地政法系统微博的联通入口，推政务微博矩阵化发展。

图6-5　中国长安网政务微博界面

2. 政务抖音

2019年，"中国长安网"入驻抖音平台，成为首家政务短视频官方账号。"中国长安网"抖音已有2264.3万粉丝，发表短视频作品3719个，获赞63412.6万次。① 打开抖音关注"中国长安网"账号，其签名档为"安哥正能

---

①　数据采集日期为2020年11月15日。

量",可窥见其发布短视的内容类型和风格,具体而言:

(1)短视频新闻类。"中国长安网"提供政法类社会新闻的抖音版本。抖音新闻可以直接采集新闻现场的画面与声效,具有直播的效应。例如"重庆保时捷女车主最新情况"一条,不仅在短视频里展示了女车主与男司机发生的冲突过程,还用影像展示了冲突发生时的细节,包括女车主衣着、车辆细节、打人动作、肢体语言、蛮横态度等,该视频还提出了重庆公安已经依法调查处理并在查清事实后向社会公布结果,以及重庆警方通报的处理情况。视频中各种办案细节的呈现也使受众直观体验了政府的执法行为,避免了谣言和谬误的传播。通过抖音制作短视频提供社会政法新闻俨然已为"中国长安网"主要内容之一。

(2)形象塑造类。塑造政法工作的整体形象是"中国长安网"的核心目标,也是"正能量"的主要来源。如"驻港部队官宣短视频",该视频发表在2019年8月1日建军节,题为"守护香港,实名必然"。视频拍摄了驻港部队的军事实力,数个军事训练场景、军械武装、重兵器等体现国威军威,同时还有画面展示数个驻港部队执行任务的场面,体现军队依法、干练、专业、强劲的特点,塑造了我国驻港部队的军人形象,此类短视频大多气势恢宏、制作精美,体现出较高的短视频专业水准。

(3)趣味演绎类。"中国长安网"还会通过剧本设计、表演,将社会法治事件拍摄转化为抖音短视频,主旨是体现我国法治新动态,对法规、制度或政法工作热点或现状起到阐释、传播和沟通的作用。例如一则警示安全的短视频,故事脚本是一间派出所为破案希望两位民警男扮女装去卧底。在两位民警表现出不好意思时,一名面容俊秀的民警说"我来"。于是镜头转向这名民警化妆为女性,穿上彩虹条纹上衣,一跃成为"网红脸",然后与其他两名民警走出院子开始破案,当街边有人向"网红脸"女子伸出咸猪手时,被埋伏的两名民警抓获。视频在结尾提醒女士外出需提高防范意识,并谨记报警电话。

其实,这一短视频是配合公安部门反性侵行动的一个组成部分。这样的内容设计趣味性强,易于被公众接受,有趣的短片中不仅将反性侵知识、自我保护方法、法治观念告知公众,还将警察责任、快速行动、破案能力强等政法工作形象进行了有效塑造。此外,"趣味演绎"被广泛用在抖音短视频中,题材丰富,提供政法工作揭秘(如警用巡逻车介绍和解密)、社会法治事件概览(如打黑案件)、政法英雄追踪、见义勇为英雄(如新婚夫妻拍婚纱照时新郎跳入水中勇救落水女孩)、社会安全预警提示(如过马路请千万看好自己的孩子)等等。

政务抖音是最新的政务新媒体形式,为政府盘活了传播资源,带来了传播活力,在政府传播体系中起到了重要的作用,凝聚了良好的社会反响。"中国长安网"是最早提供短视频服务的政务新媒体,已成为抖音"头部大号",在内容设计、视频制作、投放效果、传播联动等方面进行了有益的尝试,值得借鉴。

3."中央政法委长安剑"政务微信

"中央政法委长安剑"是政务微信类知名的精品账号(图6-6),原名"长安剑"。该账号自 2016 年 4 月开始运行,2018 年正式更名为"中央政法委长安剑",账号主体也随之揭开神秘面纱,亮出"中央政法委"的政府主体身份。该账号主打原创文章,几乎每日推出阅读量超过 10 万次的爆款文章。"中央政法委长安剑"的政务微信的运营非常有特点:

图 6-6　"中央政法委长安剑"政务微信界面

（1）"剑指舆论硬核选题"催生爆款。"中央政法委长安剑"定位非常明确，并非简单"搬运"全国各地政法新闻或通知公告，而是针对社会热点，直指最强舆论提供有深度、有质量的分析与观点，让其领衔的政务新媒体在舆论场中脱颖而出，引领舆论方向。"长安剑"擅长对社会重要舆情进行理性思考和回应，不偏不倚，证据确凿，发人深省，入木三分，如分析快播案文章《"快播案"惊天逆转"内幕"！阴谋论者闭嘴吧！》通过"四个质疑"，提供了基于法治视角的深度分析。范冰冰逃税案成为舆情热点后，"长安剑"快速跟进，发布了爆款文章《超8亿！！范冰冰逃税被重罚！除此之外还有四大新闻》。该文章针对网民疑虑，尤其是"只罚不判"是否合法合理的问题展开论述，不仅根据刑法法律法条进行了详细说明，还提出了"法律对事不对人，宽严相济、体现决心"等观点和态度。认为范冰冰受罚的意义不单在警示教育，而是吹响了依法整治行业乱象的号角，此文章获得了社会高度关注，极大程度回应了社会质疑，引导了舆论。在政务微信版图中，如"中央政法委长安剑"一般致力于提供观点、态度，具有专业化内容生产能力的"深度政务新媒体"并不多见。

（2）语言活泼，风格亲民。一改传统政府信息和政治新闻的严肃、生硬，使用适当网络用语、流行语是"中央政法委长安剑"的主要特色之一。不仅每篇文章都利用标题吸引用户注意力，还大量使用线下流行的网络公号文体谋篇布局，遣词造句。《超8亿！！范冰冰逃税被重罚！除此之外还有四大新闻》一文中，就使用了包括"干货"、"范爷"、"求锤得锤，No zuo no die"、"贵圈"等一系列流行的网络热词。网友读来非常亲切熟悉，毫无官方媒体和政府文本的严肃干涩。这种新的形式表达和话语风格是在微信朋友圈传播获胜的必备武器。可见中央政法委在"改进网络政治话语"方面进行了有益的探索和突破。

（3）发文密集，保有流量。许多政务新媒体运营面临的一个重要问题就是难以连续提供高质量、高水平的内容与文章。仅靠"权威信息即时发布"供给的内容数量有限，所以很容易造成账号因"曝光不足"而失去流量优势。"中央政法委长安剑"为避免这一问题，组建专门的写作团队，每天推送4次，平均每月产生40余篇高水平、高流量的文章，基本实现每天至少一篇爆款。这样密集而优质的发文会吸引和留住大量用户,圈住粉丝。再反过来激励新媒体写作团队主创人员进一步挖掘、写作爆款,形成了供给和需求的良性循环。

(4)团队专业,集智运营。有一群懂得新媒体传播、善用新媒体、稳定而年轻的运营团队是"长安剑"成功的法宝。有资料显示,"中央政法委长安剑"的编辑团队保持在4人,主要来自中央政法委新媒体工作站,该站每半年从全国公检法司各单位挑选新媒体人才,分配到各个新媒体岗位上。① 这保证了该账号能有稳定数量的专职运营者,且都是熟悉新媒体的年轻人。团队具有编辑部属性,要求每个成员都有策划选题、组稿、写作分析和编辑排版的能力,更要求具有深入的分析能力、理解力和创造力。团队成员具有极高的工作效率,至少每天一篇原创,要在4小时内完成从选题到发布的全过程。优秀的团队是"中央政法委长安剑"获得成功的关键所在。

(5)强调新媒体规律,善于把握网络舆论场动态,做专业传播者。"中央政法委长安剑"公号深入理解和运用新媒体传播规律。从传播形式上,该账号发布的文章以文字为主,图片、声音、视频各类媒介形式非常丰富,排版布局符合公号阅读习惯,通过图表、时间线、卡通人物、问答式等方法布局,且在版式上追随流行趋势,设计有所创新,能够赢得年轻公众。从发布议题上来看,文章紧追社会各类政法热点,越是强舆论的大事件,就越能推出重磅观点性文章,"不求及时,但求深度",使得"中央政法委长安剑"刊发多篇引导舆论的大文章,这是公众号流量的保证,也是牢牢把握主流舆论阵地的需要。从发布时间来看,团队成员精心研究了每日推送时间段、阅读量与效果之间的关系,选择每日上午10点到12点、下午2点到4点,晚上7点到8点做专门推送,迎合用户的阅读习惯。② 从发布节点来看,所有舆情事件的关键点,包括突发点、转折点、辟谣或跟进、领

① 参见《专访"中央政法委长安剑"团队:新媒体时代首要秘诀,天下武功,唯快不破》,http://www.chinapeace.gov.cn/2018-11/21/content_11494540.htm,2018年11月21日。
② 《专访"中央政法委长安剑"团队:新媒体时代首要秘诀,天下武功,唯快不破》,http://www.chinapeace.gov.cn/2018-11/21/content_11494540.htm,2018年11月21日。

导人批示等等,都少不了"中央政法委长安剑"的身影,如疫苗事件中"中央政法委长安剑"的四次发声都至关重要,引导舆论,逐渐使得网友形成了阅读习惯,争执不下的时候去"看看长安剑"怎么说,极大提高了政府信任度。

(6)积极回应公众,适度"萌"化。"中央政法委长安剑"每篇文章几乎都有庞大的公众留言。运营团队虽然不能保证每条都回复,但仍然积极回应,且使用轻松、活泼的"萌传播"方式,让网友感到是朋友之间的聊天、调侃,而并非与政府工作人员开展对话。如网友留言"作为忠粉,今天我不是第一个留言的",长安剑则回复"第二个,盖章!"。叫停台湾试点城市个人游后,长安剑发文《大陆赴台自由行试点被"叫停",啥原因蔡英文心里没点数吗?》,很快阅读量超过10万,网友留言众多,如网友留言"也就相当于一个县级市的市长,哪那么多戏,这下凉凉了"。长安剑运营人员回复"台湾面积约占福建省的1/3,去年GDP约占全国的4%,说县级市有点低估了。但无论是大是小,属于中国的土地一寸都不容分裂出去!"既态度鲜明,客观,又平和幽默,这样的例子不胜枚举,在与公众的轻松对谈中维护了用户,拉近了公众与政府之间的距离。

(7)功能上与两类政法业务紧密相连。除去信息发布和内容传播功能,"中央政法委长安剑"政务微信还提供与政法业务紧密相关的两类功能:黑恶举报和辟谣平台(图6-7)。黑恶举报与12337全国扫黑办智能化举报平台关联,用户可通过"线索举报"的按钮进入举报,也可以通过登记过的线索编号查询进度。辟谣平台则主要针对网络流传的政法类新闻进行辟谣。如2019年6月,网上流传"贵州毕节、凯里有未成年儿童被性侵"的照片,引发舆情关注。贵州警方很快确认这些图片为网上搜集,新闻则为人为编造,已对涉事者依法采取强制措施。于是,辟谣平台很快发布消息"警方通报:贵州孤儿院儿童被性侵系编造",以权威的发布抵制了谣言的进一步传播。正是由于"中央政法委长安剑"拥有巨大的用户群和极高的信誉度,才能有效促进举报和辟谣功能的实现。

图6-7 "中央政法委长安剑"互动界面

（三）推动政府传播的联动与融合

中央政法委政务新媒体体系的重要特点，还在于纵向打通中央到地方各层级政法委信息传播系统，横向联动各类政务新媒体和媒体系统，实现资源整合、媒介融合与内容融合，形成高效有序、丰富多样、辐射范围广泛的政务新媒体矩阵，同时打通壁垒，扩展外延，积极推动矩阵与外部资源的合作，扩大影响力。这是中央政法委政务新媒体体系获得成功的重要经验，具体而言：

1. 推动全国政法政务新媒体矩阵的构建

"中国长安网"发挥中央带动地方的优势，联动全国各省市政法委组建"长安网群"，将各地政法线上网站联合互通，打破信息壁垒，互通融合。"中国长安网"微博也构建了包括福建长安网、江西政法网、新疆平安网等30个官方账号的微博矩阵，不仅促进了政法信息在全国范围内的流动，还提供了经验，带动促进了地方政务新媒体账号的发展。

2. 以内容联动促进平台联动、媒介融合

中央政法委新媒体运营还注重内部多媒介平台联动融合。"中国长安网"主页附有明显的二维码标志，邀请公众进入"长安剑"微信公号和抖音；微信公众号则在每篇内容结尾附上"中国长安网"手机客户端、官方微博、抖音账号的二维码,使得读者可一键转入中央政法委其他官方账号之中。这种相互联动融合的形式使得内部各平台联系更加紧密,目标用户群体进一步扩大。

此外,内容同步、互补、联动是促进平台联动、媒介融合的根本性方式。中央政法委政务新媒体根据不同账号、平台和工具的特点,对同一内容题材进行深度挖掘、视角开发、传播互动,最大限度整合内容资源。例如,2019 年 11 月 19 日,美参议院通过"香港人权与民主法案",迅速引来社会关注。中央政法委新媒体矩阵迅速跟进,展开内容传播。上午 10:09"中国长安网"官方微博便发布快讯,强调事实,并表明中国的态度与回应。27 分钟后,"中央政法委长安剑"官方微信也发布快讯:"中国必将反制! 多部门回应美参议院通过'香港人权与民主法案'",具体报道外交部、国务院、香港特区政府等部门的具体态度与声明。随后,抖音平台也发布了"这就是鲜明的中国态度! 多部门回应美参议院通过涉港法案"的视频,进一步表明态度,表达情绪。当日中央政法委官网"中国长安网"也进行了多项相关报道,整合多项政务新媒体的报道内容。由此可见,通过各个平台内容联动,不同政新媒体的优势得到充分发挥,微博实时发布,微信深度全面解析、抖音渲染爱国情感、官方网站则侧重综合性和内容整合,媒介融合、联动传播的优势得以实现。

3. 促进政务新媒体的资源联合与外部合作

除去政务新媒体体系内部的融合,中央政法委还很重视与传统媒体、网络媒体、社交媒体以及其他政务新媒体的合作,不断扩展政务新媒体的边界和外延,形成内容合作、媒介联动、互动扩散、规模化发展的有利局面。这是政务新媒体参与纷繁复杂的网络场域信息竞争、注意力竞争、影响力竞争的必然之举。中央政法委在今日头条号、一点资讯号、企鹅号、大鱼号、百家号、搜狐号、网易号、澎湃号等流量平台都已实现内容覆盖;与央广网、人民网、光明网、澎湃新闻等多家官方网站实现了良好的合作关系,通过优质媒体的传播平台提高层次、改进质量、提高声誉。近年来在短视频合作领域,中央政法委政务新媒体参与合作推出了一系列重要的短视频产品,如 2018 年清明短片《春天里》,在秒拍、快手、腾讯、搜狐、新浪视频的共同推动下,全网播放量近 1 亿次,产生现象级传播效果。与抖音官方合作发起的"#梦想,来真的!"挑战活动,共有近两百视频参与其中,达到 23.1 亿次播放,在广泛的社会参与和外部合作中提高了自身政务新媒体的影响力。

三、政策传播的创新策略与发展趋势:以"上海垃圾分类"政策为例

政策传播是指政策信息在组织之间及组织与个人之间的传递过程。[①] 有效的政策传播能够增强公众对政策的理解、认可与支持,减少政策执行中的阻力,有利于构建良好的政府公共关系。[②] 政府历来重视利用各类媒介、渠道开展政策传播。政务新媒体集合了各种媒介形式,具有巨大的信息承载量,能够促进政府与公民就公共政策问题展开双向交流。[③] 此外,政务新媒体也使得政府工作更加透明,法律法规得以更快地传播与更新,还对公共政策文化建构起着重要影响。[④] 但是,如何利用政务新媒体开展政策传播还属于一项比较新的课题。主要问题在于:为数不少的政务新媒体并未开发和使用政策传播功能;政府运营部门将政策传播与政策发布混淆一谈;未曾对政策文本的传播进行策划;缺乏政策传播互动;时效性差、形式呆板等等。[⑤] 但也有部分账号了解新媒体政策传播的基本规律,革新理念,创新形式,取得了良好的效果。其中,上海市政务新媒体对"上海垃圾分类政策"的传播具有一定代表性。本节将以此为案例,分析政务新媒体政策传播的现状、主要策略特征及发展趋势,以期为政务新媒体开展政策传播提供启示。

---

① 参见段林毅:《关涉政策传播的几个问题》,《求索》2004 年第 4 期。

② 参见莫寰:《政策传播如何影响政策的效果》,《理论探讨》2003 年第 5 期。

③ Cf. Andersen, K. N. , Medaglia, R. , & Henriksen, H. Z. , "Social Media in Public Health Care: Impact Domain Propositions", *Government Information Quarterly*, 2012, 29(4): 462-469.

④ Cf. Picazo-Vela, S. , Gutiérrez-Martínez, I. , & Luna-Reyes, L. F. , "Understanding Risks, Benefits and Strategic Alternatives of Social Media Applications in the Public Sector", *Government Information Quarterly*, 2012, 29(4): 504-511.

⑤ 陈强、曾润喜:《政府视角与公众视角:中国政务新媒体研究的议题与路向》,《情报杂志》2017 年第 4 期。

（一）"上海垃圾分类"政策及案例来源

根据 2017 年国家发展和改革委员会、住房和城乡建设部发布的《生活垃圾分类制度实施方案》，要求到 2020 年底，"基本建立垃圾分类相关法律法规和标准体系"，这意味着国内早在 20 世纪 90 年代就提出的"垃圾分类"政策将真正落地。2019 年 2 月 20 日，《上海市生活垃圾管理条例》全文正式公布，并定于 2019 年 7 月 1 日起正式实施。上海成为中国大陆首个施行强制性垃圾分类的城市。此前，上海垃圾分类标准有过多次变化，此次《条例》明确提出"四分法"，包括可回收物、有害垃圾、湿垃圾和干垃圾四种。由于政策内容中的分类标准和名称存在争议，且该政策涉及强制性罚款和"定时定点"的管理方法，在网络上引发热议，大量网民"围观"并参与垃圾分类政策讨论，成为同期最受关注的舆论事件。

本节选取了两个职能型政务新媒体账号——上海市生态环境局官方微博"@上海环境"、上海市绿化和市容管理局官方微信公号"@绿色上海"，以及一个综合型账号——上海市政府新闻办公室官方微博"@上海发布"为分析对象。政策传播文本采集期在 2019 年 6 月 1 日至 7 月 5 日之间。通过人工筛选三个账号中发布的所有关于"垃圾分类"的内容，共得到分析样本 204 条，其中"@上海环境"148 条、"@上海发布"23 条，"@绿色上海"33 条。研究还划分了三个阶段：政策发布前期（6 月 1 日—6 月 11 日）、政策讨论期（6 月 12 日—6 月 30 日）、执行反馈期（7 月 1 日—7 月 5 日）。划分依据是政策传播过程中的重要节点：6 月 12 日，上海市绿化市容局发布《上海市生活垃圾分类投放指南》，拉开垃圾分类政策网络讨论的序幕；7 月 1 日《上海市生活垃圾管理条例》正式实施，政策传播活动最为密集，网民关注也最多。本文主要的研究方法是案例分析法。个案研究通过丰富而翔实的资料，能够对某种现象、行为和事件做出探究式的分析，[1]进而向整体推论。通过对所选政务新媒体账号推送的各类文字、图片和音视频进行的文本分析，可进一步理解政府政

---

① 罗伯特·K.殷：《案例研究：设计与方法》，周海涛、李永贤、李虞译，重庆大学出版社 2004 年版，第 3 页。

策传播脉络中的特殊情境与意义。

（二）政务新媒体"上海垃圾分类"政策传播情况

通过204份政策传播文本的数据统计可窥见上海市三个优质政务新媒体对"垃圾分类"政策开展传播行动的基本情况。

1. 发布数量

图6-8显示，"@上海环境"、"@上海发布"及"@绿色上海"都是垃圾分类政策积极主动的传播者，在政策传播各个时期都有较为丰富而稳定的发文数量。但账号属性不同，侧重点也有所区别。职能型账号在政策讨论期发布文本最多："@上海环境"发文79篇（53.38%），"@绿色上海"发文71篇（51.52%）。可见职能型账号是政策传播者对政策进行解读、分析并引导公众进行政策讨论的主要阵地。市级政府综合型官方微博"@上海发布"虽然也重视在政策讨论期发声，但主要发力于政策执行反馈期间，发布政策落实、政策执行的具体情况，为政策落地提供良好的舆论环境。在政策发布前期发文最多的是"@绿色上海"。可能的原因是绿化和市容管理局具体负责生活垃圾处理和污染防治，为提高政策执行效率，需要在前期做好舆论铺垫，获得广泛理解和支持，创造有利于开展工作的社会条件。

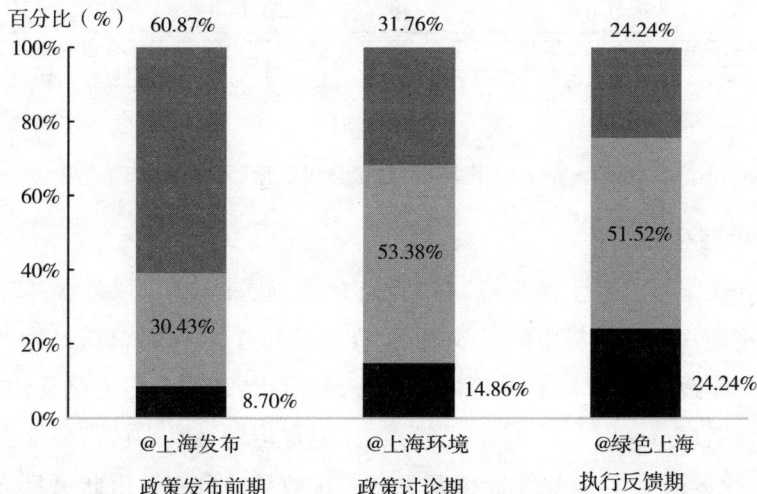

图6-8　政务新媒体在不同阶段发布"垃圾分类政策"的文本数量

2. 发布频率

以发布内容总数最多的"@上海环境"为例,在采集时间内日发文量从 0 条到 12 条不等,平均日发文量为 4.26 条。图 6-9 显示,"@上海环境"发文数量高峰日期为 6 月 26 日、6 月 28 日、7 月 1 日、7 月 5 日。其中,6 月 25—28 日出现了"上海滩版垃圾分类"舆论,是网络讨论较为集中的阶段;7 月 1 日为《条例》正式实施日;7 月 5 日成都、贵阳等地也相继颁布垃圾分类新规,引起新一轮讨论。可见政务新媒体在整个政策传播过程中发文频率总体较高,但并非平均着力:一方面根据政策流程进行有节奏、有重点的组织传播行动;一方面根据网络上的政策反馈及时调整政策传播的节奏和布局。

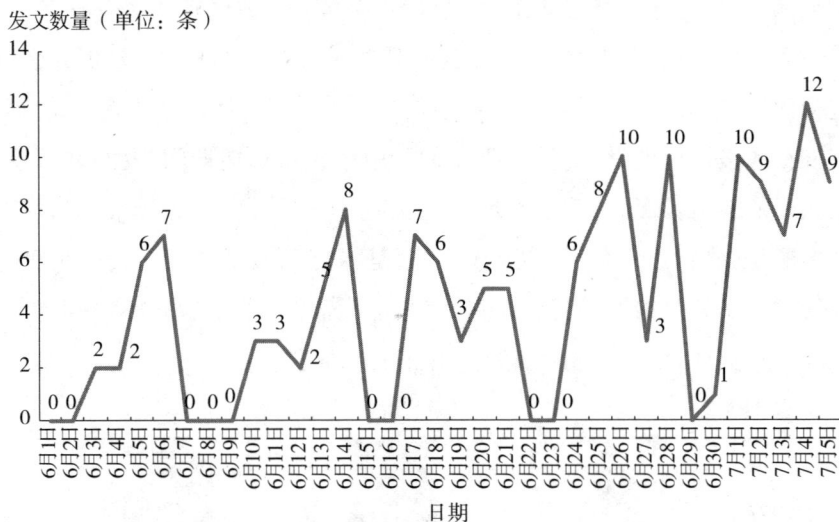

图 6-9 @上海环境"垃圾分类政策"发文频率

3. 主题分布

表 6-1 显示,"@上海环境"在"垃圾分类"政策传播中共涉及 13 种不同类别的主题。主题最集中的是政策动态(18.24%)及政策解读(16.89%);其次是基层实践(13.51%)和政策讨论(10.14%);涉及最少的主题是政策文本(2.7%)和官方行动(0.68%)。活动报道、创意传播、知识科普、公众实践、他山之石、政策衍生、政策意义等主题也有一定数量的分布。由此可见,政务新媒体大致所占政策主题的范围与层次,涉及政策的方方面面。原因可能是政

务新媒体不受版面、时间、资源的限制,能够不断增加发布,扩展内容主题;同时,伴随着"政策文本"这一主题所占比重降低,政务新媒体更需要进一步挖掘政策传播内容资源,策划新的解读视角。

表 6-1　@上海环境"垃圾分类政策"微博的主题分布

主题	示例	频数	占比/%
政策动态	上海"最严垃圾分类措施"进入倒计时推出现代扔垃圾服务	27	18.24
政策解读	#垃圾分类扔错就罚款# 7 月 1 日从上海开始啦! 谁知道怎么分类吗? 急!	25	16.89
基层实践	松江亭北居民区:湿垃圾边废水当天消化	20	13.51
政策讨论	用法治推动垃圾分类做实做细、做久	15	10.14
活动报道	新虹街道发布"益起创"垃圾分类公益项目成果	10	6.76
创意传播	这街道的沪语垃圾分类 MV 魔音灌耳	9	6.08
知识科普	新科普垃圾分类真的不是一个桶变成 4 个桶那么简单	9	6.08
公众实践	上海垃圾分类正式实施,盘点垃圾分类带来的趣事儿	7	4.73
他山之石	5 分钟看各国垃圾分类	7	4.73
政策衍生	垃圾分类催生处理"神器"!	7	4.73
政策意义	垃圾分类,哪些领域能受益	7	4.73
政策文本	上海市生活垃圾"不分类不收运"细则出炉	4	2.70
官方行动	上海市人大赴青浦开展调研,查看河道整治及生活垃圾分类	1	0.68
总计	/	148	100

4. 表现形式

整体而言,政务新媒体政策传播已采纳多种表达形式和媒介形式进行内容推送(表6-2)。文字和图片组合仍然是最主要的表达方式。"@上海发布"和"@绿色上海"中"文字+图片"这一形式的使用均超过半数。同时,政策传播已普遍开始使用长视频、短视频等视觉表达形式,"@绿色上海"微信中使用视频的比例已超过 1/3,"@上海环境"中使用视频及其他组合方式的比例接近半数。此外,投票、音频、网页链接等各种媒介的使用丰富了政策传播的呈现形式,这是传统上仅仅通过电视、报纸等大众媒体进行政策传播所无法比拟的。

表 6-2 "垃圾分类政策"在政务新媒体中的呈现方式

新媒体账号	呈现形式	频数	占比/%
@上海环境	文字+图片+网页链接	55	37.16
	视频+文字	33	22.30
	视频	29	19.59
	文字+文章	17	11.49
	文字+视频+网页链接	7	4.73
	文字+图片	5	3.38
	文字+图片+文章	2	1.35
	总计	148	100
@上海发布	文字+图片	15	65.21
	文字+视频	4	17.39
	文字+文章	2	8.70
	投票	2	8.70
	总计	23	100
@绿色上海	文字+图片	19	57.58
	文字+图片+视频	10	30.30
	文字+图片+音频	4	12.12
	总计	33	100

(三)政务新媒体"上海垃圾分类"政策传播的主要创新策略

传统媒体环境下政策传播使用的主要策略如突出其"显著性",通过在各级电视头条、报纸头版进行多轮次全文发布;[①]或重视政策过程进展,分阶段

---

① 参见冉华、王凤仙:《三大党报的"丝绸之路经济带"政策报道框架——基于〈人民日报〉、〈光明日报〉、〈经济日报〉的内容分析》,《北京理工大学学报》(社会科学版)2016 年第 2 期。

设定传播重点,如舆论铺垫、观点引导、情绪疏解、重点报道政策执行或政策效果;①或利用组织传播网络层层下达政策文件,再通过通知通告、宣传栏或人际传播的方式到达受众。② 上述策略在新媒体时代依然具有意义,但需做出创新调整,采用如下策略,以适应新媒体传播规律与趋势并提高传播效果。

1. 政策传播融媒体化

政务新媒体传播公共政策,是政府传播"融媒体化"的重要尝试,核心是在政策传播中实现各类媒介的协调互动、整体运营,运用多种符号形式,实现信息多元传播。③ 这是媒介环境发展与受众媒介使用习惯变迁的共同结果。融媒体政策传播意味着政务新媒体的传播工具将"泛媒体化",最大限度地盘活政府传播资源和媒介资源。除去利用传统的文字、图片,还将根据需要使用视频、影视、动图、大数据、虚拟现实、游戏、超链接等多种媒介形式。这个过程既是政策传播各个要素之间的内部融合,尤其是多元政策主体、渠道与内容的融合;也是政务新媒体运营协作流程的融合。"@绿色上海"公号与上海人民广播电台合作策划五期"垃圾分类新时尚"系列短音频;"@上海环境"推送的公益MV《晚安的歌》及首支沪语歌《垃圾分类好》都是在政策传播融媒体策略下形成的,获得了良好的传播效果。

2. 设定多元框架解读政策

一项关乎公众利益的政策在执行时,政府需要将政策信息尽可能多地传达给公众,而具体传达何种类型的信息、如何呈现某种具体信息,是政府在政策传播过程中使用各类框架"表征"问题与事件④的结果。政府对政策文本进行"框架化重组",以影响公众对公共政策的认知与评价。表6-3显示,在政策讨论期,"@绿色上海"极少使用单一框架进行政策传播,而是设定多元框

---

① 参见曾润喜、刘琼:《政策传播与政策变迁的关系——基于"农民工"公共议题的实证考察》,《北京理工大学学报》(社会科学版)2017年第2期。

② 参见于晶、杨晨:《政策解读的传播模式与传播效果评估研究》,《天津社会科学》2015年第5期。

③ 参见张迪:《传统媒体的融媒体发展策略——以光明日报、光明网的实践为例》,《青年记者》2015年第8期。

④ Cf.Gamson, W. A., & Modigliani, A., "The Changing Culture of Affirmative Action", *Equal Employment Opportunity: Labor Market Discrimination and Public Policy*, 1994, 3: 373-394.

架。政策事实认定和对策建议两类框架使用最多,可见政府政策传播的主要目的是不断强化对政策本文中重点条目的解读,以及为社会各方面如何执行和落实政策提供建议和指导。特殊性在于这两类框架的使用经常伴随人情味及网红框架,强化细节与情感属性,利于公众理解和接受政策,同时也有助于缓和因理解分歧或利益冲突产生的社会情绪。"垃圾分类"政策传播还注重从公共利益和日常生活两个框架入手解析该政策强制性实施的意义与影响,而并未特殊强调社会经济后果(只有 6 月 29 日政策实施前新闻发布会中使用)。可见政府获取政策意义共通空间的框架策略是从政策公共性、民生利益实现、改善居民日常生活质量等中观和个人角度入手,而非从经济、社会发展、国家形象等宏观层面。整体来讲,网红与人情味等流行性框架运用十分普遍,也符合社交媒体政策传播的整体风格,容易在民间舆论场域引起互动和共鸣,更重要的是为公共政策的理解和接受打开新的窗口。

表 6-3 "@绿色上海"微信的政策传播框架使用

日期	微信标题	框架名称
6 月 12 日	垃圾分类如何从"不习惯"到好习惯	对策建议/责任
6 月 13 日	第四期垃圾分类新时尚系列短音频	价值判断/网红/人情味
6 月 14 日	敲黑板划重点!丢小龙虾壳真的很简单哦~	网红/对策建议
6 月 15 日	垃圾分类这些事快递垃圾怎么分	政策事实认定/对策建议/日常生活
6 月 17 日	上海入梅啦!哪些植物能除湿?废弃的除湿工具如何进行垃圾分类	日常生活/对策建议
6 月 17 日	权威发布拒绝收运!对不符合分类质量标准的生活垃圾拒绝收运	政策事实认定/公共利益
6 月 19 日	1.1 万个!上海居住区分类投放改造任务完成60%	对策建议/价值判断/人情味
6 月 21 日	《上海市生活垃圾分类宣传语手册》发布,大家一起来学习啦	政策事实认定/价值判断/冲突/网红/人情味/公共利益
6 月 24 日	巴士公交巧用垃圾分类资料库,让垃圾分类深入人心	对策建议/公共利益/人情味
6 月 25 日	这些火爆大街小巷的垃圾分类宣传曲,你都听过吗	人情味/网红

续表

日期	微信标题	框架名称
6月25日	莫纠结,垃圾分类有逻辑	政策事实认定/对策建议/人情味
6月26日	七十岁智囊团发明破袋神器	人情味/网红/对策建议
6月26日	奇了,这个小区居然用湿垃圾做香皂,快来看看是不是在你家小区	日常生活/对策建议/人情味
6月27日	走现场,这群10后投入到垃圾分类中的样子真可爱	人情味/对策建议
6月28日	还在纠结奶茶该扔哪个桶?商场物业说该这么扔	网红/政策事实认定/对策建议
6月29日	假如垃圾们有一个群	网红/政策事实认定/对策建议
6月29日	权威发布:市政府昨天专门为垃圾分类开了一场新闻发布会,现场回应了这些热点	政策事实认定/对策建议/社会经济后果

3. 采纳流行话语实现政策意图

政治话语是社会政治生活的语言表述,它作为政治信息的符号载体,深刻地制约和影响着政治交流及其他政治活动。[1] 总体而言,政务新媒体在垃圾分类政策传播中尝试调整了严肃、正式、单调的话语风格,力求轻松活泼、平易近人。新颖的标题、网络热词和表情包也增添了政策话语的活力,而政策意图往往渗透其中,能够潜移默化地影响公众。"@绿色上海"发出的一则内容"二次元的朋友圈,碰到垃圾分类会是这个样子吗",借助动画片小猪佩奇、哆啦A梦,想象了主角们怎么通过朋友圈互动讲述垃圾分类。其灵活的叙事,活泼俏皮的用语获得网友追捧,纷纷表示"太可爱了"、"就这么教小朋友垃圾分类"。"@上海发布"和"@绿色上海"化身"小布"和"绿容君",将政务新媒体拟人化,创造了"和绿容君一起看看上海的垃圾都去哪儿了吧"、"小布提醒大家"等新颖亲切的话语形式,有助于消解政策发布者和政策受众之间的距离感。流行语策略还体现在政务新媒体民间政策话语引入官方叙事,如"你

---

[1]　参见张诗蒂:《政治话语变迁——兼论当今传播领域里的"大政治与小话语"》,《云南行政学院学报》2010年第2期。

是什么垃圾"、"猪分类法"的流行就是民间话语与官方话语共同推动的结果。此类流行语在网络舆论场中经过充分的演绎与流传,内化了广泛的政策情绪与态度,分歧与争议已有所缓解,有利于政策意图正面、积极、友善的传播,进而深入人心。

4."邀请参与"推动政策传播互动

通常而言,在政策被公众认可与接受的过程中,政府需要做大量的宣传与传播工作,确保公众能被有效地"告知"。① 上海垃圾分类政策从一开始就并非单向告知公众,而是强调开放性,内设广泛的公众参与,直接邀请公众进入政策传播链条,成为不可或缺的一部分。主要有三种形式:一是政府主动设置议题,使之成为热门话题,邀请公众参与讨论。一般认为带#的微博具有更好的传播效果,②故而政务新媒体设置了#垃圾分类挑战#、#垃圾分类我在行#、#垃圾分类超话#等热题,引起多个有影响力的微博和广大网民参与讨论。#垃圾分类挑战赛#话题共有"@共青团中央"、"@上海发布"等 500 多家政务蓝V、284 个城市参与,话题阅读达到 21.8 亿,讨论 188.5 万。还有大赛、排名、问答、贴纸等形式,有效地普及了垃圾分类知识,推动了政策主旨在更大范围内的传播与渗透。二是推出互动性强的政策传播产品,邀请公众参与,实现"关注即互动"、"参与即传播"。公众无论是观看、评论、转发还是参与游戏,都能直接参与政策传播过程。"@上海发布"的《上海垃圾分类新规明天起开始实施,快来记录你的分类日常吧》鼓励公众"晒出"自己的分类日常,官微也化身小布晒出自己的垃圾分类图片与民众交流心得。三是接受"反向邀请",直接加入民间主导的网络议题讨论。"@上海发布"的《上海话新解!做一个拎得清的识货朋友》借助"拎得清"这一方言梗,模仿网友制作了方言版的表情包;《敲黑板划重点!丢小龙虾壳真的很简单哦~》对于民众讨论热烈的小龙虾怎么分类进行了十分详细的"科学"解答。这些互动有助于政府理解民间对垃圾分类政策的意义生产,拓宽了政策阐释的

---

① 参见沈艳伟:《公共政策传播中政府、媒体与公众互动关系研究》,华东师范大学,博士学位论文,2018 年。

② 参见刘晓娟、王昊贤、肖雪、董鑫鑫:《基于微博特征的政务微博影响因素研究》,《情报杂志》2013 年第 12 期。

意义空间,为政策赢得共鸣。

5. 政策传播与公共服务联动

政务新媒体进行政策传播的优势之一是能够利用其内部政务矩阵,将政策传播和政府服务有机结合,释放信息与服务联动的能量,同时满足公众的信息需求和服务需求。上海市垃圾分类政策涉及众多"身份模糊"垃圾的分类,公众需要随时查询、即查即办,临时搜索政策文本显然无法满足公众需求。"@绿色上海"微信公号中开通了"微互动"板块。公众如有疑问或需要寻求帮助,可以直接利用该功能查询任何类别的垃圾分类要求和标准,并快速获得分类指导。该公号还提供检索服务,将所有垃圾分类的政策文本汇总,建立垃圾分类宣传资料库,提便于公众按需检索信息。公共服务也为政策传播提供了素材,如在"@绿色上海"微信后台回复宣传语手册,系统就会自动推送《上海市生活垃圾分类宣传语手册》,方便市民学习。就公共服务本身创作的如《沪垃圾分类查询平台热度激增! 这些常见垃圾查询次数最多》吸引广大公众参与其中,提高了政策传播的影响力。

(四)政务新媒体政策传播的发展趋势

国务院办公厅《关于全面推进政务公开工作的意见》中提出要注重政策公开,强化政府政策解读;《关于推进政务新媒体健康有序发展的意见》要求各级政府建设具有传播力、引导力、影响力、公信力的政务新媒体,强化政策传播功能是题中之义。"上海垃圾分类"是近年来与民生直接相关、影响较大的公共政策,总体来看,从其思路与策略可窥见政务新媒体政策传播未来发展趋势。

其一是功能化趋势。政府应完善政务新媒体发展的顶层设计,明确政策传播、信息发布、公共服务都是政务新媒体的重要功能。在实践中需尊重社交媒体传播规律,增强开放性、透明度和活跃度,积极在政务新媒体传播地方法规、区域政策,与大众媒介政策传播和组织政策传播并行发展。此外,还应加强政务新媒体运营力量,保障政策传播所需人力资源供给。

其二是视觉化趋势。以短视频与长视频为动力驱动视觉融媒体发展,推动政策传播形式变革。目前,长视频与微博、微信的融合已十分普遍,但短视频政策传播尚属于"蓝海"。如何在抖音、快手等平台对公共政策进行内容策划、剧本设计、表演拍摄、影像剪辑等等还需进一步探索。尤其是如何平衡短视频娱乐化与政策公共性,如何协调短视频"阅后即焚"特点与政策发布周期性和稳定性特点,等等。

其三是深度专业化趋势。现在政务新媒体政策传播往往停留在发布层面,而在深度、专业的政策解读方面内容供应不足。政府应适时组织力量对政策所涉及的内涵、背景、意义、价值、社会后果和比较等问题向公众做出权威、及时、公正的阐释,以减少政策执行中的各种阻力。虽然在政策传播中提倡新媒体话语和多元框架的综合使用,但政务新媒体对过度娱乐化的现象应慎重对待,立足政府制定和发布政策的专业性、合理性与合法性,做好严肃政策框架与流行框架的平衡。

其四是产品化趋势。政务新媒体政策传播呈现出"产品化"的趋势,不仅涵盖视频、音频等融媒体产品,还包括议题化、趣味性高、互动性强的小程序、游戏、流行语等产品。产品化强调对政策传播的内容和视角进行前期的包装与策划,以运营产品的思路运营一项"公共政策"。找准政策传播产品的"创意元",不仅讲求"精准营销",而且以政策受众也就是政策产品消费者的具体体验为基准,不断扩大传播规模,提升传播效果。

其五是多重互动趋势。包括基于政务新媒体的行动互动、议题互动、话语互动等等。政府应顺势而动,在公共政策的提出、制定、公布、执行、反馈各阶段深化与公众的互动,增进理解,扩大参与。除去对公众政策讨论进行及时的回应,政务新媒体账号与公众同在政策传播场域之中,政府应尝试与公众合作,共同生产政策解释并赋予意义,不断形成公共政策传播的再传播。

四、数字化移动公共服务:以 Mobile-Passport Control、广州公安微信服务为例

(一)Mobile Passport Control 的移动通关

2009 年起,奥巴马政府开始逐步推动美国各级政府对社交媒体的开发与

应用,从电子政府网站单一的信息公开平台转向新型的数字政府。这一过程既包括了在 Facebook,Twitter,Linkedin,YouTube,Instagram 等社交媒体上注册官方账号加强与市民的沟通互动,也包括大量政府政务 APP 为市民提供方便的公共服务和参与渠道。美国政府电子网站 https://www.usa.gov/mobile-apps#focusable 提供了所有联邦政府官方发布的 100 多家移动 APP 列表清单。可以分部门或按照首字母进行查询,指导公众通过清单中的 APP 查询政府信息并享受公共服务。以美国疾病控制预防中心 Centers for Disease Control and Prevention(CDC)为例,就分门别类设置了疾控中心 APP(CDC Mobile APP)、问题报告移动系统(WISQARS Mobile)、性疾病防治指导 APP(STD Treatment Guidelines APP)、突发事件应对 APP(Solve the Outbreak)、国民疫苗接种计划(Vaccine Schedules)等多个 APP①,可见政务 APP 在美国移动政府建设中的地位与作用。

1. 电子通关政务服务的发展

2004 年,美国海关和边境保护局(CBP)与北美国际机场协会(Airports Council International-North America)首次推出移动护照(Mobile Passport Control,MPC)官方 APP 应用,也是唯一一个旨在允许美国公民与加拿大访客使用手机护照 APP 客户端快速通关的移动政务应用②。符合条件的用户可以使用 iOS 和 Android 手机或平板电脑提交他们的护照信息并优先接受边境官的提问与面试,此项措施既能够方便用户快速进入美国,也有利于帮助移民官将工作重点放在入境检视而不是冗长固化的行政流程中。

在此之前,美国 CBP 已经使用两套电子通关系统,一是护照自助检测服务系统(Automated Passport Control, APC),二是全球快速通关计划 Global Entry。Automated Passport Control(APC)是美国 CBP 开设的针对美国公民、加拿大公民以及签证豁免的国际旅客而提供的自助通关服务。旅客可以在指定

---

① 资料来源:https://www.usa.gov/mobile-apps#focusable。

② 资料来源:https://www.cbp.gov/travel/us-citizens/mobile-passport-control; https://mobilepassport.us/; https://www.cbp.gov/travel/us-citizens/apc; https://www.flysfo.com/mobilepassport; https://www.cbp.gov/travel/trusted-traveler-programs/global-entry。

国际机场提供的自助服务机上回答 CBP 的提问并录入指纹,服务完全免费,也不需要提前登记注册或者取得会员资格。此项服务意在为这部分目标公众提供快速、简洁的通关体验。Global Entry 主要针对通过航空服务器被预先批准进入并被评估为低风险的国际旅客快速进入美国。主要特点是申请制+会员制。用户被要求是美国公民或居民,或者是符合条件的他国居民(如已注册参加快速低风险全球跨境计划的荷兰公民、获得签证的墨西哥公民、巴拿马公民等等)。想要加入计划的用户需要在电子网站提交申请,并支付注册费用。CBP 将对所有申请人展开背景调查,调查结束后,申请人还需参加 CBP 官员的面试,通过之后才可以获得 Global Entry 的会员资格。随后,会员可以使用指定机场提供的 Global Entry 柜台自助办理入境,扫描护照、指纹,并简单回答关于本次旅程的问题之后就可自助通关,全程无须与 CBP 面谈,因此极大地提高了会员人群的入境效率。目前已有 400 多万用户下载 Global Entry 使用。

可见,已有的两套电子服务均有其优势,但也存在问题。如 APC 系统无法在手机端和移动端提供服务,需要现场在自助机进行通关,如果遇到用户操作不熟练、机器卡壳等问题,容易造成排队,降低效率,且 APC 系统主要针对美加公民和签证豁免等特殊人群,无法面向更多游客。Global Entry 虽然具有移动优势,但也具有用户国籍、身份和签证类型的限制,还要用户注册为会员并缴纳较为昂贵的会费,尤其是在获得会员资格之前,还要经过严格的审核与面试。Mobile Passport Control 虽然也存在用户国籍限制,但使用简便,无须付费,也不需要借助任何机场特定的自助机,被认为是最便捷、最廉价、最简易的自助通关服务,也是移动政务服务的又一次创新。

2. 移动政务 APP Mobile Passport Control 的功能

目前,Mobile Passport Control APP 可以在 25 个国际机场以及 3 个国际邮轮港口使用,美国公民和加拿大公民都可以用手机上的免费应用快速通关。入境口岸通常的景象是"一边是等待通关的长队,一边是空无一人的快速通关通道",足见 Mobile Passport Control 为旅客节约了大量时间,也节约了海关和边境保护局的大量人力成本和行政成本,提高了效率。

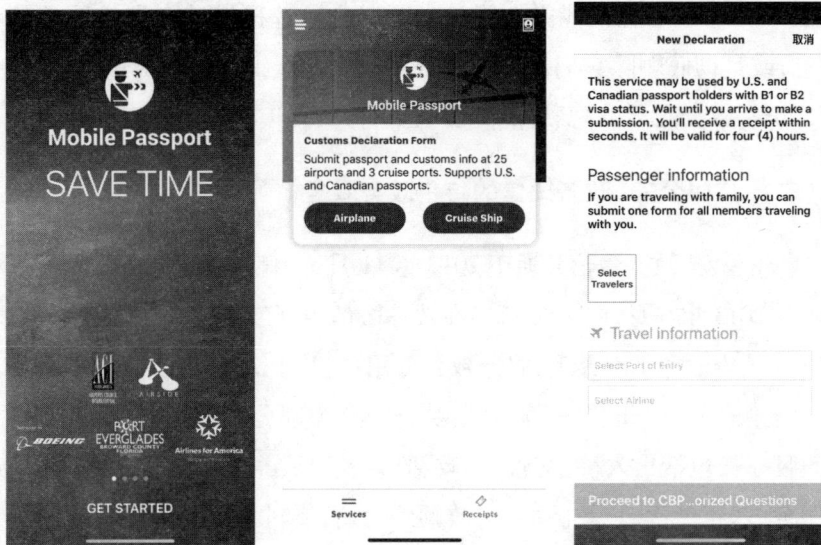

图6-10　Mobile Passport Control APP 用户界面

　　图6-10显示了 Mobile Passport Control APP 的手机接面。用户下载 APP 后,首先需要输入旅行者的护照信息并上传照片,也可以为整个家庭配置护照信息文件,用户的信息会被加密并仅与 CBP 共享。随后用户需要在客户端填写旅行信息,包括进入美国的口岸城市,航空公司与航班号。第二步将回答 CBP 的提问,主要是携带物品入境的规定,如是否携带蔬菜、水果和大额现金入境,是否有物品需要申报等。整个流程完全代替了传统需要手工填写的 I—94 入境卡(Arrival Card),入境实现了"无纸化"。第三步,所有保存、确认、提交过的信息将提交给 CBP 并生成条形码。当用户到达机场时,使用 Mobile Passport Control 专用通道进入海关,将护照与含有条形码的回执交给 CBP 官员,即可完成入关手续,而所需时间仅仅两三分钟。Mobile Passport Control 也提示用户此 APP 仅为了采集信息便捷通关而不能替代护照使用。

　　目前 Mobile Passport Control 还无法实现持有绿卡公民的通关,也并未设计能支持更多适用人群的功能系统,普通游客无法享受电子入关的便利。同时,该系统尚未普及所有国际机场,如果用户选择从25个国际机场之外的城市机场入境,则无法使用。Mobile Passport Control 的安全问题也颇受关注,虽然该系统在设计之初就使用了安全加密技术,确保用户提交的信息会直接提交给 CBP 而不会有任何泄露。用户也可以自行选择继续存留护照信息和旅行信息,或是彻底删除它们。但移动数字政务在搜集用户个人信息、生物信息和面部识别数据之后的隐私保护问题也一再被提出。

(二)"广州公安"政务微信的特色政务服务

"广州公安"政务微信开通于 2012 年 11 月,一直在全国政务微信发展中走在前列。2013 年 6 月,"广州公安"在政务微信内开发多个公共服务小程序,率先实现了公安业务掌上办理,服务数百万用户,并于 2018 年获评互联网治理创新十大案例。① "广州公安"微信主要分为三个部分,示意截图为 6-11:一是"政务服务",包括出入境、交管、户政、监管、反恐、养犬服务等各类业务,还有110 服务、六年免检、户政网办、户政预约、微警支付、出入境支付、违法查询移车服务等热门服务类型。二是"警务信息"主要提供各类办事指南,个人与法人可从其中寻找相应的政务信息。该版块同时链接了广州公安局官方网站"广州金盾网",方便用户一键获得更丰富的政府信息。三是其他类型的业务,归于"更多"栏目,主要分为四种:

"企业事项"主要提供企业各类事务的申办、许可、核发、备案等业务,均可实现在线申请办理。"互联网督察"直接连线国务院互联网+督察平台,经过实名认证后可直接向各省市有关部门留言或提问;"在线互动"是警民互动平台,搜集公众对公共事务的提问或报告。用户可以首先选择问题类型,包括网购纠纷、物流快递、共享单车、消费纠纷、社保业务、户籍迁移、噪音扰民、学校周边、劳资纠纷等类型(图 6-11)。以噪音扰民为例,用户输入标题,选择是否公开案例之后可进入具体的问题描述环节。用户可以在地图上标注噪音发生位置,输入噪音发生的时间信息,还需输入 1000字以内的诉求描述,详细描述涉事主体名称、噪音情况、发生过程、是否有工作人员已经前往处理以及具体诉求为何,随后即可通过手机线上提交。"粤省事"则链接了广东省微信政务服务矩阵体系,方便用户进入政务矩阵

---

① 参见《2018 年互联网治理创新十大案例在安徽大学揭晓》,http://www.sohu.com/a/273227450_375507,2018 年 11 月 4 日。

内部办理本省各类政府公共服务事宜。

图 6-11 广州公安政务微信服务界面(1)

以广州公安政务微信中的"交管"服务板块为例(图 6-12),可洞悉我国目前政务微信发展的现状与特色。进入"交管"服务页面后,可见几类服务内容。

一是业务查询,用户可根据受理编码查询车辆网办进度,也可根据车辆车牌、发动机信息和驾驶证信息查询机动车违法和驾驶人违法情况。二是业务预约,目前可以预约交通违法办理、机动车注册登记、机动车年审预约、机动车转移登记预约等四大类业务。进入预约页面后,系统自动提供业务办理须知,包括适用类型、所需材料、预约时间范围、注意事项等。随后用户进入预约环节,先选择类型,输入身份证、手机号码、短信验证码之后,就可以进行各类业务办理的预约。三是资讯服务,提供各类交管业务预约指南和办理流程指南,每一项都有办理条件、所需材料、注意事项、费用、具体流程、办事地点等内容。

其中,最核心的功能是"业务办理",主要提供广州微警违章缴罚、六年免检、移车服务三类事项的办理。每类事项都提供单独的"小程序",以方便用户直接进入界面。小程序首先需进行实名注册,随后会进行人脸识别和语音识别确认身份。认证通过之后即可进入微警服务,系统将自动匹配在该用户名下的驾驶证,并提供驾驶证目前状态、剩余分数等信息。用户也可输入自己的机动车牌号、识别代号、发动机号码和所有人姓名,也可查询该机动车的违章信息。根据通知书编号或决定书编号,用户可在"微警支付"栏目中直接通过微信支付缴费。全过程无需前往政务大厅,无需取号排队,也无需提供各类材料的原件及复印件,方便快捷,手续和流程大大简化,政务服务的效率有了本质提高。

图 6-12　广州公安政务微信服务界面(2)

(三)评述

如前文所述,公共服务数字化、移动化是"建设更好政府"的基本路径。对比 Mobile Passport Control APP 和"广州公安"政务微信,足见美国政府与中国政府都积极热衷推广政务 APP 或政务微信等数字移动政务工具,不断探索和开发新功能,提高政府行政效率。

1. 个性化与集成化的分异

美国政府推广政务 APP 比较重视政府部门或机构的自由度和个性化,各类 APP 基本都是由职能部门自主设计开发。从整体来看,美国政府习惯于"一事一建",即一个政府部门会根据内部职能分工和需要建立多个政务 APP,而每个 APP 只解决一个问题或只针对一项事务。如美国疾病控制预防中心 Centers for Disease Control and Prevention(CDC)的 APP 以"疾病类型"为区分,基本实现了每一项重要疫情和常见流行性疾病都有其独立的应对APP。所以,Mobile Passport Control APP 也只专注于"入境通关"一项服务,没有形成出入境业务、边境移民业务的集成系统。因此,公众如果需要其他政府服务,需要去寻找下载专门针对某项服务设计的 APP,用户手机中存有数十个 APP 的现象时有存在,这与中国有很大不同。

中国移动数字化政务从运营上说更倾向于建立集成化、矩阵化的"大系统"。通常以市为单位建立统一的政务集成平台,将各类 APP、政务微信、小程序融合。只在政务微信里建立一个入口,即可链接一个政务部门所有职能。公众不需下载多个类型 APP,也不需要关注每个独立业务单位的微信账号,只需要使用这个"市级"政务微信平台,就可以完成所有移动化政务的办理。

2. 功能单一与功能复杂的不同思路

Mobile Passport Control APP 功能比较单一,主要提供一项具体的服务,而比较讲求这项服务的专业化和极致化。界面设计更为简洁,不会在 APP 中加入过多的板块和链接,尤其基本不具备新闻传播功能。而在政务微信定位中则功能较为丰富。与 Mobile Passport Control 不同,"广州公安"微信较为复杂,板块和细分栏目较多,而信息和新闻传播一般都被政务新媒体作为重要功能来建设。虽然"广州公安"以政务服务为主,但其中在主要入口处也加入了信息发布和新闻传播的功能,且与广州公安局政府网站联通,引导公众从此处获取政府信息。此举实践了政府对政务新媒体作为信息平台和舆论引导阵地的基本定位。

"广州公安"政务微信内部还有一项非常优质的功能"110 服务"(图6-13)。用户遇到紧急情况需要求助110,无需拨打电话,可以直接在界面中的"电话报警"一项中点击,即可立即报警。该栏目与广州市公安局110指挥中心接报警平台对接,用户通过实名认证后,报警信息可以第一时间反馈到指挥中心,民警会在第一时间予以回应,与拨打110电话报警效果完全一致。此功能极大方便了微信用户报警,一键直达的便利性既为公众提供了有效的安全保护,也提高了接警、回应、出警的效率。该功能还提供自助报警、视频报警、交通事故快处快赔服务。用户如果在路上发生轻微刮蹭,只需在"交通事故快处快赔"栏目中上传事故信息,发送事故照片,就可以完成报案。然后通过报案备案号前往快速理赔点办理相关理赔手续。此类集成性高、联动性强的功能开发和应用是我国政务新媒体公共服务发展的创举,非常值得推广和借鉴。

图 6-13　广州公安微信政务服务界面(3)

3. 用户采纳的数字鸿沟问题

Mobile Passport Control APP 虽然有 300 多万下载量,但覆盖用户仍然有限。即使用户下载过 Mobile Passport Control APP,是否在每次通关之时都选用 MPC 也未可知。可见,移动政务 APP 的推广和采纳目前还属于早期。确实存在一批"技术早期采纳者"积极尝试,但广大普通民众对移动政务 APP 的采纳尚不充分。虽然我国大多数城市都上线了移动政务新媒体系统,但发展水平参差不齐。经济发达、用户基数较大的城市移动政务发展较好,经济欠发达地区则容易相对滞后。因此,我国既存在地区鸿沟,也存在用户采纳鸿沟。所以,如何扩大移动政务的用户规模,尤其在经济收入水平一般、年龄偏长、教育程度偏低的人群中普及和推广政务新媒体,还需要进一步探索。如何平衡各地区移动政务新媒体的发展水平,提升整体质量、惠及全民,还需要一个相当长的创新扩散时间。

4. 运营维护难点与隐私保护

Mobile Passport Control 等部分政务 APP 只承担一种功能,如只提供入境通关、或只提供某种疾病的发病数据与防治信息。此类设计容易带来数据更新缓慢、维护不及时、临时用户较多(有些用户会在有需求时下载登陆 APP,而在使用过后就将 APP 卸载)的问题。长期看来也容易出现用户减少、运营懈怠、无人维护的问题。政务微信也面临此类风险,保持高效运营、及时维护、提供优质服务对政务新媒体提出了考验。解决方法是通过"功能扩容和进一步集成"带动和保有用户,同时构建稳定的政务新媒体运营队伍,保证内容供给和服务功能实现。此外,Mobile Passport Control APP 在通关入境服务中对用户提交个人数据的隐私保护问题进行了特别说明,这一点需要我国进行借鉴。以手机实名制、微信认证、人脸识别为基础的政务新媒体公共服务必须加强个人信息的隐私保护并强化数据利用管理。

五、社区公民意见响应平台:以 SeeClickFix、深圳罗湖家园社区网为例

(一)公民非紧急事务报告与协作平台 SeeClickFix

SeeClickFix 平台成立于美国康涅狄格州纽黑文市,包括网站 SeeClickFix.com 和移动 APP 应用程序(图 6-14),是一个基于社区的公民意见响应平台,主要目标是协助用户与当地政府就非紧急事件进行沟通。SeeClickFix 平台已有数十万用户通过其手机移动应用和 PC 端网站来报告问题。该平台通过社交化网络采集来自社区的各项市政议题,然后与政府对接,快速响应并提交给各个部门,提高了政府解决问题的效率,缓冲居民和政府之间的沟通压力和矛盾。目前,该平台已经解决 500 多万项公共事件。

SeeClickFix 平台的主要特点包括:(1)基于手机地理信息系统进行快速空间定位,确定涉事社区、政府部门与附近居民,最大限度地整合资源并强化了区治理;(2)手机、计算机、平板电脑等设备同步,便于公众采用最方便的工具开启 SeeClickFix 使用之路;(3)以"附近"、"身边"问题为切入点,提供查找和查看附近社区存在问题的搜索工具和地图视图;(4)按照类型对公民报告的问题进行分类,快速定位问题所在;(5)能够即时分享到 Facebook、Twitter 等社交网络。用户有了新的方法来报告问题,包括游戏、积分奖励、排名榜等等。

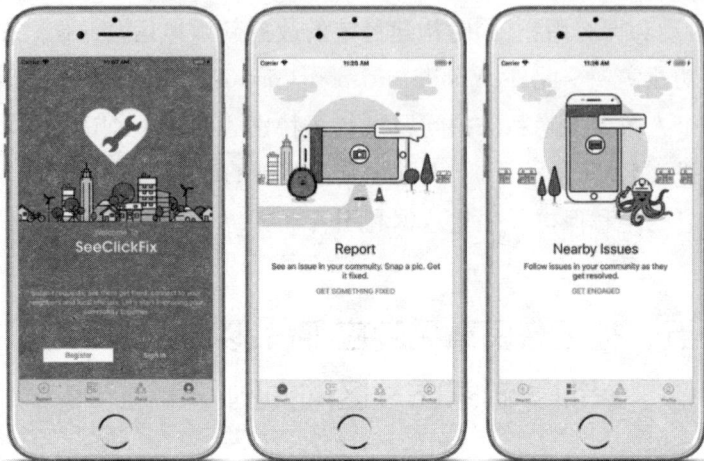

图 6-14　SeeClickFix 手机 APP 界面

1. SeeClickFix 功能设计

图 6-15 所示,用户进入 SeeClickFix PC 端界面可以看到该平台共有三大功能。①

首先是"用户请求管理"(request management)功能。第一步是无缝搜集、管理用户从电脑端或手机端提出的各类需求,其理念是"集齐勿漏(Collect Everything Lose Nothing)"。第二步将各项功能连接起来,主要是通过内部数据协调系统将政府部门整合起来,通知他们某地有诉求需要回应,并指导他们管理和处理这些诉求。第三步为提供解决方案,不仅在政府机构之间,而且在社区展开互动沟通并搜集方案,并通知服务提供者或供应商展开服务,形成一个需求—沟通—解决方案—反馈的巡回环路,建立政府、公众、社区、供应商之间的信任。最后该功能将提供数据管理和决策支持,每项需求解决的过程都会进入数据库由专业人士进行分析,为下次决策制定提供支持。

其次,SeeClickFix 平台也为政府部门工作人员提供工作管理(work management),目标是优化政府回应公众的流程,建立更加高效的责任政府。工作管理的主要内容是建立公众需求信息搜集处理系统、任务自动分配、任务

---

①　资料来源:https://seeclickfix.com/。

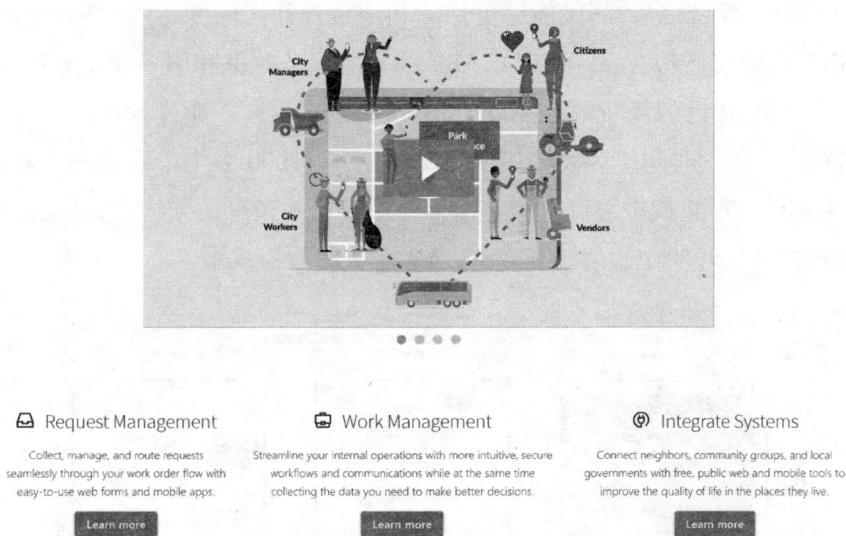

Request Management

Collect, manage, and route requests seamlessly through your work order flow with easy-to-use web forms and mobile apps.

Learn more

Work Management

Streamline your internal operations with more intuitive, secure workflows and communications while at the same time collecting the data you need to make better decisions.

Learn more

Integrate Systems

Connect neighbors, community groups, and local governments with free, public web and mobile tools to improve the quality of life in the places they live.

Learn more

图 6-15　SeeClickFix 功能界面示意图

扩容、截止日期提醒、工作任务申领、评价等系统，还致力于帮助工作人员建立个人工作体系，预测、计划、管理每日每月甚至每年的工作，也提供一些在线工作工具、管理图表、软件工具等帮助工作人员提高效率、节约成本。

　　功能之三是构建"一体化系统（Integrated System）"，通过方便的网站和APP 工具链接并整合邻里、社群、组织、企业、政府与居民个人，以创造更加美好的社区生活。图 6-15 中显示了一个"公园修缮"诉求的路径报告过程。当晨练居民发现社区公园路面需要修缮，就快速通过 SeeClickFix 上传到本地平台。周边民众看到之后，纷纷支持这一诉求并要求管理者介入。城市管理者发现民众诉求之后，迅速进行内部协调，同时展开事件核实、现场勘测并联络供应商、安排工作人员、开始修缮并反馈处理结果。整个过程迅速、流畅、高效。

　　此外，SeeClickFix 还有一项重要功能是集成了美国市政"311"APP 体系，重新连通了数百个政府、城市、社区、大学和公共组织。"311"是美国部分城市的市政服务呼叫系统，居民遇到市政方面的公共问题可以拨打电话"311"报告。由于"311"呼叫中心服务存在用户庞大、人力不足、系统老化、回应滞后等问题，多个城市选择与 SeeClickFix 合作，重建"311"APP。加入

SeeClickFix 系统之后,居民能够更加顺利地报告社区问题,并分类、分地域快速递交给政府,极大提高了"311"APP 的政府服务效率和服务质量。图 6-16 显示的是集成后的休斯敦市"311"APP 手机登录页面。通过 SeeClickFix 的系统整合,一年的时间里居民使用手机共提交了 12000 多个市政请求。政府通过 SeeClickFix 集成中心可以快速搜集公众需求并获得任务指令,极大提高了休斯敦"311"呼叫中心的服务效率,节省了大量政府成本。

图 6-16 "311"APP 界面示例

2. 用户使用

SeeClickFix 软件系统提供 83 种语言,目前在全球 300 多个城市推广使用。用户可以通过电脑网站 SeeClickFix.com 和手机 APP 应用(涵盖 iPhone,Blackberry 和 Android 系统)提交关于周边社区非紧急事务的报告,也可以通过其内嵌在 Facebook 中的小程序完成事项的提交。注册要求除去用户名称、电子邮件等基本信息,还需输入"距您家或工作地点最近的路口"这一地理位置信息。这是为了方便用户能够及时发现所处社区被报告和反映的问题,快速联络到社区附近的政府服务机构和居民。平台还允许公众选择匿名报告事务,鼓励公民更多地参与社区管理。

用户可以在任何地方通过手机或电脑向 SeeClickFix 报告问题,GPS 自动定位系统会快速识别出用户所在地位置。用户可选择通过文字、图片和视频

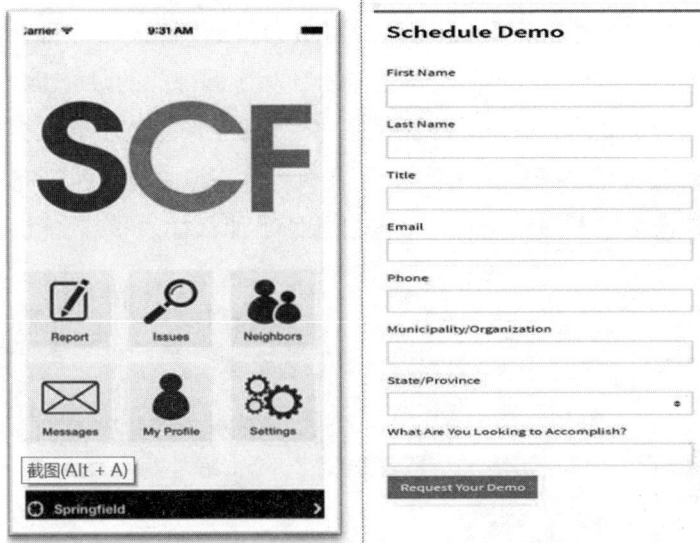

图 6-17　SeeClickFix 用户进入界面示意图

的方式详细说明所要报告的问题,如垃圾清理、道路积水、交通拥堵等。如有用户报告在州立公园旁边的树林中发现一个废弃沙发需要被清理。他可使用手机拍摄了照片上传到系统,并通过地图精确显示废弃沙发所在的位置。还设置了标签,简要说明了报告诉求——"废弃沙发亟待清理"。此时,无论是邻居还是社区还是政府机构,所有周围的 SeeClickFix 用户都会立即收到用户发送的问题报告。他们可以随时打开 APP 了解情况。周边用户的手机界面会出现一页"问题表单",所有附近所汇报的问题:垃圾成堆、集中丢弃的垃圾袋、废弃的床垫、扔掉的沙发等等都会显示其中,这些问题还可以通过地图定位的方式查看。用户通过"投票"选择对某一项问题报告"加关注",投票最多的问题报告将会被顶到首页,有希望以最快的速度被政府解决。此外,用户还可以添加评论,提供解决方案,集思广益。用户可直接将问题报告分享到自己的 Facebook 和 Twitter,让更多的社交媒体用户参与进来,扩大影响。

3. 政府流程

全美已经有超过 180 个市政厅发布 SeeClickFix 程序,包括休斯敦、华盛顿、明尼阿波利斯等,尤其在奥克兰和底特律等地建立了更强大的应用网络。当公民提交公共事务报告后,当地政府官员会接到"警报",即可开始跟踪在他们所负责的区域内公民已提交的需求事项。不同部门的政府工作人员会根据地理信息与事务信息被快速分配任务,且该任务进行的步骤也会及时跟进显示(包括"任务处于开放认领状态、正在执行状态或是已经执行完毕")。用户能够非常清楚地了解到他们所报告问题处于什么样的状态,能够获得完整的反馈信息。

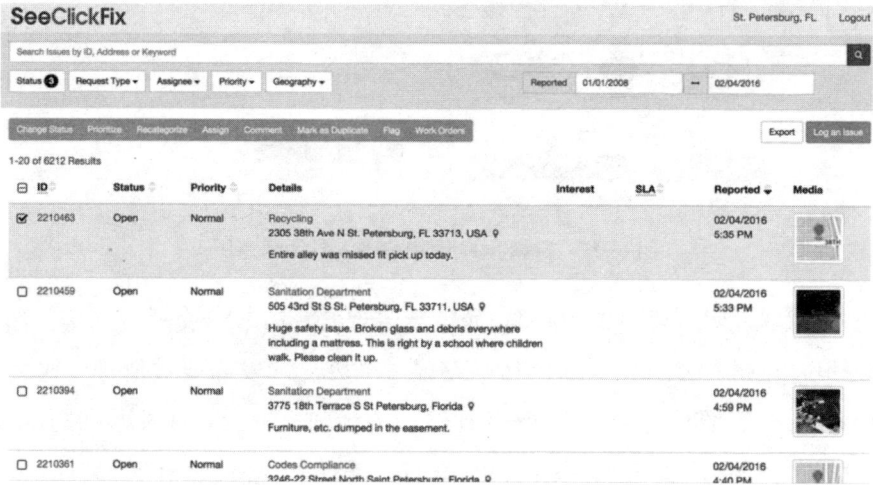

图 6-18　SeeClickFix 的政府用户界面

图 6-18 展示出是市政府一端的页面。可见用户问题报告进入政府流程之后的状态。SeeClickFix 会自动为公民报告的事项进行编码,并根据公民投票的情况和事件紧急情况自动分配优先级。系统提供公民报告事件的负责部门信息,并具体事务的细节描述,两者一一对应。如图 6-18 所示,用户报告某街巷的垃圾回收今日没有解决,系统便自动分配给回收利用部门。还有用户报告说,在某街区学校右边孩子们走过的地方发现床垫、碎玻璃和碎片,存在安全隐患,希望赶紧清理,系统便自动匹配给城市环境卫生部门。每条报告都对应了接到报告的时间并配上用户拍摄的照片或地理位置。对于有哪些问题需要本部门解决,政府一目了然。显而易见,SeeClickFix 提供了更为有效的方法让地方政府关注到一些自身可能难以发现的琐碎问题,如道路坑洞、涂鸦

和非法倾倒垃圾等等。SeeClickFix 也帮助地方政府优化了内部工作流程,提供了更好的工作分配计划和人员绩效管理依据。核心方式是通过清晰、明确、及时的"政府—公众"互动平台,快速捕获公民的诉求输入并将其无缝整合到组织工作流程中。

总而言之,SeeClickFix 使得公民连通政府更为简洁便利,公民获得政府关注、享受政府提供公共服务的成本大大降低。以往的情形是,公民在回家道路上发现了路面塌陷,需要亲自前去市政部门说明情况、登记记录,接下来市政部门根据轻重缓急、预算、人力等情况进行决策安排,随后将决策安排通知到合作的施工部门,施工部门再安排时间进行维修。从报告问题到修缮完毕,这个过程可能需要花费几天甚至更长时间。所以,很多公民会不愿麻烦而选择不上报,这样道路塌陷的问题就会一直存在。SeeClickFix 极大改善了这种状态。公民只需拿出手机拍摄照片,描述问题后上传平台,SeeClickFix 就会推动完成剩下的分工、审核、安排人员以及修缮工作,且会向公民及时报告完成情况,SeeClickFix 大大缩短了政府的办事时间且提高了效率,工作过程也更加透明,方便了公民的监督。

(二)深圳"罗湖社区家园网"的探索与发展

深圳市罗湖社区家园网由罗湖区委、区政府创办。2007 年以来,形成了"1 个家园网主网+700 多个小区论坛+83 个社区子网群+罗湖社区家园网微信+《罗湖社区家园报》"的全方位、多维度、全覆盖的"全媒体政务航母",于2017 年获评中国网络理政十大创新案例。[①]

1. 罗湖社区家园网的主要功能

图 6-19 是罗湖社区家园网电脑端主页,可分析罗湖社区家园网所提供的功能。主要功能为新闻发布和信息传播。其中"E 快报"主要发布罗湖区党政要闻,包括领导人行动、政府职能变化、公共服务提醒、政务公示等等。"文明罗湖"发布文化领域活动,"直通街区"主要展示辖区内各个社区主办的

---

① 参见《罗湖社区家园网 12 岁啦!》,http://www.sznews.com/news/content/2019－04/28/content_21705052.htm,2019 年 4 月 28 日。

科学、打黑除恶、文创、健康管理、职业发展等活动。还有"健康罗湖"、"时尚消费"、"教育社区"、"视频消息"、"媒体罗湖"等板块。PC端还设计了专门的微信新闻页面,发布微信公号中受欢迎的新闻和内容。网页下端是罗湖区政务新媒体矩阵链接,包括了罗湖政府在线、罗湖区教育信息网、大爱罗湖、深圳新闻网、奥一网等。罗湖社区家园网的主页中将体现互动性、公民服务的响应平台"罗湖家园论坛"放在重要位置。大量公民诉求得以登录首页,包括某小区地下有人涉嫌在家焚烧木块制作食品、某大厦恶意加收业主住户电费、某街区长期堆放杂物无人清理、某路口有人在街边派发传单扰民、某小区居家住户经营美容院等问题。上述问题报告都来自罗湖社区家园网的微信投诉平台以及新开设的"随手拍"栏目。一方面可见罗湖社区家园网的响应平台已经由PC端向移动端转化,方便用户使用;另一方面可见PC端网页更容易成为社区公民意见的集散地。

图 6-19　深圳罗湖家园社区网 PC 端界面

2. 罗湖社区家园网的政务微信

罗湖社区家园网及时开发了政务微信业务,适应移动互联网时代的要求。

主要有微罗湖、微参与、微服务三类功能,具体而言:

"微罗湖"主要侧重新闻和信息发布,与 PC 端电脑主页形成内容互动。"品牌微信群"提供了公众常用的罗湖区学政府、公共事业单位的政务微信,如平安罗湖、罗湖区人民医院、罗湖共青团、罗湖交警等。"罗湖掌生活"也与网页版"罗湖社区家园网"相关,发布内容精选,但主要是生活类主题,有暑假安全贴士、网红餐厅、社区福利等等。

图 6-20　深圳罗湖家园社区网政务微信界面(1)

"微参与"是政务微信公号的重头戏,包括"我要投诉"、"我要发帖"、"随手拍"等互动环节。"我要投诉"界面如图 6-20 所示,用户选择"微信直接提问",进入页面后仅需要输入标题,拍摄照片并提供问题描述就可以完成提交。如果"选择登陆提问",则需要使用罗湖社区家园网账号,如果没有账号则需要先行注册登录才能进行投诉。"我的问题查询"一项主要用于查看已经成功提交的诉求政府的回应进度。"随手拍"是较受欢迎的一项新功能。如图 6-20 所示,随手拍目前主要分为两个版块:一是"秀文明";二是"暴陋习"。用户在选择随手拍之前需要选择两个版块之一进行,经过实名验证和手机号码登记,用户就可以开始通过拍图上传问题。其中,"暴陋习"版块已对随手拍的内容进行了分类,不文明行为包括公共交通类、旅游观光类、公共场所类、居民小区类和其他类。公民提交所投诉的问题之后,系统也会根据问题的区域属性转到相应的街道办进行处理。在投诉列表图片的左上角还显示了政府回应和处理的进度情况。点击图片列表进入后,可以看到事件处理结果,回复的话语一般为:"网友,你好,你反应的问题我办已收悉,已转达相关职能部门。谢谢。"

"微服务"功能包括预约取号、罗图借阅、办事指南、我的账户、垃圾分类等内容(图6-21)。其中预约取号和办事指南是核心功能。"办事指南"提供罗湖区政府各个机构所有行政事项的信息、政策、管理办法、办理方式,公民可以根据需要进入查阅。"预约取号"功能便利了用户在实名登记后预约罗湖区所有街道政务服务大厅的公共服务,还能够实时显示不同政务大厅排队等候的人数。公众可以根据自己的预约信息和叫号情况安排时间前往大厅办理事项,节约了时间,也降低了办理难度,因此广受好评。

图6-21 深圳罗湖家园社区网政务微信界面(2)

3. "家园论坛"公共参与平台

"家园论坛"是罗湖社区家园网开设的公民参与平台。用户注册后可以进入发言、评论页面。左侧设计了罗湖区所属的全部社区列表,用户可以根据社区名称查阅关于该社区的所有帖子与问题。图6-22显示,"家园论坛"依然具有较高的人气,汇集了不少热心公共事务的用户,继续使用这一论坛来提出社区问题和具体建议。置顶和最新的帖子基本上由政府机构、社区发言人、政府微信公号发布,且阅读量较大。而由用户直接报告反应问题的帖子数量相对稀少。但仔细分析可见,用户直接报告的帖子普遍具有较高的阅读量,说明"家园论坛"还是有很多的忠实用户,而用户对身边发生的问题也有很高的关注热情。例如,"走过路过,僵尸车"这一用户直接发布的帖子共有5658次关注,"罗湖区东湖街道东安花园3栋顶楼漏雨,外墙渗水,向管理处多次反映未解决"帖子则有1633次关注阅读。但是,大量帖子的回复数量均为0次,说明该论坛互动不足。用户直接报告问题的帖子均有一次或两次的回复,一般而言,如果该贴反应的问题还在处理中,则通常由所属社区负责人回复为"网友您好!您反映的问题已联系相关部门跟进处理。"而回复数量为2次的帖子一般会逐条列举出该问题是如何被政府处理的,例如回复中指出:"尊敬的网友您好!关于东安花园3栋楼顶漏雨,外墙渗水问题,管理处已于10号左右开始修补,目前正在施工中。"可见在一定程度上,政府还是能够积极回应用户反应的问题。"家园论坛"的运营模式、热度、回应水平比较真实地反应了我国社区网络参与平台的基本样貌。

"家园论坛"的初衷是构建以社区为基础的居民公共参与平台,这是"罗湖社区家园网"基层政务新媒体体系的一个重要组成部分,其运转的好坏直接决定社区政务新媒体的质量和效果。目前可见的情况是,"家园论坛"确实能够汇集一部分社区民众,也确实能够通过"在线投诉—政府回应"解决一部分社区公共问题。但如何发挥"家园论坛"的作用,进一步推动社区公共参与,发挥基层协作和治理的作用,尚需深入思考。

图6-22　深圳罗湖家园社区网论坛界面

（三）公民意见响应专业化平台的建构

上述分析明确了作为公民意见响应平台的政务新媒体——SeeClickFix 与深圳罗湖社区家园网的现状与作用,两者有相似之处。(1)两个公民意见响应平台都是多媒体、多平台的全功能系统,手机客户端与电脑网站建设了方便快捷的渠道和途径,形成实时联动,且越来越重视手机客户端的开发与设计。(2)两者都意在改善公众与政府连接,节约行政成本,改进政府流程,让公众能够以最简单的方式联系到政府,将意见和诉求输入到政府。(3)都是以社区为基础,力求改善基层公共服务的供给模式,重视公民在解决社区内部公共事务过程中的参与、协作与互动。(4)都是针对非紧急事项的报告。(5)用户输入意见和报告问题都是以地理位置信息为基础,图片、文字、视频相结合,用最简便、最清楚的方式表达意见,也方便了政府机构快速识别公民要求。(6)两个平台都非常重视政府回应,将政府处理问题的过程及时反馈给公众。上述共同特征,是基于政务新媒体,构建公民意见响应平台的基础。

两者在理念、设计、效果层面还有差别之处。其一,SeeClickFix 除去重点建设公民非紧急事务事项报告平台,还意在构建政府公共事务集成处理系统。目标在于帮助政府快速分选事项并监督完成。整个过程与政府的部门结构、组织体系、决策体系相匹配,因而能够更有效地调动政府内部力量,改变政府雇员的工作线路,改造政府流程。其二,SeeClickFix 能够更为积极地调动本地社区居民的参与热情。其平台不仅强调政府对公民诉求的响应,还努力推动了公民与公民之间、社区与社区之间的响应。公民参与的意愿、技能和经验是 SeeClickFix 运行良好的客观条件。只有切实动员并推动公民参与,意见响应平台才能够获得并保有忠实用户,诞生更多的公众协商解决方案,发挥民间治理和社区治理的作用。其三,从几个角度来看 SeeClickFix 系统都更加开放。体现在与多个城市"311"APP 的整合,有效地打通了政府部门之间的衔接通道,让事项报告—识别—决策—执行更加连贯顺畅;体现在与各个社会组织、媒体、大学之间的信息共享与方案共享,体现出"共治"的活力;还体现在 SeeClickFix 在 Facebook 与 Twitter 两大社交媒体上十分活跃,这使得公民参与不仅仅局限于本地社区,而是集成了整个网络空间的参与力量,也能够进一步提高公民参与的兴趣和能动性。

对"罗湖社区家园"而言,首先,一个突出特点是主要功能为政务信息发布,甚至政务信息发布比公民意见响应平台的建设更加充分。这可能导致该系统更像是社区媒体而并非意见协商平台和响应平台。SeeClickFix 并没有政务信息发布功能,而是单纯做好意见响应平台,因此在功能设计上更为简洁和专业。其二,"罗湖社区家园论坛"的回应过程,是搜集民众意见后再由相应部门"上网认领",认领之后再解决执行,这一过程往往不可见且耗时较长,在页面中的回复只能停留在"×××部门已知悉"的层面,容易流于形式,说明该系统只触及行政系统的边缘环节(信息采集),并未进一步改进政府行政过程和决策过程。其三,"罗湖社区家园"的公民参与状况也显得不佳。表现在报告问题的参与人数较少、回复与评论的参与者更为稀少,公民之间没有形成互惠、互助的氛围,解决方案的协商模式也并未形成,最后只剩部分热心居民坚持使用,社区中蕴含的公民参与潜力和能量未能发挥。其四,政府大多在固定部门设置专人较为机械地处理网民留言,容易形成惯性,在帮助政府工作人员提高工作效率、改变工作方式方面的作用发挥不足。

在治理现代化和数字政府发展的双重背景下,构建公民意见响应平台是政务新媒体发展的重要方向之一。推进公民参与、改善政府回应是政务新媒体的发展使命。基于中美比较分析,提出构建公民意见响应平台的几项措施建议:其一,提高政务新媒体公民意见响应平台的专业化水平,在集成性政务新媒体矩阵和专业化意见响应平台之间寻求平衡和创新;其二,不断提高公民利用政务新媒体参与社区公共事务和社区治理的热情与技能,不断培养"社区政治参与"文化;其三,改进公民意见响应平台的功能设计,力求简洁、便利、服务面广、可用性高;其四,进一步提高政府回应水平和回应效率,并调整回应话语,提高公众的参与效能感;其五,尝试扩展公民意见响应平台与政府职能部门的合作,深入政府行政流程,实现对政府过程的优化和改造。

第七章　结论与展望

《关于推进政务新媒体健康有序发展的意见》指出,"到 2022 年,建成整体协同、响应迅速的政务新媒体矩阵体系,全面提升政务新媒体传播力、引导力、影响力、公信力,打造一批优质精品账号,建设更加权威的信息发布和解读回应平台、更加便捷的政民互动和办事服务平台,形成全国政务新媒体规范发展、创新发展、融合发展新格局。"基于理论分析与多项实证研究,本书详细分析了新时代政务新媒体的界定与特征、发展历程、内容图景、公众使用、传播与影响和代表性运营案例。为进一步落实该意见提出的战略目标,在移动互联网、数据社会和人工智能背景下,全面提升政府新媒体的水平和影响力,基于前文分析,本书提出新时代政务新媒体创新发展的基本路径作为结论。

一、新时代政务新媒体创新发展的基本路径

(一)以功能深化为中心的策略化发展路径

政务新媒体的顶层设计和发展路径从来就不是单一化的,而是希望能从根本上发挥社交媒体的优越性,在数据化、智能化、融媒体的潮流中引领革新,全面促进新时代政府传播与数字政府建设。其中最重要的路径是不断促进政务新媒体的功能深化,选择精准、明确、有效的策略,全面发挥政务新媒体在信息、传播、用户维系、公共服务、治理等方面的功能。具体而言:

1. 强化政务微博矩阵化传播并推进跨越式发展

我国城市政务新媒体正处于一个繁荣稳定的时期,政府管理与社会化媒

体正在深度融合,政务微博实现跨越式发展的时机已比较成熟。研究表明,各级各类政务微博都认真实践了政治传播者的角色,不断明确功能定位,推进矩阵化、集成化、平台化建设。总体而言,政务微博应从深化信息传播和议题传播入手,聚焦公共服务,整合互动沟通,全面面向网络社会、政府治理与公众需求。具体措施包括:

(1)继续推进政务微博矩阵传播机制,鼓励各级、各类政务微博维护并扩大"议题联动",同时积极完善"核心职能—多元议题"的传播特质,形成内容供给矩阵、影响力扩散矩阵。(2)通过政务微博进一步发展网络政治传播,注重信息公开、内容质量与传播方式的优化,不断扩大以政务微博为核心的官方舆论空间的规模与影响力。(3)各级政府应进一步重视政务微博内容生产,以层级、职能、区域特征为基础,加强议题策划并完善议题结构,重点增强民生类议题与政策传播类议题,力求议题精专、高效、关怀、联动。(4)充分挖掘政务微博的公共服务功能,扩展服务类型与渠道,简化流程、提高效率。可专门建设公共服务微博账号,与移动微信、移动 APP 互补共赢。尤其要加强基层政府政务微博的公共服务功能供给,重视区域发展特点,寻求有效的政务微博公共服务模式。(5)充分重视政务微博意见征求、公众回应等互动、参与功能,纳入服务型政府建设体系,致力于通过政务微博简化公众—政府的联结过程,与社会、公众开展广泛合作。(6)进一步扩大微博的开放性,尤其是信息开放性、观念开放性和互动开放性,鼓励多维度的创新与创造,使其成为政务新媒体联通移动互联网世界的先锋地和试验田。

2. 依据政务新媒体使用的扩散规律积累并扩展用户规模

用户规模是影响力规模和传播效果发挥作用的基础。通过问卷调查和回归分析,本书发现了政务新媒体用户规模增长和扩散的基本规律。在纷繁复杂的移动互联网时代,要想使得政府信息传播保有用户规模,不断扩大影响力,需要政府尊重用户的新技术采纳规律,采取正确的措施。

其一,应充分重视公众的新媒体使用习惯以及政务新媒体使用习惯,在推广过程中尤其应重视政务新媒体工具间的"关联促进"、联动发展,包括功能联动、平台联动、内容联动、服务联动。通过培养公众对一种政务工具的媒介依赖而产生涟漪效应。在目前情势下,公众对微信的依赖性较强,因此鼓励公众使用政务微信,能够起到较好的培养和推进作用。亦可尝试通过政务 APP 的方式培养公众使用政务新媒体的习惯,例如在出入境、教育、工商业等领域推出简洁、便利、快速的政务 APP,能够迅速提高用户满意度,亦可在短时间内培养起公众使用政务 APP 的习惯,再扩展到积极利用其他政务新媒体。近期还可积极发展"抖音"与"快手",提高公众对政务短视频的卷入度和沉浸感,以此作为"关联促进"的关键动力,扩大政务新媒体的用户规模。其二,政务微博、政务微信尤其要重视内容建设,使其成为公众信任的政治信息源、传播平台与意见集散地,这是培养公众的政治兴趣,提供政治知识的重要渠道和有效手段。研究表明,较高的政治知识和政治兴趣会增加政务新媒体的使用,这种使用是一种深度、全方位的使用,也有利于政务新媒体功能的充分发挥。其三,政府为积累和扩大政务新媒体用户,可对用户人群做进一步的细分和精准定位。有两类人群应充分重视,一是广泛吸引收入稳定、本科学历为主的社会中间阶层,二是重视发展 60 岁以上的中老年用户。

3. 重视政务新媒体的框架功能并调适网络政治话语

内容分析研究表明,政府在运营政务新媒体,尤其是运营政务微信的过程中已自觉、积极地使用框架建构策略,以提高传播效果和影响力。从发挥政务新媒体信息功能与治理功能的角度,进一步推动政府信息公开,增强互动性、责任性的角度出发,政务微信应进一步重视内容建构,尤其应发挥"框架"的认知影响功能,并调适传播话语,适应网络传播的流行风格与趋势。

其一,政务微信应进一步丰富文本主题,合理设置政治类、经济类、政务通告类信息与文化、生活类主题的比重,有效搭配两类信息,以符合微信用户的信息需求与习惯,与政务微博内容保持适度差异,凸显政务微信特点与优势。其二,在政务微信各类主题的文本建构中突出"公共利益实现"框架,这种建构有利于全面展示政府促进经济发展、改善公共福利、发展民生、保障权利的政策出发点,以及政府服务公众、开放透明、促进公平、互动协作的价值准则。且要强调"政府—公众"、"经济愿景"等重要框架都应与"公共利益实现框架相融合",尤其是"政府—公众"框架,其发挥较高影响力的前提就是融入公共利益框架。其三,"政治发展"框架是政务微信使用最多的框架之一,与政务微信在重大时政新闻的政治传播中越来越重要有关。但结论表明,"政治发展"框架使用增多可能会给政务微信带来阅读量和点赞量的减少。这对政务微信如何做好政治传播、完成舆论宣传使命提出了考验。比较有效的方法是在"政治发展"框架中融入"公共利益实现"框架,此外,对政务微信中政治类话语表达的调适也十分重要。其四,在互联网时代,网络话语与官方话语呈现出显著的互动与影响。官方话语历来重视对网络话语、民间话语的收编,但同时也重视将官方话语向民间渗透。政务微信处于民间话语场域之中,应积极探索并使用民间话语所喜爱的"流行语框架"或"人情味"框架,使用新颖标题、多元风格和多层次表达形式,以适应网络话语场域的需要。这是政治传播尤其是政治话语调适的重要契机。其五,抖音等短视频也面临同样问题,亟须在视觉传播中积极使用网红——吸引、流行语等新兴框架,与政治性、公共性框架、新闻性框架等相结合,实现相互交织、综合利用,才能有效地传播正能量、塑造政治文化并提升政府形象,发挥传播影响力。

4. 发展政务新媒体应精准而深入以提高绩效评价与传播效果

在宏观效果层面,政务新媒体的发展应致力于改善政府传播效果,并不断提升公众对政府绩效的感知与评价;微观效果层面,政务新媒体发展的成熟程度应以是否融入公民政治态度、政治行为、政治信任的影响机制为衡量。

问卷调查结果显示了公众使用三种政务新媒体能够在不同层面提高对政府满意度评价,这说明在绩效视域中政府新媒体传播已取得较好的效果。政务微信对提升整体满意度的作用最为明显,说明政务微信能够在诸多功能层面给予公众较好的体验,在各层级、各类政府中推广政务微信可被认为是明智的决定。政务微博主要提升信息公开满意度,提示政府如果想要提高信息公开、透明性和开放性方面的绩效,只需大力建设政务微博,发挥其"及时、权威官方信息平台"的作用即可,如需提升回应满意度,则应积极补足政务微博在回应方面的短板,方可提高绩效。发展政务 APP 也是改善政府绩效的有效手段,在信息公开和回应满意度方面均有擅长,但因为是新生事物,建设成本高,用户规模不足,维护难度大,还需整体改进才能对政府绩效有整体性积极的影响。实证研究的结果还显示,使用政务新媒体后形成的"绩效感知"——包括公开性绩效与回应性绩效,是公众政治信任提升的主要机制。这给政务新媒体建设提出了更高和更加细致的要求:并非简单推广、初步使用或粗放增量即可形成效果,而需要从功能领域、绩效评价领域、形象感知领域,甚至是价值认同领域深度改进、优化政务新媒体,才可能从信任层面、政治态度和文化层面产生积极的政治效果。

从推进政治民主化、形成政治参与文化这一效果角度来看,政务新媒体负有改进公民参与渠道、提高公众参与水平的职责。但是研究表明,政务新媒体的一般性接触和使用不能直接加强公众的线上、线下政治参与,反而起到削弱作用。这可能与新媒体、互联网本身存在的"去政治化"趋势有关。以娱乐的目的使用互联网和新媒体,容易减少公众对政治的敏感度和政治兴趣,也会减少政治参与。而政务新媒体越来越追逐流行风格、网红话语的趋势很可能强化了时政类媒体的"去政治化",为公众的政治参与带来潜在的负面影响。所以,虽然政府应积极调适政治话语以适应新媒体传播,但应明确这一趋势在政治参与方面可能产生的消极效果。而政治参与水平的提高需要依靠政务新媒体功能性使用的调节,尤其是服务性功能。所以,以功能深化为中心,精确定位,细化发展政务新媒体的策略,使得公众对政务新媒体的各项功能有所依赖、认可、信任,并习得足够的知识与技能,获得参与途径与机会,即可提高公众的政治参与水平。

5. 以深化公共服务功能为基础推动移动政府功能多元化发展

为建设数字时代的"更好政府",政务新媒体的使命是以深化公共服务功能为基础,推动公民意见响应平台、公共治理、政务信息资料系统等多元化功能的实现,打造"移动政务"、"指尖政务"的全数字、全功能、全媒介、全效能移动政府。案例分析结果提示了政府应明确以下政务新媒体发展策略:

其一,考虑到国内政务新媒体建设的现状和趋势,政务新媒体可继续根据地域特性和发展经验探索集成化、矩阵化的"移动政府大系统",推动公共服务领域各类 APP、政务微信、小程序、政务微博、电子网站、第三方合作的融合,力求一键接入、简单通达、快速办理,低成本而高效率。但应同时注重提升子页面、子业务和子程序的专业化、职能化水平,核心的趋势是简化,进而不断优化界面,健全功能,提高用户的满意度。其二,移动政府公共服务提高速度、提高质量的关键步骤是实现公众个人信息采集并能在集成化平台中通用,这样可以省去用户在各个平台逐个注册、验证、登录的烦琐。但是,这对政务新媒体如何加强保护公众信息隐私和数据隐私提出了更高的要求,政务新媒体必须进行隐私声明并提供具体的保护、监管措施。其三,政务新媒体功能的进一步提升,需要思考政务新媒体体系如何更好地整合到政府管理体系和决策体系之中,且能够整体推进政府管理体系的协作和变化。例如,如何使得移动政府的公共服务诉求快速与政府全职部门对接,解决方案又如何在政府不同部门中流转并受到监督,政务新媒体是否能够在科层制政府中推动一种新的公共服务规范和标准,这些都需要政务新媒体在新一轮功能深化的过程中加以考虑。

除此之外,政务新媒体还可根据需要以公共服务为基础发展如下多元化功能:(1)推进建设公民意见响应平台,可与公共服务功能配合使用,例如,建设地方性公共服务快速响应系统,微博、微信、APP 等平台均可尝试,实现"接诉即办"、"及时回应"、"按需响应"。但应注意"接诉"规模和回应能力的匹配,才能快速有效回应公众。(2)在县级融媒体发展的趋势之下,推动以县域为核心的政务新媒体治理,尤其要强化技术治理的作用,并为公民、组织、社区参与基层治理提供机会和途径。(3)开辟开发多元化的信息功能,主要有两个层面:一是把握数据开放的机遇,发展政务新媒体的数据功能,使其成为政务信息的资料库、数据库、资源库,同步提升检索、浏览、分享利用功能,也参与促进政府间数据协作;二是加强并优化政治知识或职能知识类信息的供给,提倡创新,发挥政务新媒体学习、教育和知识传播的功能,以改善组织内部成员和外部成员使用政务新媒体的积极性和效能感。

(二)以运营优化为中心的类型化提升路径

政务新媒体的创新发展还应重视在运营层面寻求提升路径。优化运营,有望进一步提升政务新媒体水平,发挥其在现代化传播体系中的作用,也是清理、改进政务新媒体存在的基本问题,明确定位,找准改进对策的关键。类型化分析意在对社会复杂现象进行抽象化和概念化分析,构建理论模式,对某种具体实践的理解可以通过与理想类型的比对而完成。[①] 基于运营取向,本书

---

① 安东尼·吉登斯:《社会学》(第 4 版),赵旭东等译,北京大学出版社 2003 年版,第 13 页。

提出一个政务新媒体的类型化分析模型,不仅可用来加深对政务新媒体现状的认知与理解,还有益于提供不同类型政务新媒体的发展与提升路径。

1. 基于运营双维度的政务新媒体类型化分析

如图7-1所示,基于运营的两个维度,本书对政务新媒体进行了类型化分析。维度之一是政府职能实现取向,即政务新媒体账号满足政府政务传播需求、履行信息传播职责、提供信息公共服务、促进深度政策传播的程度;维度之二是新媒体运营专业性取向,即在选题、内容、策划、排版、形式等技术、风格方面符合新媒体传播规律、潮流与趋势的程度。根据政府机构对这两种取向的偏向性与完成度,可将政务新媒体化分为五个类型:

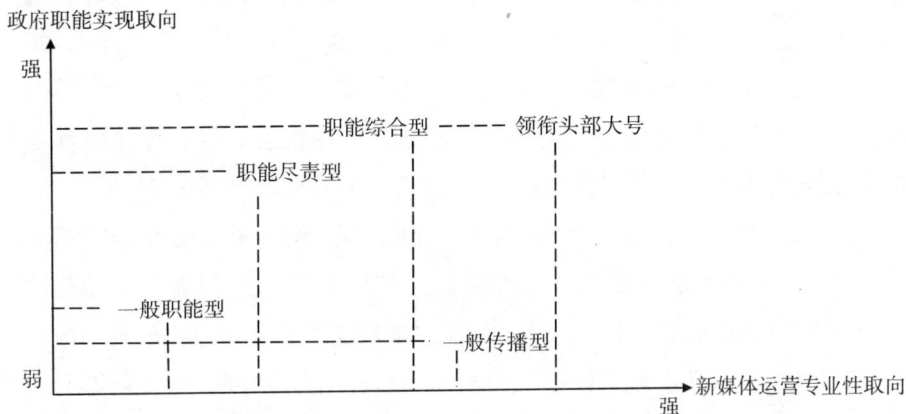

图7-1 基于运营双维度的政务新媒体类型化

(1)领衔头部大号。这类账号数量整体不多,在政务职能实现取向和新媒体专业性取向两个维度都十分擅长,是政务新媒体高质量运营的代表。普遍立足政府分工与职能,形成了政府传播品牌,不断推出有影响力的公共性内容与产品,有着极高的社会关注度,如团中央旗下政务新媒体以"青年在哪,新媒体传播就在哪"为新时代群众路线方针,主打全媒体覆盖,将青年工作、群众意识和主流文化传播紧密结合。中央政法委微信公号"长安剑"以全国政法信息发布为基准,充分利用新媒体规律,不断拓宽边界,做及时、深度、有态度的政府传播。领衔头部大号还是政务新媒体创新试水的前沿阵地,积极利用短视频、长视频、直播、游戏、VR、H5、数据新闻等融媒体方式传播政府声音。一般而言,领衔头部大号由政府专门组建新闻中心或新媒体部/处负责运营,拥有专业人才,且经费充足,按需采购制作拍摄等外包服务,拥有先进的运营理念和制度。

(2)职能综合型。此类账号也是各类政务新媒体排行榜中的上榜账号,属于第一梯队,具有极强的政府职能实现取向,在新媒体专业性方面也有相当优势,开设主体多为公安交警、文旅、教育、环境等与公众公共生活紧密相关的政府部门。其特点是其工作能够深度匹配政府和公众对政府信息传播的需求,例如重视信息权威发布、社会沟通、政策解读;突出公共信息服务;主动对政府内部传播资源进行深度开发;开展与职能有关的传播教育和公关活动。同时,职能综合型账号遵循新媒体内容制作和传播规律,专业水平较高,且尺度较宽松,创作自由度较大。不时策划推出"爆款"产品、举办线上线下活动,发布"话题",但与领衔头部大号相比数量相对较少,对新兴媒介和产品形式的态度属于"积极接受但适度追求"。此类账号一般也由政府专设新媒体机构运营,人力物力均有所保障。

(3)职能尽责型。数量较多,各级政府,部委、职能司局处等部门相当多数量的"双微"账号属于此类——政府职能实现取向偏强,但新媒体专业性偏弱,主要特点是恪守政务信息公开、内容发布职能的要求,认真、规范的履行信息和新闻推送,将日常政务传播工作做细、做好,信息发布频率、质量都有所保障。与职能综合型账号的区别之处在于,职能尽责型账号比较依赖通稿和部门供稿,多为编辑加工,内容策划能力、原创能力、创新性均有不足之处。在挖掘并协调政府内部信息资源、推动提升信息公开幅度广度、改善与公众的沟通与互动等层面还有较大进步空间。职能尽责型账号虽然也会注重新媒体呈现形式,对内容进行排版、美化,但风格普遍保守。对表情包、图片、网红元素的使用也尽可能稳妥,更不会追求爆款效应,极少进行新媒体产品和活动的策划。此类账号主要问题在于亟待形成共识、缺乏专业性运营人才,导致两种取向在创新发展方面蓄力不足。

(4)一般职能型。基数庞大,本着"应开尽开"原则,涵盖各层级政府、职能部门、内部处室、下设机构、事业单位,政府职能实现取向和新媒体专业性取向方面都发展较弱,主要特征是按需发布政府日常政务信息、通知通告、领导人活动,或直接转发上级单位的信息。总体来说发布数量不多,频率中等,内容简单,一些账号只有在"有事"需向社会通报的时候才会启用,更新较为缓慢,此类账号内容供给明显不足,在日常发布方面仍需改进,原创性、深度性内容更为欠缺。在形式上也更加保守,多用文字,编辑简单,少用图片、流程图、音视频、表情包等新媒体文案。可见,一般职能型账号发展相对滞后,缺乏整体规划和功能定位,运力普遍不足,停更、互动性差、内容乏味、无关信息等问题较多,也是关停和整合的重点。

(5)一般传播型。数量较少,表现为政府职能实现取向偏弱而新媒体专业性较好。此类账号并不主要承担政府信息传播和社会沟通功能,意在紧随潮流,迎合公众媒介消费偏好,追求传播效果。具体有两种情况:一种常见于政府开设多个微博或微信账号的其中之一或旗下的抖音、快手账号,目的是塑造政府亲民形象,拉近官民距离、接地气、与民众打成一片。在内容设计时注重体裁新颖,强化戏剧性和表演性,多使用网红元素,意在获得更多粉丝的青睐。"四平警事"抖音就主打平民化路线,推出制作精良但趣味浓厚、喜闻乐见的作品。另一种则仅仅为追求流量或为完成考核任务而发布心灵鸡汤、流行段子或大量转发社会热点,也是整顿重点之一。一般传播型账号可根据政府运营机构的需要选择开设或是关停。

2. 促进政务新媒体类型优化发展的提升对策

未来发展中,政务新媒体将不断增长和释放其功能,驱动政府更新血液,重构透明、协作政府,其前提是无论哪种政务新媒体,都需进一步明确自身业务性质、需求和定位,并评估基本运营能力,才能采用恰当策略,实现政务职能和新媒体专业水平的均衡共进。推动账号逐步升级,保有并增加领衔头部大号和职能综合型账号的数量并发挥优势,减少、优化或提升一般职能型账号并全面改善职能尽责型账号的运营质量,是政务新媒体类型结构优化的关键。

其一,职能型账号应缩减或尽快提升至职能尽责型账号。对于层级较高、资源动员能力强、直接对公众提供公共服务的政府机构,原则上不应再留有一般职能型账号。可通过合并关停、调整平台的方法减少规模,或转变思路、调整定位、提高投入、配备专业运营人员,加强建设,尽快发展为职能尽责型账号。对于基层政府或其他职能部门可酌情按要求做内部整合,但也应加大支持力度,不断提升运营水平,最大限度推动其向职能尽责型转化。但需考虑具体情况,不鼓励直接关停某地或某部门的唯一政务账号。

其二,职能尽责型账号需细化发展策略。一部分机构可继续现有运营模式,但应持续优化内容,拓宽政务传播的深度和广度。尤其应注意构建开放、多元的原创和策划空间,提倡新形式、新符号、新媒介的使用。可鼓励部分有运营经验、有创新发展意愿的账号尽快提升水平,成为职能综合型账号。具体策略包括:(1)抓住"融媒体中心建设"机会,在平台、技术、内容、人才方面实现全方位整合发展;(2)梳理内部信息来源,打通信息供给线,提高政务信息制作能力和政务信息资源利用效率;(3)通过政府内容的深度传播策划提升运营档次;(4)优先发展某一个政务新媒体平台进入职能综合型,带动其他平台质量提升;(5)重视视觉传播,发展政务短视频,可以较快提高新媒体专业性,实现弯道超车。

其三,职能综合型账号可进一步强化新媒体专业性跻身领衔头部大号。但这并非必须,职能综合型账号也属于头部传播资源。具体可根据自身运营能力、资源分配、管理体制探索进一步"新媒体化"之路。例如,以"权威内容供给"为轴,带动信息发布、公共服务的内容多样性;根据政务职能创造"沟通元",引发网络话题带动流量;变换多元、新颖的新媒体呈现形式,加大爆款产品的策划和供给力度,形成品牌;开发参与互动性强的游戏、H5、VR等邀请式活动,或根据需要开设一般传播型账号,发挥新媒体专业优势,向民间流行文化学习,进而带动主账号的流量和关注度。

其四,领衔头部大号需引领政务新媒体前沿发展趋势。争取更加宽松的政策环境,形成共识,不断探索政务职能实现和新媒体专业性的边界,提供富有创造力,体现政府传播价值和文化附加价值的内容及产品,挖掘政务新媒体传播的诸多可能性与潜质。还应探索政务新媒体运营更为有效的制度与模式,如人力资源模式、领导模式、激励模式,以及有效的外包服务利用模式。领衔头部大号的运营机构还可尝试扩展政务新媒体与政府其他部门的合作,提升政府传播部门在政府内部组织结构、决策管理过程中的地位和作用。同时,在开放政府、数据共享、数字治理领域,领衔头部大号应率先探索如何与国家数字治理现代化体系的需求相匹配,形成相互促进关系。

二、面向数据社会、人工智能的政务新媒体

　　新技术的层出不穷让一切充满了不确定性，但新技术带给我们的福祉与挑战将永无止境。伴随信息化、移动网络化的不断深入，大数据、区块链、视觉化、人工智能、虚拟现实技术、物联网的发展潮流将不断为政府变革提供动力与可能性。作为嗅觉最为灵敏、创新更为便捷的政务新媒体，触角将伸向无所不在、无所不包的新网络信息时代，拥抱新技术，发挥创造力，不断试新与调适，完成"移动政府"的建构使命并带来新的结构和机会。

　　这一过程依然在进行之中，或者可以说，一切才刚刚开始。2008年，《自然》杂志正式推出"大数据（Big Data）"概念，提出"面对与处理数据洪流将作为现代科学所面临的最大挑战"[1]。大数据也被称为海量数据，具有特征海量性（Volume）、高速性（Velocity）、多变性（Variety），真实性（Veracity）的特征。[2] 2018年，全球生产的数据已经高达33ZB，而有关机构预测，到2025年，全球数据将增长到175ZB，相当于每天产生491EB的数据。[3] 生产性数据是体量最大的数据集。2013年，国内银行、金融、保险、电力、石化等系统每年产生的数据都能达到数十PB，而百度、腾讯、阿里三家互联网公司的数据总量都在EB级别以上，国内全部互联网公司的数据达到接近2EB的体量。[4] 社交数据则体现了互联网生活的活跃性与多样性。2018年，Facebook每天产生4PB的数据，包含100亿条消息，以及3.5亿张照片与1亿小时的视频浏览，Instagram用户每天要分享9500万张照片和视频；Twitter用户每天发送5亿条信息。根

---

　　① Big Data：Science in the Petabyte Era, http://www.nature.com/nature/journal/v455/n7209/edsumm/e080904-01.html, 2016/1/23.

　　② 参见维克托·迈尔-舍恩伯格、肯尼思·库克耶：《大数据时代——生活、工作与思维的大变革》，盛杨燕、周涛译，浙江人民出版社2013年版。

　　③ 参见《不可思议的数字：互联网每天到底能产生多少数据?》，http://www.ceconline.com/strategy/ma/8800099425/01/, 2019年4月29日。

　　④ 参见《大数据史记2013：盘点中国2013行业数据量》，https://cloud.tencent.com/info/f0a2f89441b3b4c042857f0488d789fe.html, 2019年6月30日。

据预测,到 2025 年,全世界每个联网的人平均每天有 4909 次数据互动。① 政府也是数据的重要生产者与拥有者,包括公民数据、社会管理数据、经济数据等,仅仅北京市政府在线公布的数据就有 1318 类,7916 万条,②北京市交通运行监测调度中心的静动态数据存储就达到 20T,每天数据增量达 30G 左右。③在迈尔—舍恩伯尔看来,大数据是人们获得新的认知、创造新的价值的源泉;大数据还是改变市场、组织机构,以及政府与公民关系的方法。④

与此密切相关的还有人工智能。人工智能是认知计算、深度学习和计算机技术等深度发展的产物。⑤ 近年来,人工智能一度成为技术与产业的宠儿,在大数据、云计算、图像处理、可视化、机器学习、深度神经网络的共同推动下不断从知识化走向应用化、和实业化,用以解决生产和生活领域的具体问题。苹果公司推出的智能数字个人助理 Siri,创造了更自然的声音和更主动的功能,能够帮助我们发送短信,拨打电话,记录备忘,甚至还可以回答问题和陪同聊天。智能家居中心控制 Alexa 能够解读我们在房间内发出的任意指令,代替我们上网获取信息、购物、安排日程、设置闹钟,甚至开启各项家用电器。Cogito 则是人工智能应用于服务业的代表,通过机器学习技术接听电话客服并应答,质量提高很多,已应用于数亿语音通话。AlphaGo 是第一个击败人类职业围棋选手、第一个战胜围棋世界冠军的人工智能机器人。⑥ 人工智能将个体视为信息有机体,在信息圈内纷繁交织,与其他可以逻辑化和自动化进行

---

① 参见《不可思议的数字:互联网每天到底能产生多少数据?》,http://www.ceconline.com/strategy/ma/8800099425/01/,2019 年 4 月 29 日。

② 参见《北京市政务数据资源网》:http://www.bjdata.gov.cn/jkfb/index.htm,2019 年 6 月 30 日。

③ 参见《大数据史记 2013:盘点中国 2013 行业数据量》,https://cloud.tencent.com/info/f0a2f89441b3b4c042857f0488d789fe.html,2019 年 6 月 30 日。

④ 参见维克托·迈尔-舍恩伯格、肯尼思·库克耶:《大数据时代——生活、工作与思维的大变革》,盛杨燕、周涛译,浙江人民出版社 2013 年版,第 9 页。

⑤ Cf. Artificial Intelligence: how knowledge is created, transferred, and used——Trends in China, Europe, and the United States. https://www.elsevier.com/__data/assets/pdf_file/0007/827872/ACAD_RL_RE_AI-Exec_Summary_WEB.pdf. ,2019/2/10.

⑥ 参见《美国最成功的 10 个人工智能应用案例》,http://www.eetrend.com/node/100068656,2019 年 6 月 30 日。

信息处理的信息智能体共享自然和人工领域内的成就。① 在人工智能（Artificial Intelligence）最为基础的人机交互过程中，信息与通信技术通常被用于创造、便利与改进人类使用者与计算机系统之间的交流。② 未来人工智能技术的成熟有望将政府更新为"政治多智能体系统"，具有技术性（teleological）、互动性（interactive）、自主性（autonomous）、适应性（adaptable）的特点。当政府发展为"政治多智能体系统"快速有效执行上述特点时，它将变得非常智能，减少资源利用，杜绝浪费，取得最大化回报。而数据共享和信息共享是基础，也是保持"政治多智能体系统"认同与凝聚力的关键。③

面向数据社会、人工智能的政务新媒体，利用技术赋能，政务新媒体未来可在如下方面做出尝试，抓住机遇，适应环境的变化。

其一，积累并分析政务新媒体数据以加强对社会舆情的掌握。

政务新媒体的议题数据、回应数据、公众恢复数据、意见数据是非常宝贵的舆情资源，可作为重要的政府信息环境、舆论环境、政策环境加以检视。通过数据积累与分析，政府能够快速识别关键政策需求，识别网络舆情节点与意见领袖，从而提高对社会舆情的预警和预判能力，掌握舆情工作的主动权。

其二，坚持扩大政府数据开放与数据协作。

政府是数据的最大所有者，有义务向社会公众开放政府数据，以促进数据利用。政务新媒体是政府数据开放的"端口"和"入口"，也是数据开放的平台和载体，这是开放政府和移动政府的要求，也是政府的责任。虽然上海、贵阳等地已经建立了政府数据开放网站，但仍然以政策本文性数据、行政案例性数据为主，数据的数量、质量、检索利用的便利性还远远不能满足社会和公众需求。更多政府内部数据资源，如经济数据、决策数据、生产数据等尚未开放。因此，政务新媒体要与政府数据开放的总体原则和顶层规划保持一致，循序渐

---

① 参见［意］卢西亚诺·弗洛里迪：《第四次革命：人工智能如何重塑人类现实》，王文革译，浙江人民出版 2016 年版，第 107 页。

② 参见［意］卢西亚诺·弗洛里迪：《第四次革命：人工智能如何重塑人类现实》，王文革译，浙江人民出版 2016 年版，第 12 页。

③ 参见［意］卢西亚诺·弗洛里迪：《第四次革命：人工智能如何重塑人类现实》，王文革译，浙江人民出版 2016 年版，第 210—212 页。

进,合理制定数据开放的速度和边界,逐步扩大开放。此外,还应重视利用政务新媒体的集成性、平台性优势推动政府部门之间、政府与社会、个人之间的数据协作,打破因利益、标准壁垒而形成的"数据孤岛",提高数据使用效率,释放数据协作带来的社会能量和治理能量。

其三,利用数据与新技术优化政务新媒体内容来源与形式。

在信息源方面,政务新媒体积累和生产的数据构成政府信息资源、内容资料库的重要组成部分。政策文本数据、视频监控数据、政府内部流程数据,都是政务新媒体内容生产、信息传播与整合的重要来源。政务新媒体可加强对这部分数据的加工和策划,使其成为有活力、有态度、有深度的内容产品。在内容形式上,可尝试利用新闻界已普遍利用的数据新闻策略与可视化工具,包括机器人新闻等等,推动政务信息、政务新闻的数据化、可视化和动态化,以促进政务传播内容的丰富性、提高可读性,并增强表现力和透明度。

其四,抓住新智能媒介环境中政府传播视觉化和产品化趋势。

新智能媒介环境中,政府传播需抓住视觉化和产品化两大趋势推动变革。视觉化趋势以大数据、音视频、5G、虚拟现实技术基础,提供新的传播情境和影响力来源。政务新媒体可进一步发展政务短视频,并积极尝试政务 VR、政务影视等各种新形式,促进政府传播向短视频化、影像化、可视化、多媒体动画化、虚拟现实沉浸式传播转化,也推动政府传播重点由"话语"到"视觉"、"场景"、"影像"的转变。二是产品化趋势,政务新媒体应立足政务内容与政府传播的需要,利用最新技术,提高策划和产制水平,推出有科技感、有时代感,参与性强、趣味性强,质量高、精品化的政务新媒体产品。其中,短视频等影像产品最受欢迎,关注广泛,而 VR 产品、参与式视觉产品(H5、游戏)等在未来将更加流行,突破政府传播的"元空间",扩展传播维度,提供全新体验。

其五,利用大数据算法推荐机制维系并发展用户。

以大数据为基础的算法推荐机制催生了抖音、今日头条等聚合类社交媒体的繁荣。根据用户反馈的数据,如停留时间、播放量、点赞等指标,符合算法机制的爆款内容、热点内容或偏好性内容源源不断地向用户推送。这种机制给政务新媒体以发展启示:一是有利于政务新媒体发展并维系用户,以扩大用户规模。用户一旦关注一家政务抖音或头条号,算法机制就会向用户推荐更多相似的内容,如果用户被某个政务短视频吸引,算法就会自动推送更多风格类似、情节相似的内容,这样很容易培养用户的使用习惯,形成深度卷入。根据"关联促进"原则,如果用户关注抖音或政务头条号,将提高对所有类型政务新媒体的接受程度。二是算法推荐机制有利于政务新媒体更加明确用户使用习惯和行为,更好地进行用户细分,为社会人口特征不同、政治兴趣、政治知识水平不同、媒介使用习惯不同的人群提供不同的时政类政务内容,以匹配用户需求,以提高政府传播的效率与效果。三是政务新媒体应加强与平台的内容合作和数据合作,在推送优质的时政类内容产品时,利用算法推荐机制将重要内容推荐到首页,吸引更多用户关注并形成为网络话题,带来良好的社会反响。

其六,利用大数据与人工智能进一步改善公共服务。

数字移动政府的未来形式——人工智能政府已初露端倪。政务新媒体也将在大数据和人工智能的推动下迎来持续变革,尤其是公共服务领域。政务微信、政务APP在公共服务中已嵌入了语音识别、人脸识别等智能化服务。南昌市首个"政务服务智能机器人"在红谷滩新区行政服务中心大厅正式"上岗"。智能机器人"小π"采用VR智能机器人技术,通过智能交互系统,可以帮助市民通过自然的语音方式,轻松实现业务咨询、信息查询和政民互动。[①]这些新的尝试进一步提高了公共服务的便利程度和智能化水平。总而言之,智能化有利于政务新媒体政务向着"无缝隙政府"的方向转化,即彻底改变政府部门之间"串联式"的业务流程,重构基于新技术的"直接面向公众"的"并联式"业务流程,[②]以大大提高政府效率并优化行政流程。此外,政务新媒体可以加强同智能服务供应商的合作,积极采用最新和最具有成熟度的人工智能技术。通过人工智能对公共服务进行评价与反馈也是重点发展领域。

最后是与智能化治理的探索与推进。

基于大数据和人工智能技术,改善政务新媒体治理的基本路径,是回应性

---

① 参见《"政务服务智能机器人"亮相南昌》,http://www.gov.cn/xinwen/2018-10/15/content_5330879.htm#1,2018年10月15日。

② 参见[美]拉塞尔·林登:《无缝隙政府——公共部门再造指南》,中国人民大学出版社2002年版,第18页。

和协同性的提升与改进。政府可在现有的政务新媒体框架体系中开发新的信息分选系统、预测系统、选择系统、人工智能回应系统等,提高回应公众诉求的效率和质量。未来智能治理模式可能进一步发挥去中心化的网络化效应,充分挖掘各个治理主体的创新性,强化主体的参与和互动。增强基于数据和智能技术的治理协作,主要是信息协作、方案协作和行动协作。数据与智能技术将有助于提供更加开放、丰富、客观的信息治理数据,对治理方案进行智能筛选、科学评估和优化,还能对治理行动进行即时性监督反馈,并着眼于持续性、高效率的调整和改进。

附录一 问卷一

北京市政府新媒体传播与效果调查问卷

您好,本次问卷希望了解北京市居民使用"政务微博、政务微信、政务APP、政府网站"的基本情况以及认知、感受与评价。希望您配合完成问卷,谢谢!

1. 您的性别:1. 男 2. 女

2. 您的年龄:_____周岁(请在横线上填写)

3. 您的文化程度:

1. 小学及以下 2. 初中 3. 高中/中专/技校 4. 大专 5. 大学本科

6. 硕士 7. 博士

4. 与北京市一般家庭收入相比,您感觉您的家庭总收入属于什么水平?

最低水平 最高水平

1	2	3	4	5	6	7	8	9	10

5. 您是否拥有北京户籍

1. 是 2. 否

6. 您在日常生活中会接触到下列各类网络媒体,您使用这种媒体的频繁程度为:

	几乎不	较少	一般	较多	很频繁
1. 门户/新闻网站	1	2	3	4	5
2. 政府网站	1	2	3	4	5
3. 微博	1	2	3	4	5
4. 政务微博	1	2	3	4	5
5. 微信	1	2	3	4	5
6. 政府微信公众号	1	2	3	4	5
7. 政府主办的政务手机 APP	1	2	3	4	5

7. 您通过下列方式获得北京市政新闻、政府消息、通知通告的频率是：

	几乎不	较少	一般	较多	很频繁
1. 门户/新闻网站	1	2	3	4	5
2. 北京市各级政府及机构的网站	1	2	3	4	5
3. 北京市微博微信发布厅	1	2	3	4	5
4. 其他北京市各级政府及其机构的官方微博	1	2	3	4	5
5. 其他北京市各级政府及其机构的官方微信	1	2	3	4	5

8. 在过去的几个月,您做以下事情的频率为：

	几乎不	较少	一般	较多	很频繁
1. 点赞、转发、回复北京市各级政府微博/微信的消息（如北京市微博微信发布厅、平安北京等）	1	2	3	4	5
2. 与他人分享、讨论在北京市政府微博、微信中看到的文章或观点（如北京市微博微信发布厅、平安北京等）	1	2	3	4	5
3. 在北京市各级政府网站中查询信息、了解政策	1	2	3	4	5

续表

	几乎不	较少	一般	较多	很频繁
4. 在北京市各级政府网站中申请、报名、提交审批材料等	1	2	3	4	5
5. 使用微信支付市政、罚款、申请等费用	1	2	3	4	5
6、使用领导信箱、意见反馈、网络举报等功能	1	2	3	4	5

9. 在过去一年中,您参加下列活动的情况为:

	几乎不	较少	一般	较多	很频繁
1. 我曾经在网络上与他人讨论北京市某些公共政策问题(如汽车摇号、小升初、单双号限行、计划生育等)	1	2	3	4	5
2. 我曾经通过网络向北京市各级政府提出有利于城市、社区发展的建议	1	2	3	4	5
3. 我曾经通过北京市各级人大代表、政协委员、政府官员的微博、博客、微信与他们取得联系并提出建议	1	2	3	4	5
4. 过去一年中,我曾经参加过听证会、意见征求会	1	2	3	4	5
5. 过去一年中,我曾经与北京市各级人大代表、政协委员、政府官员见面并提出建议	1	2	3	4	5

10. 下列说法中,您的赞同程度为:

	不同意	较不同意	一般	比较同意	完全同意
1. 我认为我向北京市政府、区/县政府、街道、乡镇、等机构提出的建议他们会接受	1	2	3	4	5

	不同意	较不同意	一般	比较同意	完全同意
2. 我有能力参与北京市的地方政治和公共决策	1	2	3	4	5
3. 如果让我成为北京市某一级领导干部,我完全可以胜任	1	2	3	4	5

11. 您认为自己是否对政治感兴趣:

极为不感兴趣　　　　　　　　　　　　　　　　极为感兴趣

1	2	3	4	5	6	7	8	9	10

12. 您认为您的政治知识的水平如何?

最低水平　　　　　　　　　　　　　　　　最高水平

1	2	3	4	5	6	7	8	9	10

13. 您认为政府在听取像您一样的公民对政府的意见方面做的如何?

从不听取　　　　　　　　　　　　　　　　经常听取

1	2	3	4	5	6	7	8	9	10

14. 您对下列说法的同意程度如何?

	完全不同意	不太同意	一般	比较同意	非常同意
1. 我对北京市政府的表现总体满意	1	2	3	4	5
2. 北京市政府经常通过用各种方式公布政务信息,包括财政收支、教育支出、公务消费等。	1	2	3	4	5

	完全不同意	不太同意	一般	比较同意	非常同意
3. 北京市政府在出台政策前,会邀请公民参加如听证会、论证会、研讨会等活动,听取公民意见	1	2	3	4	5

15. 过去一年中,为了一些您认为急需解决的问题或者希望向政府部门提出意见,您通过下列途径联系政府机构/官员的情况如何?

	从未做过	做过一次	做过几次	经常做	
1. 面对面接触政府官员	1	2	3	4	
2. 通过电话/写信/写邮件联系政府机构/官员	1	2	3	4	
3. 通过政府网络信箱/问政平台联系政府机构/官员	1	2	3	4	
4. 通过微博、微信等联系政府机构/官员	1	2	3	4	

16. 您最喜欢政府微信公众号(即由各级政府主办的官方微信号)提供的哪些内容(可多选)

1. 政务信息　2. 时政新闻　3. 时政分析或时评　4. 专家学者观点 5. 政治趣闻　6. 历史故事　7. 生活资讯　8. 便民提醒　9. 缴费、申请、查询、申报等政府服务　10. 其他_____

17. 您认为北京市各级政府的政务微博在下列方面做得如何?

	非常不好	不太好	一般	比较好	非常好
1. 信息准确可靠	1	2	3	4	5
2. 权威、公正	1	2	3	4	5
3. 即时发布、及时更新	1	2	3	4	5
4. 有深度、见解独到	1	2	3	4	5
5. 趣味性强	1	2	3	4	5

18. 您认为北京市各级政府的政务微信公众号在下列方面做得如何？

	非常不好	不太好	一般	比较好	非常好
1. 信息准确可靠	1	2	3	4	5
2. 权威、公正	1	2	3	4	5
3. 即时发布、及时更新	1	2	3	4	5
4. 有深度、见解独到	1	2	3	4	5
5. 趣味性强	1	2	3	4	5

19. 在日常生活中，您可能会用到北京市各级政府机构的网站，在使用过程中的您的感受是：

	非常不好	不太好	一般	比较好	非常好
1. 我能够找到自己所需的所有类型的信息与服务	1	2	3	4	5
2. 我能非常快速地找到需要的信息与服务	1	2	3	4	5
3. 与政府的互动加强	1	2	3	4	5

20. 对于下列政务微博/政府公众号的说法，您的赞同程度为：

	不同意	较不同意	一般	比较同意	非常同意
1. 关注北京市政府的政务微博、微信已成为我的习惯	1	2	3	4	5
2. 我会向他人推荐北京市政府的政务微博、政务微信	1	2	3	4	5
3. 我未来还会继续使用北京市政府的政务微博、政务微信	1	2	3	4	5

21. 下列对于政务手机 APP（比如"公交指南、违章查询、政务通"）的使用，与您的感受一致的包括（可多选）：

1. 我经常使用政务 APP　2. 我会主动搜寻并下载政务 APP　3. 我手机里有几个不同类型的 APP　4. 我在生活中会依赖一些特定的政务 APP　5. 政务 APP 让我感受到更多的便利　6. 我曾经主动向他人推荐政务 APP　7. 听说过但从不使用政务 APP　8. 从未听说过政务 APP

附录二　问卷二

2015 中国城市治理调查(部分)

1. 您的性别：1. 男性；2. 女性

2. 请问您是哪年出生的？_____年

3. 您是在农村、小城镇，还是城市长大的？1. 农村；2. 小城镇；3. 城市；4. 不知道

4. 您的最高学历是什么：1. 小学以下；2. 小学；3. 初中；4. 高中；5. 职高/中专；6. 大专；7. 大学；8. 硕士；9. 博士；99. 拒绝回答

5. 您现在的户口属于下列哪一种？1. 本市农业户口；2. 本市非农户口；3. 外地农业户口；4. 外地非农户口

6. 人们对各级政府的信任程度可能有所不同。请问您对中央政府和市政府是非常信任、比较信任、不太信任，还是非常不信任？

	非常信任	比较信任	不太信任	非常不信任	不知道
中央政府	1	2	3	4	8
市政府	1	2	3	4	8

7. 您是否上过网(不管是通过自己、他人的电脑或手机上网，包括使用微信等)？1. 上过网；2. 不上网；9. 拒绝回答

8. 您上网所使用的主要设备是(可选多项)：1. 手机；2. 笔记本电脑；

3. 台式电脑;4. ipad/pad/PSP(平板电脑)

9. 从第一次上网算起,您上网多少年了? 1.3 年以内;2.4—6 年;3.7—9 年;4.10—12 年;5.12 年以上;8. 记不清

10. 您平均每周有几天上网(包括手机上网)? _____天

11. 您使用过下列应用程序或媒体信息服务吗? 1. 网络论坛;2. 微博;3. 微信;4. QQ 即时通信;5. 人人网;6. 推特/脸书;7. 博客;55. 都没用

12. 您浏览过社交媒体(如微信/微博等)发布的时政消息吗? 1. 浏览过;2. 没有浏览过;9. 拒绝回答

13. 您浏览社交媒体上的时政消息的主要原因(可选多项):1. 内容丰富有趣;2. 观点新颖;3. 发布及时;4. 表达生动幽默;5. 信任特定信息源;6. 扩大信息量;7. 便于互动;8. 习惯性;55. 都不是

14. 您在下列网络空间就时事政治或国家大事发表过评论、点赞或转发吗?(可选多项):1. 博客;2. 网络论坛(BBS);3. 微信;4. 新浪/腾讯微博;5. 人人/开心网等;55. 都没有

15. 您关注过各级党政部门开设的政务微博/微信吗? 1. 关注过;2. 未关注过;8. 不知道有政务微博/微信

16. 您觉得政务微博/微信上的时政消息有下列哪些特点?(可选多项):1. 比新闻好看;2. 更权威;3. 内容更翔实;4. 与政府互动更直接;55. 都不是

17. 您是否关注过政府门户网站? 1. 是;2. 否;3. 不知道有政府门户网站

18. 您是否使用政府门户网站从事过下列哪些活动?(可选多项):1. 关注部门动态(公示/通知等);2. 查询政策法规/机构/领导信息;3. 申请/审批/认证等政务服务;4. 使用领导信箱、意见反馈、网络举报等互动功能;5. 以上都没有

19. 如果政府推行一项新政策,您认为通过下列哪种方式发布效果比较好?(可选多项):1. 电视;2. 政府网站;3. 门户/媒体网站;4. 广播;5. 微博/微信;6. 短信;7. 户外广告牌;8. 报纸;88. 不知道

20. 您主要通过哪些渠道了解国内外大事?(可选多项)1. 官方报纸;2. 互联网门户网站;3. 电视台;4. 互联网社交平台;5. 杂志;6. 其他

21. 下表是一些有关网络与公共参与的观点,您同意下列哪些说法?(可选多项):1. 网络让我及时获得公共事务信息;2. 网络上的公共信息更丰富翔实;3. 网络提高了我对公共事务的兴趣;4. 网络影响我对公共事务的看法

22. 下列是一组关于政府回应公众网络诉求的说法,您在多大程度上同意这些说法?

	非常不同意	不太同意	比较同意	非常同意	不知道
a. 通过网络反应的问题,政府更重视	1	2	3	4	88
b. 通过网络反应的问题,政府回应更迅速	1	2	3	4	88
c. 我对政府回应网络诉求的情况总体满意	1	2	3	4	88
d. 我认为网络民意能够影响政府决策	1	2	3	4	88

附录三 编码表（一）:政务微信内容分析

一、基本信息

1. 样本序号
2. 发布月份(直接记录)
3. 发布日(直接记录)
4.星期几(直接记录)

二、样本基本要素编码

1. 文章篇目标题信息(直接记录)。

2. 图片数量(确认全文中是否使用了图片,并记录出现在全文中的图片总数)。

3. 视频数量(确认全文中是否使用了视频,并记录出现在全文中的视频总数)。

4. 总字数(将文章全文以复制—粘贴的形式拷贝至 word 文档,经格式整理,记录 word 自动显示的字数)。

5. 消息来源:分别记录每篇样本文章的消息来源,并按照下列标准分别编码归类。

(1)北京日报;(2)党建网微平台;(3)原创;(4)其他政务新媒体公号;

（5）其他新媒体公号。

6. 标题创新性：判定样本文章标题是否具有创新性，是否符合微信、微博等社交媒体的总体的流行风格。如果标题中含有网络流行语、戏谑用语；或使用搞笑、有趣、轻松欢快的风格；或想方设法意在吸引用户点击标题等，则可以认为具有标题创新性。创新性标题编码为1，如果不含有上述特征，采用传统的严肃的新闻标题，则编码为0。

7. 主题：判别样本文章的主题主要属于下列哪一个类别，并分别编码归类。每篇文本只能属于一个主题。属于某种主题编码为1，不属于则为0。

（1）政治；（2）经济；（3）社会民生；（4）环境；（5）生活；（6）文化艺术；（7）怡情励志；（8）通告服务

三、框架编码

1. 经济愿景：是（1）；否（0）

说明：文本中突出强调了促进区域经济发展、产业发展、调整分配制度等积极经济后果；或提出了因政府政策调整为经济发展带来利好的各种解决方案；或直接强调经济增长速率、GDP、物价降低或收入增长等有价值的未来目标。

2. 公共利益实现：是（1）；否（0）

说明：文本涉及政府促进社会民生发展、维护公共权利、改善社会福利的态度与行动，包括倡导社会协作、互助以维护、促进共同利益/集体利益，为困难行业、困难群体提供支持，对弱势群体提供救助或开展扶持行动等。

3. 政府—公众：是（1）；否（0）

说明：文本中凸显政府与公众之间基于公共事务、公共政策、政府过程而产生的各类互动关系与交互行为，包括国家与个人间的权利—义务、民众意见的输入—输出、政府与公众之间的诉求—回应，政府与公民面对面、强制执行—实施—反馈过程，等等。

4. 政治发展:是(1);否(0)

说明:文本中核心突出政党政治、制度政策、法律法规、变革发展等深层次的话题,或强调政治观念、意识形态方面的一致性。

5. 思政教育—学习:是(1);否(0)

说明:文本中突出党和政府开展思想政治教育、学习体会的行动与过程。

6. 社会规范典型:是(1);否(0)

说明:文本意在树立典型、确立道德模范,塑造正面积极形象,提供典型事迹报道以弘扬社会风尚。

7. 人情趣味:是(1);否(0)

说明:文本中重视细节与描述,如举例子、对话、描写人物日常生活。突出表现人物情感与内心感悟,着重刻画事件细节,注重趣味性、感性化和具体化手法的运用。

8. 流行语:是(1);否(0)

说明:文本中凸显轻松、活泼幽默的表述。在叙事或价值判断中运用网络流行语或民间流行语,多利用戏剧化、戏谑的表达方式,接近并实现新媒体"网红风格"。

四、影响力编码

1. 阅读数(抽样当日每篇文章后面显示的阅读数,并记录具体数字)

2. 点赞数(抽样当日每篇文章后面显示的点赞数,并记录具体数字)

3. 留言数量(抽样当日每篇文章后面显示的留言数量,并记录具体数字)

4. 回复数量(抽样当日每篇文章后面显示的留言中对应的回复数量,并记录具体数字)

附录四　编码表(二):政务短视频内容分析

一、短视频基本信息

1. 样本序号

2. 短视频发布日期(直接记录年、月、日)

3.星期几(直接记录)

4. 点赞数(抽样当日每个短视频中显示的点赞数量,记录具体数字)

5. 回复数(抽样当日每个短视频中显示的回复数量,记录具体数字)

6. 转发数(抽样当日每个短视频中显示的转发数量,记录具体数字)

二、政务短视频视听要素编码

1. 短视频时长:直接记录每个短视频屏幕中显示的时间长度,换算成"秒"加以记录。

2. 配图:确认整个短视频中是否使用了各类图片,如果出现过配图,则编码为1,否则为0。

3. 文字:确认整个短视频中是否使用了各类文字说明,如果出现过文字,则编码为1,否则为0。

4. 表情包:确认整个短视频中是否使用了各类表情包,如果出现过表情包,则编码为1,否则为0。

5. 背景乐:确认整个短视频中是否使用了背景音乐,如果使用了背景音乐,则编码为1,否则为0。

6. 使用背景乐的基调类型:主要判断样本短视频所使用的背景音乐属于下列哪一个类别,并分别编码归类。每个短视频只有一个主要的背景音乐基调,属于某一个类型编码为1,否则为0。(1)严肃(2)温情(3)适宜(4)搞笑(5)通用(6)其他

说明:"严肃"指旋律铿锵、激昂,用以表达崇敬、庄严的情绪;"温情"指旋律缓慢、温馨、舒缓,重视情感表达、打动人心。"适宜"指旋律适中,情绪平缓,与短视频内容匹配程度高,令人感觉舒适、恰当。"搞笑"指网络流行乐、抖音神曲等风格的音乐,或着意突出幽默、有趣的旋律。"通用"是指旋律平淡,只做背景音而存在,几乎没有表达任何情感,也没有匹配任何内容。"其他"指无法归于上面几类的背景音乐。

7. 主题:判别样本短视频的主题主要属于下列哪一个类别,并分别编码归类。每个短视频只能属于一个主题。属于某种主题编码为1,不属于则为0。

(1)时政热点(2)文化(3)形象塑造(4)职能职责(5)政策解读(6)知识传播(7)日常生活(8)情感人生(9)奇闻轶事(10)其他

8. 风格:判别样本短视频的风格主要属于下列哪一个类别,并分别编码归类。每个短视频可能体现了不止一个风格。只要短视频构成了某种风格,就编码为1,否则为0。

(1)致敬(2)温情(3)激情(4)平铺直叙(5)互动(6)警示(7)搞笑(8)网红(9)强力(10)关键时刻

说明:"致敬"风格主要指对政务短视频的整体感知涉及对国家、军队、民族、政府、英雄等的敬仰、尊敬、信赖、致意、献礼;"温情"指政务短视频拍摄的手法、场景或剧情细腻、生动、注重细节,注重人的情感、人间关怀;"激情"主要指政务短视频善于调动情绪,使人产生激动、热血沸腾、积极向上的情绪或感受;"平铺直叙"指政务短视频的整体感觉平淡而规范,中规中矩,多用叙事、陈述的方式组织内容;"互动"突出政务短视频与公众之间的情感互动与行为互动;"警示"常见于公安、安全、司法题材的短视频,通过讲述案件、提供法律知识等方式对违法犯罪提出"警戒"或"教育";"搞笑"风格重点突出短

视频中的戏剧化、情节性、幽默、活泼元素;"强力"风格突出军队、政府、警察等国家机器行使职权时的威严、果断、执行力等。"关键时刻"突出政府、消防、军警等部门在应急状态下或实施救援过程中的行动力和专业能力,并突出情况危急,"千钧一发"的紧迫性。

三、框架编码

1. 政府—政治:(1)是;(0)否

说明:短视频中涉及国家与政党的时政事务、观念的讨论,意在突出政党政治、制度政策、政治变革等深层次话题和题材。

2. 正能量:(1)是;(0)否

说明:短视频中主要呈现主流意识形态;明确的或潜移默化的塑造积极向上的社会主义价值观、人生观和世界观;倡导主流文化、红色文化;强调爱国主义、集体主义等等。

3. 政府—公众:(1)是;(0)否

说明:短视频中展示了政府与公众之间基于公共事务、公共政策、政府过程而产生的各类互动关系与交互行为,包括国家与个人间的权利—义务、民众意见的输入—输出、政府与公众之间的诉求—回应,政府与公民面对面、强制执行—实施—反馈过程等等。

4. 解决方案:(1)是;(0)否

说明:短视频展示了国家、政府、公务人员等主体对公共事件做出行动、观念、决策等方面的回应,提供方案或策略,解决这个问题或解决其中的某一部分问题。

5. 冲突框架:(1)是;(0)否

说明:短视频中含有对事件或问题的不同立场与态度,如发生争执、抗议、斗争、辩论、质疑等等,包括事实冲突与态度冲突。

6. 人情味框架:(1)是;(0)否

说明:短视频中重视细节,突出表现人物情感与内心感悟,注重趣味性、感性化和具体化手法的运用。

7. 流行语:(1)是;(0)否

说明:在短视频的拍摄脚本和叙事中使用轻快、幽默的表述并采用网络流行语及戏谑语气。

8. 网红—吸引:(1)是;(0)否

说明:参照或模仿抖音网红视频的语音、语调、画面、构思、节奏等等,尤其是使用戏剧化、流行化剧本,并通过演员表演、网红人物说唱等新视觉形式来吸引观众,提升受欢迎度。

参 考 文 献

一、中文文献

1. [德]托马斯·海贝勒、君特·舒耕德:《从群众到公民:中国的政治参与》,张文红译,中央编译出版社 2019 年版。

2. [美]安德鲁·查德威克:《互联网政治学:国家、公民与新传播技术》,任孟山译,华夏出版社 2010 年版。

3. [美]布鲁斯·宾伯:《信息与美国民主:技术在政治权力演化中的作用》,刘钢等译,科学出版社 2011 年版。

4. [美]曼纽尔·卡斯特:《网络社会的崛起》,夏铸九等译,社会科学文献出版社 2000 年版。

5. [美]韦斯特:《数字政府:技术与公共领域绩效》,郑钟扬译,科学出版社 2011 年版。

6. [意]卢西亚诺·弗洛里迪:《第四次革命:人工智能如何重塑人类现实》,王文革译,浙江人民出版社 2016 年版。

7. [英]维克托·迈尔-舍恩伯格、肯尼思·库克耶:《大数据时代》,盛杨燕、周涛译,浙江人民出版社 2013 年版。

8. [英]约翰·基恩:《媒体与民主》,郤继红等译,社会科学文献出版社 2003 年版。

9. 陈刚、沈虹、马澈、孙美玲:《创意传播管理:数字时代的营销革命》,机械工业出版社 2012 年版。

10. 侯锷:《中国政务新媒体微博年鉴(2009—2018)》,社会科学文献出版社 2019 年版。

11. 黄河:《移动互联时代的政府形象传播》,中国人民大学出版社 2018 年版。

12. 黄河:《政府新媒体传播:直面新媒体带来的挑战与机遇》,光明日报出版社 2012 年版。

13. 贾哲敏:《互联网时代的政治传播:政府、公众与行动过程》,人民出版社 2017

年版。

　　14. 江青：《数字中国：大数据与政府管理决策》，中国人民大学出版社 2018 年版。

　　15. 荆学民：《当代中国政治传播研究巡检》，中国社会科学出版社 2014 年版。

　　16. 荆学民：《政治传播活动论》，中国社会科学出版社 2014 年版。

　　17. 荆学民：《政治传播简明原理》，中国传媒大学出版社 2015 年版。

　　18. 李彦冰：《政治传播研究前沿书系：政治的微传播研究》，中国传媒大学出版社 2017 年版。

　　19. 牟怡：《传播的进化：人工智能将如何重塑人类的交流》，清华大学出版社 2017 年版。

　　20. 师曾志、胡泳等：《新媒介赋权及意义互联网的兴起》，社会科学文献出版社 2014 年版

　　21. 王建华：《政务新媒体话语应用与传播研究》，上海交通大学出版社年 2017 年版。

　　22. 新玉言：《大数据：政府治理新时代》，台海出版社 2016 年版。

　　23. 徐继华、冯启娜、陈贞汝：《智慧政府：大数据治国时代的来临》，中信出版社 2014 年版。

　　24. 赵新利：《萌力量：可爱传播论》，人民日报出版社 2017 年版。

　　25. 政务直通车团队：《政务新媒体时代：微博微信实战宝典》，新华出版社 2015 年版。

二、期刊论文

　　1. 曾润喜、杨喜喜：《国外媒体涉华政策传播的话语框架与语义策略》，《情报杂志》2017 年第 6 期。

　　2. 曾润喜、朱利平：《政策议程互动过程中的公民网络参与及合作解》，《国际新闻界》2016 年第 6 期。

　　3. 曾润喜：《公共行政视角下的电子政务国际研究态势——基于 Public Administration Review 的文献计量分析》，《电子政务》2013 年第 11 期。

　　4. 陈晶晶、余明阳、薛可：《政务微博十年的变与不变——基于发展态势和传播特征的观察》，《新闻与协作》2019 年第 6 期。

　　5. 陈强、曾润喜：《政府视角与公众视角：中国政务新媒体研究的议题与路向》，《情报杂志》2017 年第 4 期。

　　6. 陈强：《我国政务微博研究的知识结构、议题逻辑与反思发展》，《电子政务》2018 年第 11 期。

　　7. 陈强：《我国政务微信研究的知识图谱与核心主题》，《情报杂志》2018 年第 4 期。

　　8. 陈强：《政务新媒体政策研究的国内外进展及未来取向》，《情报杂志》2018 年第

11 期。

9. 陈则谦:《中国移动政务 APP 客户端的典型问题分析》,《电子政务》2015 年第 3 期。

10. 戴长征、鲍静:《数字政府治理——基于社会形态演变进程的考察》,《中国行政管理》2017 年第 9 期。

11. 付熙雯、郑磊:《国内政务与公共服务移动客户端应用研究》,《电子政务》2015 年第 3 期。

12. 侯汝秋、陈鹤阳:《政府机构官方微博的内容特征分析——基于新浪网政府微博 Top10 的实证研究》,《图书馆工作与研究》2013 年第 8 期。

13. 胡佳、郑磊:《电子政府发展的国际新趋向:连接性治理》,《电子政务》2010 年第 8 期。

14. 黄膺旭、曾润喜:《官员政务微博传播效果影响因素研究——基于意见领袖的个案分析》,《情报杂志》2014 年第 9 期。

15. 姜红、陈坤:《"有意义"怎样"有意思"——政治社会化过程中的共青团微新闻生产》,《中国地质大学学报》(社会科学版)2016 年第 6 期。

16. 金婷:《浅析政务新媒体的发展现状、存在问题及对策建议》,《电子政务》,2015 年第 8 期。

17. 李建昊、郑磊:《移动互联网时代的政府服务创新研究——以韩国首尔市政府移动客户端应用为例》,《电子政务》2015 年第 3 期。

18. 李勇、田晶晶:《基于 UTAUT 模型的政务微博接受度影响因素研究》,《电子政务》2015 年第 6 期。

19. 刘江:《适应障碍、同质游戏与互动承诺的异化——基于社会网络分析的政务微博互动质量研究》,《电子政务》2019 年第 3 期。

20. 卢永春、雷雷、徐一:《美国政府社交媒体及其管理制度研究》,《电子政务》2017 年第 1 期。

21. 吕文增、石开元、郑磊:《政务微信传播方式与效果研究》,《电子政务》2017 年第 1 期。

22. 马得勇、孙梦欣:《新媒体时代政府公信力的决定因素——透明性、回应性抑或公关技巧》,《公共管理学报》2014 年第 1 期。

23. 孟天广、李锋:《网络空间的政治互动:公民诉求与政府回应性——基于全国性网络问政平台的大数据分析》,《清华大学学报》(哲学社会科学版)2015 年第 3 期。

24. 孟天广、郭凤林:《大数据政治学:新信息时代的政治现象及其探析路径》,《国外理论动态》2015 年第 1 期。

25. 孟天广、季程远:《重访数字民主:互联网介入与网络政治参与——基于列举实验的发现》,《清华大学学报》(哲学社会科学版)2016 年第 4 期。

26. 孟天广、郑思尧:《信息、传播与影响:网络治理中的政府新媒体——结合大数据与小数据分析的探索》,《公共行政评论》2017 年第 1 期。

27. 潘祥辉:《去科层化:互联网在中国政治传播中的功能再考察》,《浙江社会科学》2011 年第 1 期。

28. 彭兰:《短视频:视频生产力的"转基因"与再培育》,《新闻界》2019 年第 1 期。

29. 彭兰:《新媒体界定的三条线索》,《新闻与传播研究》2016 年第 3 期。

30. 秦少康、李华:《语境对政务新媒体表达模式的影响——以政务微信为例》,《语言文字应用》2018 年第 1 期。

31. 邵泽宇、谭天:《2018 年政务短视频的发展、问题与建议》,《新闻爱好者》2018 年第 12 期。

32. 王佳航、张希臣:《抖音政务号的话语方式与社会效果探析》,《新闻论坛》2018 年第 5 期。

33. 王丽娜、马得勇:《新媒体时代媒体的可信度分析——以中国网民为对象的实证研究》,《武汉大学学报》(人文科学版)2016 年第 1 期。

34. 王玥、郑磊:《中国政务微信研究:特性、内容与互动》,《电子政务》2014 年第 1 期。

35. 韦路、张明新:《数字鸿沟、知识沟和政治参与》,《新闻与传播评论》2007 年第 1 期。

36. 吴晓菁、郑磊:《政务微博运营管理现状与对策研究》,《电子政务》2012 年第 6 期。

37. 谢丽娜:《政务社交媒体中用户信息获取影响因素研究述评》,《图书情报工作》2015 年第 19 期。

38. 谢新洲、李冰:《新媒体在凝聚共识中的主渠道作用与实现路径》,《新闻与传播研究》2016 年第 5 期。

39. 谢新洲、朱垚颖:《短视频火爆背后的问题分析》,《出版科学》2019 年第 1 期。

40. 于德山:《我国政务新媒体应用的发展与公共信息治理转型》,《理论探讨》2015 年第 4 期。

41. 喻国明、梁爽:《移动互联时代:场景的凸显及其价值分析》,《当代传播》2017 年第 1 期。

42. 喻国明:《微博价值:核心功能、延伸功能与附加功能》,《新闻与写作》2010 年第 3 期。

43. 臧雷振:《网络政治学:开启政治 2.0 时代的新议题》,《国外理论动态》2014 年第 1 期。

44. 臧雷振:《新媒体信息传播对中国政治参与的影响——政治机会结构的分析视角》,《新闻与传播研究》2016 年第 2 期。

45. 张志安、曾子瑾:《网络时政新闻的亲近性文本研究——以三家央媒 2016 年全国"两会"报道为例》,《新闻大学》2016 年第 3 期。

46. 张志安、徐晓蕾:《政务微信的社会功能及提升对策》,《新闻与协作》2015 年第 9 期。

47. 张志安、晏齐宏:《网络舆论的概念认知、分析层次与引导策略》,《新闻与传播研究》2016 年第 5 期。

48. 张志安、章震:《政务机构媒体的兴起动因与社会功能》,《新闻与写作》2018 年第 7 期。

49. 张志安:《人工智能对新闻舆论及意识形态工作的影响》,《人民论坛·学术前沿》2018 年第 8 期。

50. 赵阿敏、曹桂全:《政务微博影响力评价与比较实证研究——基于因子分析和聚类分析》,《情报杂志》2014 年第 3 期。

51. 郑磊、吕文增、王栋:《上海市政务微信发展报告:从发布走向服务》,《电子政务》2015 年第 2 期。

52. 郑磊、熊久阳、吕文增:《"上海发布"政务微信研究:前台运营与后台管理》,《电子政务》2016 年第 1 期。

53. 郑磊:《开放政府数据研究:概念辨析、关键因素及其互动关系》,《中国行政管理》2015 年第 11 期。

54. 郑跃平:《"互联网+政务"报告(2016)——移动政务的现状与未来》,《电子政务》2016 年第 9 期。

55. 周雪光:《国家治理逻辑与中国官僚体制——一个韦伯理论角度》,《开放时代》2013 年第 3 期。

56. 周雪光:《中国政府的治理模式:一个控制权理论》,《社会学研究》2012 年第 5 期。

57. 朱红灿、曾雅玲、陈星星:《感知信息发布时效性与政务新媒体粘性:组织承诺的调节作用》,《情报资料工作》2016 年第 2 期。

58. 毕翔、唐存琛、肖俏:《短视频社交媒介舆情监测与危机防范机制研究》,《情报理论与实践》2019 年第 7 期。

三、英文文献

1. Adas, M., Smith, M. R., & Marx, L., "Does Technology Drive History? The Dilemma of Technological Determinism". *Journal of Asian Studies*, 1998, 39(54).

2. Aloudat, A., Michael, K., Chen, X., & Al-Debei, M. M., "Social Acceptance of Location-Based Mobile Government Services for Emergency Management", *Telematics and Informatics*, 2013, 31(1).

3. Amailef, K., "m-Government: A Framework of Mobile-based Emergency Response Systems", *International Conference on Intelligent System & Knowledge Engineering*, 2008.

4. Asgarkhani, M., "Digital Government and Its Effectiveness in Public Management Reform", *Public Management Review*, 2007, 7(3).

5. Barber, B. R. , "The New Telecommunications Technology: Endless Frontier or the End of Democracy?", Constellations, 2010, 4(2).

6. Bertot, J. C. , Jaeger, P. T. , & Grimes, J. M. , "Promoting Transparency and Accountability through Icts, Social Media, and Collaborative E-government", *Transforming Government People Process & Policy*, 2012, 6(1).

7. Bertot, J. C. , Jaeger, P. T. , Munson, S. , & Glaisyer, T. , "Social Media Technology and Government Transparency", *Computer*, 2010, 43(11).

8. Bertot, J. C. , Jaeger, P. T. , & Grimes, J. M. , "Using ICTs to Create a Culture of Transparency: E-government and Social Media as Openness and Anti-corruption Tools for Societies", *Government Information Quarterly*, 2010, 27(3).

9. Bertot, J. C. , Jaeger, P. T. , & Hansen, D. , "The Impact of Polices on Government Social Media Usage: Issues, Challenges, and Recommendations", *Government Information Quarterly*, 2012, 29(1).

10. Bimber, B. , "Information and Political Engagement in America: the Search for Effects of Information Technology at the Individual Level", *Political Research Quarterly*, 2001, 54(1).

11. Bjola, C. , & Holmes, M. , *Digital diplomacy: Theory and practice*, Routledge, 2015.

12. Blumler, J. G. , "The Third Age of Political Communication", *Journal of Public Affairs*, 2001, 1(3).

13. Bonsón, E. , Royo, S. & Ratkai, M. , "Citizens' Engagement on Local Governments' Facebook Sites. An Empirical Analysis: The Impact of Different Media and Content Types in Western Europe", *Government Information Quarterly*, 2015, 32(1).

14. Bright, J. , Margetts, H. , Wang, N. , & Hale, S. , "Explaining Usage Patterns in Open Government Data: The Case of Data. gov. uk", *Social Science Electronic Publishing*, 2015

15. Brown, J. , Gaudin, P. , & Moran, W. , *PR and Communication in Local Government and Public Services*, Kogan Page Ltd, 2013.

16. Bruce, B. , Peltu, M. & Dutton, W. H. , *Society on the Line: Information Politics in the Digital Age*, Oxford: Oxford University Press, 1999.

17. Bryant, J. & Oliver, M. B. , *Media effects: Advances in Theory and Research*, Washington D. C: Taylor and Francis, 2009.

18. Carlson, J. M. , "Governing with the News: The News Media as a Political Institution (review)", *Rhetoric & Public Affairs*, 2013, 113(4).

19. Chadwick, A. & Howard, P. N. , *Routledge Handbook of Internet Politics*, Routledege, 2009.

20. Chaffee, S. H. , & Kanihan, S. F. , "Learning about Politics from the Mass Media", *Political Communication*, 1997, 14(4).

21. Chun, S. A. , & Luna Reyes, L. F. , "Social media in government", *Government*

Information Quarterly, 2012,29(4).

22. Chun, S. A., Shulman, S., Sandoval, R., & Hovy, E., "Government 2.0: Making Connections between Citizens, Data and Government". *Information Polity*, 2010,15(12).

23. Conroy, M., Feezell, J. T. & Guerrero, M., "Facebook and Political Engagement: A Study of Online Political Group Membership and Offline Political Engagement", *Computers in Human Behavior*, 2012,28(5).

24. Dunleavy, P., Margetts, H. Z., Bastow, S. & Tinkler, J., *Digital Era Governance: IT Corporations, the State, and E-government*, Oxford: Oxford University Press, 2006.

25. Dunleavy, P., Margetts, H., Bastow, S., & Tinkler, J. "New Public Management is Dead: Long Live Digital-era Governance", *Journal of Public Administration Research and Theory: J-PART*, 2006,16(3).

26. Gennaro, C. D. & Dutton, W. "The Internet and the Public: Online and Offline Political Participation in the United Kingdom", *Parliamentary Affairs*, 2006,59(2).

27. Gil de Zúñiga, H., Jung. N., & Valenzuela. S., "Social Media Use for News and Individuals'Social Capital, Civic Engagement and Political Participation. " *Journal of Computer-Mediated Communication*, 2012,17(3).

28. Gruzd, A., & J. Roy., "Social Media and Local Government in Canada: An Examination of Presence and Purpose", *Social Media and Local Governments*, 2016.

29. Guo, J, Liu, Z & Liu, Y. "Key Success Factors for the Launch of Government Social Media Platform: Identifying the Formation Mechanism of Continuance Intention", *Computers in Human Behavior*, 2016(55).

30. Hague, B. N., & Loader, B. D., *Digital Democracy: Discourse and decision making in the information age*, Psychology Press, 1999.

31. Hong, H., "Government Websites and Social Media's Influence on Government-public Relationships", *Public Relations Review*, 2013,39(4).

32. Hood, C. C., & Margetts, H. Z., *The Tools of Government in the Digital Age*. Macmillan International Higher Education, 2007.

33. Hung, S. Y., Chang, Chia-Ming, & Kuo, Shao-Rong., "User acceptance of mobile e-government services: an empirical study", *Government Information Quarterly*, 2013,30(1).

34. Hussain, M., & Imran, A., Government Services and Adoption: Current Research and Future Direction. International Working Conference on Transfer and Diffusion of IT. Springer, Berlin, Heidelberg, 2014.

35. Kavanaugh, A., Fox, E. A., Sheetz, S., Yang, S., Lin, T. L., & Whalen, T., et al., "Social Media Use by Government: from the Routine to the Critical", *International Conference on Digital Government Research*. 2011.

36. King, G., Pan, J., & Roberts, M. E., "How the Chinese Government Fabricates Social

Media Posts for Strategic Distraction, not Engaged Argument", *American Political Science Review*, 2017, 111(3).

37. Kumar, C. , Singh, Amit Kumar, & Kumar, Pardeep. , "A Recent Survey on Image Watermarking Techniques and Its Application in E-governance", *Multimedia Tools & Applications*, 2018, 77(3).

38. Ma, L. , "The Diffusion of Government Microblogging: Evidence from Chinese Municipal Police Bureaus", *Public Management Review*, 2013, 13(2).

39. Magro, M. J. , "A Review of Social Media Use in E-government", *Administrative Sciences*, 2012, 2(2).

40. Margetts, H. , "Political Behaviour and the Acoustics of Social Media", *Nature Human Behaviour*, 2017, 1(4).

41. Margetts, H. Z. & Dunleavy, P. , "The Second Wave of Digital-era Governance: A Quasi-paradigm for Government on the Web", *Mathematical, Physical and Engineering Sciences*, 2012, 51(371).

42. Margetts, H. Z. , *Information Technology in Government: Britain and America*, London: Routledge, 1999.

43. Mcneal, R. S. , Tolbert, C. J. , Mossberger, K. , Dotterweich, L. J. , & Lineberry, R. L. , "Innovating in Digital Government in the American States", *Social Science Quarterly*, 2003, 84 (1).

44. Mergel, I. , & Bretschneider, S. I. , "A Three - stage Adoption Process for Social Media Use in Government", *Public Administration Review*, 2013, 73(3).

45. Mergel, I. , "A Framework for Interpreting Social Media Interactions in the Public Sector", *Government Information Quarterly*, 2013, 30(4).

46. Mergel, I. , "Distributed Democracy: SeeClickFix. com for Crowdsourced Issue Reporting", *Ssrn Electronic Journal*, 2012.

47. Mergel, I. , "Social Media Adoption and Resulting Tactics in the U. S. Federal Government", *Government Information Quarterly*, 2013, 30(2).

48. Mergel, I. , "Social Media Institutionalization in the U. S. Federal Government", *Government Information Quarterly*, 2016, 33(1).

49. Mergel, I. , *Social Media in the Public Sector: A Guide to Participation, Collaboration and Transparency in the Networked World*, CA: John Wiley& Sons, 2012.

50. Mossberger, K. , Tolbert, C. J. , & McNeal, R. S. , *Digtial Citizenship: the Internet Society, and Participation*, Cambridge: Massachusetts Institute of Technology, 2008.

51. Mueller, M. , *Ruling the Root: Internet Governance and the Taming of Cyberspace*, Cambridge, MA: MIT Press, 2002.

52. Nepal, S. , Paris, C. & Georgakopoulos, D. , *Social Media for Government Services*,

Springer,2018

53. Norris, P. , *A Virtuous Circle: Political Communications in Postindustrial Societies*, England: Cambridge University Press,2000.

54. Norris, P. , Digital Divide: *Civic Engagement, Information Poverty, and the Internet Worldwide*, Cambridge University Press,2001.

55. Oliveira,G. H. M. ,& Welch,E. W. , "Social Media Use in Local Government: Linkage of Technology, Task, and Organizational Context", *Government Information Quarterly*, 2013, 30 (4).

56. Pollard,H. , "Digital Government: Technology and Public Sector Performance", *Journal of Policy Analysis & Management*, 2010,25(4).

57. Porumbescu,G. A. , "Comparing the Effects of E-government and Social Media Use on Trust in Government: Evidence from Seoul,South korea", *Public Management Review*,2016,18 (9).

58. Porumbescu,G. A. , "Linking Public Sector Social Media and E-government Website Use to Trust in Government", *Government Information Quarterly*,2016,33(2).

59. Reddick,C. G. , "Citizens and Mobile Government Adoption: A Comparison of Activities and Uses", *International Journal of Civic Engagement and Social Change*, 2014,1(1).

60. Sanders, K. , & Canel, M. , J. , *Government Communication: Cases and Challenges*, Bloomsbury Academic,2013.

61. Schlæger,J. , & Jiang, M. , "Official Microblogging and Social Management by Local Governments in China", *China Information*,2014,28(2).

62. Schlæger,J. ,& Wang,Q. , "E-monitoring of Public Servants in China: Higher Quality of Government?", *Journal of Chinese Governance*,2(1),1–19.

63. Schlæger,J. , "Digital Governance and Institutional Change: Examining the Role of E - government in China's Coal Sector", *Policy & Internet*, 2012,2(1).

64. Sevin,E. , *Branding Cities in the Age of Social Media: A Comparative Assessment of Local Government Performance*,Springer Cham,2016.

65. Snead,J. T. , "Social Media Use in the U.S.Executive Branch", *Government Information Quarterly*,2013,30(1).

66. Sobaci,M. Z. , "Social Media and Local Governments: Theory and Practice", *Public Administration & Information Technology*,2016,108(18).

67. Taipale,S. , "The Use of E-government Services and the Internet: The Role of Socio-demographic,Economic and Geographical Predictors", *Telecommunications Policy*,2013(37).

68. Traunmüller,R. , *Mobile Government. Electronic Government and the Information Systems Perspective*. Springer Berlin Heidelberg,2011.

69. Vargo,C. J. ,Guo,L. ,McCombs,M & Shaw,D. L. , "Network Issue Agendas on Twitter

During the 2012 U. S. Presidential Election", *Journal of Communication*, 2014(64).

70. Wang, C. , "Antecedents and Consequences of Perceived Value in Mobile Government Continuance Use: An Empirical Research in China", *Computers in Human Behavior*, 2014(34).

71. Wang, C. , Medaglia, R. , & Zheng, L. , "Towards a Typology of Adaptive Governance in the Digital Government Context: The Role of Decision-making and Accountability", *Government Information Quarterly*. 2017, 35(2).

72. Welch, E. W. , Hinnant, C. C. , & Moon, M. J. , "Linking Citizen Satisfaction with E-government and Trust in Government". *Journal of Public Administration Research and Theory*, 2005, 15(3).

73. Winkler, T. , Lvova, N. , & Günther, O. , "*Towards Transformational Its Governance: the Case of Mobile Government Adoption*", 2011.

74. Wong, W. , & Welch, E. , "Does E-government Promote Accountability? A Comparative Analysis of Website Openness and Government Accountability", *Governance*, 2010, 17(2).

75. Wukich, C. , & Mergel, I. , "Closing the Citizen-government Communication Gap: Content, Audience, and Network Analysis of Government Tweets", *Journal of Homeland Security and Emergency Management*, 2015, 12(3).

76. Xenos, M. & Moy, P. , "Direct and Differential Effects of the Internet on Political and Civic Engagement", *Journal of Communication*, 2007, 57(4).

77. Yi, M. , Oh, S. G. , & Kim, S. , "Comparison of Social Media Use for the U. S. and the Korean Governments", *Government Information Quarterly*, 2013, 30(3).

78. Zheng, L. "Social Media in Chinese Government: Drivers, Challenges and Capabilities", Government*Information Quarterly*, 2013(30).

79. Zheng, L. , & Zheng, T. , "Innovation Through Social Media in the Public Sector: Information and Interactions". *Government Information Quarterly*, 2014(31).

后　记

本书的主要基础是我所主持的北京市社会科学基金青年项目"新媒体环境下北京市政府信息传播与效果研究（2015）"。一些特殊的契机让我萌生了将该项目所发表的数篇文章、研究报告整理成书的想法。初稿写作自2018年10月开始到次年2月，第二稿和第三稿分别是在2019年6月至8月、2020年5月至6月完成的。其间，我同时经历着怀孕、生子、育儿，是本书的写作让我保持了难得的主体性、独立性与职业感。

每一稿的内容补充、调整和修改都是艰难而纠结的。原因在于新技术和新媒体正以难以预知的速度、难以预料的方式改变着我们，政务新媒体也在其中经历巨变。与初稿相比，后来的写作中更加重点着眼于政务短视频、政策传播、数字服务与治理、创新发展路径、数据化与智能化展望等内容的研究。短短两年间，这些充满活力的新领域正在引起注目，成为政务新媒体发展的引擎。纠结之处还体现在政府运营政务新媒体的具体实践日新月异，充满创造力。这种创新与研究之间的"堕距"，时刻鞭策我在修订完善本书的过程中尽力关注最新动态、使用最新数据、挖掘最具价值案例。虽有诸多不足，但研究与写作带来的挑战与乐趣令人欣慰。

感谢北京航空航天大学计算机学院心情搜索课题组对微博大数据研究提供的技术支持，清华大学数据治理中心主持开展的全国性调查使得本书问卷数据更加科学和翔实。感谢邵国松老师、孟天广老师、赵吉昌老师、王尧先生在这一课题与书稿完成过程中给予的合作机会、关注与支持。我的硕士研究生李文静、顾晓宇、何婧琪、傅柳莺参与了部分数据和案例的搜集、整理、编码工作，对她们提供的研究便利与帮助表示感谢。也感谢北京航空航天大学人文社科青年拔尖人才计划(第一批)资助出版此书。

定稿之时,新冠肺炎疫情尚未结束。疫病之手,横扫全球。诱发了影响深远的诸多变化。

遗憾的是,本书未能将新冠疫情对政务新媒体的影响囊括在内。那将是一个全新的阶段。政务新媒体可能面临功能、价值、隐私保护、信任、合作、治理等一系列变革,已非本书框架所能覆盖,留待未来研究。

2020 年 6 月 10 日

责任编辑：李之美

图书在版编目（CIP）数据

移动政府:政务新媒体的传播图景与效果/贾哲敏 著. —北京:人民出版社，
  2021.3
ISBN 978－7－01－022809－9

Ⅰ.①移… Ⅱ.①贾… Ⅲ.①电子政务-研究-中国 Ⅳ.①D63-39

中国版本图书馆 CIP 数据核字（2020）第 249325 号

移动政府
YIDONG ZHENGFU
——政务新媒体的传播图景与效果

贾哲敏 著

人 民 出 版 社 出版发行
（100706 北京市东城区隆福寺街 99 号）

环球东方(北京)印务有限公司印刷 新华书店经销

2021 年 3 月第 1 版 2021 年 3 月北京第 1 次印刷
开本:710 毫米×1000 毫米 1/16 印张:19
字数:290 千字

ISBN 978－7－01－022809－9 定价:58.00 元

邮购地址 100706 北京市东城区隆福寺街 99 号
人民东方图书销售中心 电话 (010)65250042 65289539